ERREURS
ET
MENSONGES HISTORIQUES

PAR

M. CH. BARTHÉLEMY

MEMBRE DE L'ACADÉMIE DE LA RELIGION CATHOLIQUE DE ROME

> « Ce n'est pas le mensonge qui passe par l'esprit qui fait le mal, c'est celui qui y entre et qui s'y fixe. »
> (BACON, *Politique*, IIe partie, p. 48, 1742.)

> « L'erreur qui précède la vérité n'en est que l'ignorance, l'erreur qui la suit en est la haine. »
> (VALERY, *Études morales, politiques*, etc., 2e édit., p. 80, 1824.)

NEUVIÈME SÉRIE

Les mystères de Venise. — L'Impératrice Marie Thérèse et Madame de Pompadour. — La paix et la trêve de Dieu. — A propos des Vandales, et du Vandalisme. — Nous n'irons pas à Canossa. — La vérité sur le Télémaque. — Les guerres de religion. — Latude. — La religion de Lafontaine. — La politique et l'indépendance de Clovis.

PARIS
BLÉRIOT FRÈRES LIBRAIRES-ÉDITEURS
55, QUAI DES GRANDS-AUGUSTINS

COLLECTION BLÉRIOT

ERREURS

ET

MENSONGES HISTORIQUES

BREF DE SA SAINTETÉ LE PAPE PIE IX

A NOTRE CHER FILS

CHARLES BARTHÉLEMY

A VERSAILLES.

Pie IX, pape.

Cher fils, Salut et Bénédiction Apostolique.

Depuis longtemps la peste du mensonge a envahi non-seulement les journaux mais encore l'histoire elle-même, de telle sorte qu'un des plus illustres écrivains de ces derniers temps a pu proclamer que l'histoire des trois derniers siècles n'est autre chose qu'une perpétuelle conjuration contre la vérité.

Jamais certes la vérité n'a manqué de champions qui s'attachassent à déchirer les voiles tissus par la calomnie, à réfuter les erreurs, à écrire de nouveaux livres conformes à la vérité ; et toujours cependant les mêmes calomnies ont repris une nouvelle vie ; on a vu se produire au jour et dans le monde les mêmes erreurs qui, le visage couvert de nouveaux masques, se sont appuyées sur de nouveaux sophismes, pour tromper ceux qui ne sont pas sur leurs gardes.

Il est donc de la plus haute importance de battre en brèche cette opiniâtre impudence par de nouvelles réfutations, — surtout par ces réfutations que leur brièveté engage à les lire et dont le modique prix d'achat peut les mettre facilement à la portée de tous.

C'est pourquoi, bien que — chargé de tant d'affaires très-graves, — Nous n'ayons pas encore pu lire l'ouvrage que vous Nous avez offert et que vous avez intitulé : *Erreurs et mensonges historiques*, cependant Nous approuvons pleinement votre but.

Tandis que vous travaillez à un plus grand ouvrage destiné à la gloire de l'Eglise et à l'utilité des fidèles, vous avez consacré quelques heures de plus à ce livre.

En vous en exprimant Notre gratitude, Nous vous exhortons a poursuivre sans relâche le grand travail que vous avez entrepris, et comme gage de Notre très-affable bienveillance envers vous, Nous vous donnons, cher fils, très-affectueusement la Bénédiction Apostolique.

Donné à Rome, près Saint-Pierre, le seizième jour de septembre 1863, la dix-huitième année de Notre Pontificat.

PIE IX, PAPE.

ERREURS
ET
MENSONGES HISTORIQUES

PAR

M. CH. BARTHÉLEMY

MEMBRE DE L'ACADÉMIE DE LA RELIGION CATHOLIQUE DE ROME

La première série de cette publication a été honorée d'un Bref de Sa Sainteté
le pape Pie IX

> Ce n'est pas le mensonge qui passe par l'esprit, qui fait le mal, c'est celui qui y entre et qui s'y fixe.
> (BACON, *Politique*, IIe partie, p. 48. 1742.)
> L'erreur qui précède la vérité n'en est que l'ignorance, l'erreur qui la suit en est la haine.
> (VALERY, *Études morales, politiques*, etc. 2e édition, p. 80. 1824.)

NEUVIÈME SÉRIE

Les mystères de Venise. — L'impératrice Marie-Thérèse et Madame de Pompadour. — La paix et la trève de Dieu. — A propos des Vandales et du Vandalisme. — Nous n'irons pas à Canossa. — La vérité sur Télémaque. — Les guerres de religion. — La religion de La Fontaine. — Latude. — Cervantès, libre penseur. — La politique et l'indépendance de Clovis.

PARIS

CH. BLÉRIOT, ÉDITEUR

QUAI DES GRANDS-AUGUSTINS, 55

1878

SAINT-DENIS. — IMPRIMERIE DE CH. LAMBERT, 17, RUE DE PARIS.

ERREURS
ET
MENSONGES HISTORIQUES

LES MYSTÈRES DE VENISE.

Il y a longtemps qu'on l'a dit pour la première fois, et cela sera toujours éternellement vrai : « Qui veut trop prouver ne prouve rien. » Cet adage, applicable à toutes les exagérations romanesques, voire mélodramatiques dont maint épisode historique a été le thème ou le prétexte, est tout particulièrement applicable à Venise, à ses annales et à ses institutions. Mal comprises, les institutions de cette république, dont l'existence fut aussi brillante que longue, ont été méconnues, pis encore, dénaturées systématiquement, ou tout au moins avec une légèreté qui paraîtrait à bon droit incompréhensible, si ce n'était le fait à peu près exclusif d'écrivains français, emportés par la passion contre une puissance redoutable, trompés par des documents apocryphes, séduits enfin par des peintures qui venaient prêter leur attrait de sombre terreur au drame romantique. Ces trois griefs sont le fait, au dix-septième siècle, d'Amelot de la Houssaye, un diplomate, et, à notre époque, de Daru, un historien, et de Victor Hugo, un poëte dramatique.

Lorsqu'en 1835, le drame d'*Angelo*, au Théâtre-Français, voulut demander le plus vif et le plus clair de son intérêt et de ses émotions à ce que nous appelons *les mystères de Venise*, les spectateurs, qui, pour la plupart cependant, avaient dû lire sans trop sourciller *l'Histoire de la république de Venise*, publiée par Daru en 1819, les spectateurs reculèrent devant la rare couleur d'invraisemblance que la mise en scène imprimait aux détails apocryphes mis en circulation par l'écrivain précité; c'est Victor Hugo lui-même qui nous l'apprend, avec un accent de mauvaise humeur assez mal dissimulée, dans une des notes dont il fit suivre la publication de son drame.

« Une des critiques les plus radicales, les plus accréditées et les plus fréquemment répétées, qu'*Angelo* ait eu à subir, — dit V. Hugo (1); — une des principales objections, sinon la principale, qu'éleva contre ce drame la critique parisienne presque unanime, avait pour base l'*invraisemblance* et l'*impossibilité* de ces corridors secrets, de ces couloirs à espions, de ces portes masquées, de ces clefs mystérieuses, moyens absurdes et faux, disait-on, inventés par l'auteur, et non puisés dans les mœurs réelles de Venise, commodes pour faire jaillir de quelques scènes un effet mélodramatique, et non la vraie terreur historique, etc. — Or, voici ce qu'on lit dans Amelot, *Histoire du gouvernement de Venise*, tome I, page 245.

« Les inquisiteurs d'État font des visites nocturnes dans
« le palais de Saint-Marc, où ils entrent et d'où ils sortent
« par des endroits secrets dont ils ont la clef; et il est

---

(1) *Angelo*, note 1.

« aussi dangereux de les voir que d'en être vu. Ils iraient,
« s'ils voulaient, jusqu'au lit du doge, entreraient dans
« son cabinet, ouvriraient ses cassettes, feraient son in-
« ventaire, et sans que ni lui ni toute sa famille osât té-
« moigner de s'en apercevoir. »

« Qu'ajouter après cela?....

« A ceux qui, non sans quelque étourderie ou sans quelque ignorance, reprochent à ses drames italiens, ajoute-t-on communément, l'abus du poison, il pourrait faire lire, par exemple, entre autres choses curieuses, cette page du *Voyage* de Burnet, évêque de Salisbury :

« Une personne de considération m'a dit qu'il y avait
« à Venise un empoisonneur général qui avait des gages,
« lequel était employé par les inquisiteurs pour dépêcher
« secrètement ceux dont la mort publique aurait pu
« causer quelque bruit. Il me protesta que c'était la pure
« vérité, et qu'il le tenait d'une personne dont le frère
« avait été sollicité de prendre cet emploi. »

« Mr Daru, qui avait été au fond des documents dans lesquels l'auteur a tâché de ne pas fouiller moins avant que lui, dit, au tome VI de son histoire, page 219 :

« C'était une opinion répandue dans Venise que, lors-
« que le baile de la République partait pour Constanti-
« nople, on lui remettait une cassette et une boîte de
« poisons. Cet usage s'était perpétué, dit-on, jusqu'à ces
« derniers temps ; non qu'il faille en conclure que l'atro-
« cité des mœurs était la même, mais les formes de la
« république ne changeaient jamais. »

« Enfin, l'auteur ne croit pas inutile de terminer cette longue note par quelques extraits étranges et authentiques de ces célèbres *Statuts de l'inquisition d'État*, restés secrets jusqu'au jour où la république française, en dissolvant par son seul contact la république vénitienne, a soufflé sur les poudreuses archives du conseil des Dix et en a éparpillé les mille feuillets au grand jour. C'est ainsi qu'est venu mourir en pleine lumière ce code monsrueux qui, depuis trois cent cinquante ans, rampait dans les ténèbres. Éclos dans l'ombre à côté du fatal doge Foscari, en 1454, il a expiré sous les huées de nos caporaux, en 1797. Nous recommandons aux esprits réfléchis ces extraits, pleins d'explications et d'enseignements. C'est dans ces sombres *statuts* que l'auteur a puisé son drame ; c'est là que Venise puisait sa puissance.

Statuts de l'inquisition d'État (12 Juin 1454).

6ᵉ Le tribunal aura le plus grand nombre possible d'observateurs choisis, tant dans l'ordre de la noblesse que parmi les citadins, les populaires et les religieux.

12ᵉ On fera faire les ouvertures par quelque moine ou par quelque juif, ces sortes de gens s'introduisant partout.

16ᵉ Quand le tribunal aura jugé nécessaire la mort de quelqu'un, l'exécution ne sera jamais publique. Le condamné sera noyé secrètement, la nuit, dans le canal Orfano.

28ᵉ Si quelque noble vénitien révèle au tribunal des propositions qui lui auraient été faites de la part de quelque ambassadeur, il sera autorisé à continuer cette pratique ; et, quand on aura acquis la certitude du fait, l'agent intermédiaire de cette intelligence sera enlevé et noyé, pouvu que ce ne soit ni l'ambassadeur lui-même ni le secrétaire de la légation, mais une personne que l'on puisse feindre de ne pas connaître.

29ᵉ... On emploiera tous les moyens pour l'arrêter, et si, enfin, on ne peut faire autrement, on le fera assassiner secrètement.

40ᵉ Il y aura des surveillants, non-seulement à Venise, mais encore dans les principales villes de l'État, et principalement sur les frontières, lesquels devront se présenter en personne, deux fois l'an, devant le tribunal, pour y déclarer s'il est à leur connaissance que les gouverneurs ou d'autres personnages marquants, aient quelques intelligences avec les princes voisins, ou qu'ils se conduisent mal. Au moindre avis de quelque désordre nuisible au service public, le tribunal y remédiera avec vigueur.

SUPPLÉMENT AUX CAPITULAIRES DES INQUISITEURS D'ÉTAT.

1ᵉ Les surveillants de toutes conditions sont chargés d'écouter attentivement et de rapporter au tribunal les discours absurdes qui pourraient mettre le trouble dans la république. Il est arrêté que, dans toute occurrence semblable, ceux qui auraient proféré des paroles si audacieuses seront mandés ; on leur intimera l'ordre de ne pas se permettre de pareils discours, sous peine de la vie; et s'ils étaient assez hardis pour recommencer, et qu'on pût en acquérir la preuve judiciaire ou extrajudiciaire, on en ferait noyer un pour l'exemple.

3ᵉ Parmi les prélats qui résident plus habituellement à Venise, on en choisira un dont le zèle pour la patrie soit bien connu, l'esprit habile à manier les affaires et la fortune assez médiocre pour qu'il ait besoin de l'augmenter, comme pourrait être un évêque de titre. Le choix fait, un des inquisiteurs d'abord, et ensuite tous les trois, s'aboucheront avec ce prélat pour lui offrir un traitement de cent ducats par mois (afin d'en faire un espion).

17ᵉ Il sera écrit à l'ambassadeur de la république en Espagne de chercher un homme de cette nation qui, sous le prétexte de ses affaires particulières, fasse un voyage en Italie, et, arrivé à Venise avec des lettres de recommandation de personnes considérables de son pays, se procure un accès facile chez l'ambassadeur espagnol résidant auprès de nous. Cet étranger s'y fixera pendant quelque temps, sans être suspect ni au ministre ni aux autres habitués de la cour, parce qu'il passera pour n'être point au courant des affaires et occupé uniquement des sciences; il pourra, par conséquent observer facilement tout ce qui se passe dans le palais de l'ambassadeur, et communiquer ses observations à un agent que nous aurons aposté près de lui.

28ᵉ Si l'instruction du procès donne la conviction de la culpabilité du détenu et le fait juger digne de mort, on aura soin que quelque geôlier, feignant d'avoir été gagé par de l'argent, lui offre les moyens de s'enfuir la nuit, et la veille du jour où il devra s'évader, on lui fera donner parmi ses aliments un poison qui n'agisse que lentement et ne laisse point de trace; de cette manière, on n'offensera pas le regard public et le respect privé, et le but de la justice sera atteint par un chemin un peu plus long, mais plus sûr. »

Avant d'examiner les prétendus statuts de l'Inquisition d'État invoqués par V. Hugo à l'appui de la couleur locale de son drame, voyons ce qu'il faut penser des témoins à charge contre Venise, — Amelot, Burnet et Daru, — qu'il cite tout d'abord avec tant de complaisance, comme les échos d'une vérité incontestable.

Né en 1634, mort en 1706, Amelot de la Houssaye est auteur d'une *Histoire du gouvernement de Venise* (1676) remplie de traits satiriques. « Cet ouvrage, — dit Lenglet « du Fresnoy (1), — est un peu trop satyrique. Apparem-

---

(1) Méthode pour étudier l'histoire, etc., édit. de 1772, tome XI, p. 533.

« ment que M. Amelot de la Houssaye était en colère con-
« tre les Vénitiens quand il l'a fait. » Or la colère est une
mauvaise conseillère, et des satires — pas plus que des
injures — ne sont des raisons et des arguments pour ou
contre une question historique. Attaché à l'ambassade
française, Amelot avait passé trois ans à Venise, où il prétend qu'il eut communication de toutes les archives de la
République; il s'attendait à des critiques qui ne lui firent
pas défaut et dont il semble faire bon marché en ces termes passablement cavaliers : « Je ne doute point que les
« critiques ne trouvent beaucoup de choses à redire à
« cet ouvrage dans les pensées et dans le raisonnement.
« Ils en jugeront comme il leur plaira, car j'aurais trop
« à faire à leur répondre, et perdrais toujours ma cause
« avec des gens qui font profession de mépriser tout ce
« qu'ils n'ont pas fait.... Tout ce qui me console, c'est
« qu'étant le premier des Français qui ait écrit de son gou-
« vernement, je dois espérer que les personnes raisonna-
« bles excuseront les défauts de mon travail, d'autant
« plus volontiers que d'ordinaire tous les commencements
« sont imparfaits (1). » Ouvrage de parti pris, le livre
d'Amelot est un perpétuel parallèle de Venise avec l'antique Rome et les républiques grecques; il semble que
cette méthode satirique ait inspiré M. A. de Broglie,
dans sa prétendue histoire de Constantin le Grand, qui
n'est qu'un prétexte à récriminations contre Napoléon
III et le second empire, en France. Ce n'est pas ainsi que
l'on doit écrire l'histoire.

Quant à Burnet, Anglais et protestant (né en 1643,
mort en 1715), son zèle farouche contre les catholiques

(1) Tome I, préface.

ne devait pas le disposer favorablement à l'égard de Venise. On a de Burnet un nombre considérable d'écrits, où il se montre passionné contre l'Église romaine.

Quant à Daru (1767-1829), — qui, après avoir embrassé les idées révolutionnaires, devint le protégé du premier empire, qui le fit comte, etc., et qui, sous la restauration, fut homme d'opposition, à la Chambre des pairs, — ce fut dans son *Histoire de la république de Venise*, publiée pour la première fois en 1819 (7 vol. in-8°), qu'il fit la découverte de ces prétendus Statuts de l'Inquisition d'État auxquels V. Hugo empruntait, en 1835 les couleurs les plus sombres de son drame d'*Angelo*. Je ne dirai pas que M. Daru fut de mauvaise foi en publiant ce tissu de stupides infamies, non; il fut dupe, et de son attachement à l'Empire, qu'il fallait excuser de son indigne politique à l'égard de Venise, et de son attrait pour un document à la fois étrange, et qui lui semblait corroborer ou du moins excuser la chute de cette antique République.

M. Daru n'a pas consacré moins de 139 pages à cette importante découverte, qu'il croyait devoir lui faire tant d'honneur (1).

« Ces statuts, — dit-il, — sont *d'une telle importance* que j'ai cru devoir les rapporter ici *textuellement*.

« *Ils ont été ignorés jusqu'à ce jour*. Je les ai trouvés à la Bibliothèque du roi, dans un volume in-4° qui porte le titre : *Opinione in qual modo debba governarsi la republica di Venezia*. Ce titre n'annonçait qu'un ouvrage très-connu, et même imprimé, de fra Paolo; et c'est probablement par cette raison qu'on ne s'était point avisé d'examiner ce manuscrit. Le copiste a transcrit à la suite

(1) Hist. de la rép. de Venise, tome VI, p. 385-524 de la 2ᵉ édit. (1821). Cf. *ibid.*, p. 199-227.

de l'ouvrage de Sarpi les statuts de l'inquisition d'État, ou bien le relieur les a réunis dans le même volume, mais sans en avertir; ce qu'il y a de certain, c'est que ces deux ouvrages sont de la même main. Il est possible que les deux ouvrages que cet exemplaire contient, inconnus autrefois, l'un comme l'autre, eussent été envoyés au ministre Louvois par quelque agent français, qui les aurait découverts en Italie, et que l'archevêque, frère du ministre, eût obtenu la cession de ce manuscrit ou la permission d'en faire prendre une copie.

« Quoiqu'il en soit, je ne connais aucun écrivain (1), *même vénitien*, qui ait parlé de ces statuts. »

Et ailleurs (2) : « Après la lecture des statuts de l'inquisition d'État, on a droit de s'étonner qu'elle demandât des conseils, et qu'on en trouvât encore à lui donner. C'était l'office de Paul Sarpi, qui, sous l'habit religieux, avait un de ces esprits étendus, une de ces âmes fermes, sur lesquelles les habitudes de l'éducation, les opinions du siècle, les préjugés de la profession, ne peuvent rien. Austère dans ses mœurs, profond dans la doctrine, habile dialecticien, il osa juger et combattre les prétentions de Rome, et poussa même l'indépendance jusqu'à se faire soupçonner d'hérésie. Dans les démêlés que la République eut avec le pape Paul V, ce fut un singulier spectacle de voir un moine, sans se séparer de l'Église, marquer les limites de l'autorité du saint-siège et rassurer, par des écrits pleins de force et de sel, les consciences alarmées par les censures. Il fut blessé par des assassins de vingt-trois coups de stylet; il fut condamné comme hérétique... On le consulta sur les affaires d'État, et il porta dans

(1) Hist. de la rép. de Venise, tome VI, p. 385 et 386.
(2) *Ibid.*, tome VI, p. 227-229, et note 1, au bas de la page 229.

1.

l'examen de ces matières la même indépendance des préjugés et des principes reçus. Il consigna dans un écrit, d'autant plus remarquable qu'il est fort court, les maximes qui lui paraissaient les meilleures pour garantir la durée du gouvernement de Venise.

« Cet écrit est intitulé : *Opinione del padre Paolo, servita, consultor di Stato, in qual modo debba governarsi la repubblica veneziana, internamente e esternamente, per aver perpetuo dominio, con la quale si ponderanno gli interessi di tutti i principi, da lui descritta per publica commissione* (1). Cet écrit est de 1615. »

Avant d'examiner la valeur de l'écrit attribué à Paul Sarpi, voyons ce qu'il faut penser de l'authenticité même des fameux Statuts de l'Inquisition d'État de Venise découverts par M. Daru et publiés par lui, pour la première fois, en 1819.

En 1828, un érudit vénitien, le comte Tiepolo, entreprit la rectification de quelques erreurs (*equivoci*) qui se trouvent dans l'ouvrage de M. Daru (2). On peut appliquer au livre de Tiepolo ce que naguères la Revue d'Édimbourg disait d'autres travaux du même genre :

« Les pièces justificatives réunies par quelques écrivains sérieux et soucieux de la gloire de leur patrie, dont la chute est encore récente, n'ont pas eu jusqu'ici une publicité très-étendue; mais elles ont ce cachet de vérité

---

(1) « Opinion du père Paul, serviste, consulteur de l'État, sur la manière dont doit être gouvernée la république de Venise, à l'intérieur et à l'extérieur, pour avoir la perpétuelle domination avec laquelle se pondéreront les intérêts de tous les princes, opinion publiée par le père Paul, en commission publique. »

(2) Discorsi sulla storia Veneta, cioè rettificazioni di alcuni equivoci riscontrati nella storia di Venezia del signore Daru. (Udine, 1828), 4ᵉ rectification, p. 68 et suiv.

qui prévaut à la longue. C'est dans les écrits du comte Daru, le moderne historien de Venise, que l'on découvrira la source principale d'où se sont répandues les idées généralement reçues relativement au caractère monstrueux et inhumain des lois vénitiennes, surtout en tant que personnifiées dans le *conseil des Dix* et dans les *trois inquisiteurs d'État.* Il est de notoriété publique que le comte Daru était fortement prévenu contre les Vénitiens. Partisan dévoué de *l'empire*, il sentait que plus il insisterait sur la perfidie et les fautes de Venise, et plus il justifierait la conduite sans scrupule de Bonaparte. Non que l'on puisse lui reprocher d'avoir altéré l'histoire de propos délibéré, mais il n'est guère douteux que les autorités qu'il prend à témoin de ses plus graves accusations ne méritent aucune confiance. Daru va jusqu'à se targuer d'avoir découvert, chez un libraire de Paris, les véritables statuts qu'auraient rédigés, en vue de leur organisation, les deux tribunaux secrets dont nous venons de parler, statuts d'un caractère si odieux que, pour nous servir des termes mêmes d'une histoire de Venise, extraite en grande partie de son ouvrage (1), ils dépasseraient en perversité tout autre produit de la malignité humaine. C'est à l'analyse froide et approfondie qui en a été faite par le comte Tiepolo que l'on doit, au sujet de la fausseté de ce document, une démonstration si complète, qu'aucun lecteur impartial ne saurait la contester. »

Ce qui tout d'abord jette du doute sur ce document, c'est qu'aucune allusion, ni contemporaine, ni postérieure, ne laisse supposer l'existence de ces prétendus

(1) Sketches of Venetian history, 1831, 2 vol.

statuts, et que, avant la découverte qu'en fit Daru, personne n'en avait jamais entendu parler. Des mesures de la nature de celles qu'ils renferment n'auraient pu être discutées, formulées et adoptées, sans qu'elles eussent été portées à la connaissance et déférées à la sanction du *maggior consiglio*, c'est-à-dire d'un corps choisi annuellement parmi un public de plus de mille personnes, et auquel, en raison de sa défiance, tout acte et tout décret de ces tribunaux secrets devaient être soumis. Il aurait fallu aussi que, passant par les formalités de l'enregistrement, ils fussent transcrits sur les livres des décrets et des lois, et surtout sur les registres du conseil même des Dix. Impossible, cependant, d'en trouver la moindre trace dans les archives publiques, soigneusement conservées. Aucun des écrivains de ce temps-là (1454) ni des époques postérieures ne les cite. Ajoutez à cela qu'ils fourmillent d'erreurs et d'anachronismes dont nous reproduisons ici quelques spécimens. Ainsi ces ordonnances, dont la compilation est censée dater de 1454, sont écrites non pas en langue latine, que l'on employait alors dans tous les actes officiels et judiciaires, mais en dialecte vénitien, qui ne fut en vogue qu'un siècle plus tard. En outre, ces statuts se trouvent rédigés au nom des *inquisitori di Stato*, titre qu'on ne donna à ce corps de magistrats que vers le xviie siècle. Ils attribuent à ces *inquisitori* la juridiction sur les prisonniers renfermés sous les *Piombi* (sic), et cependant ces prisons ne furent établies ou disposées pour le service de l'État qu'en 1591...

Ces statuts prescrivent de faire disparaître les traces de l'exécution des citoyens tués secrètement sur les ordres du tribunal précité, et le seul exemple que l'on donne d'une suppression de ce genre se rapporte à un individu dont le nom par bonheur figure sur le registre obituaire de sa paroisse. Cette personne y est portée comme étant décédée à l'âge de 80 ans, non pas chez elle, mais, bien mieux, au domicile de l'un de ses parents. Par conséquent, des mesures aussi atroces que celles qui sont ordonnées par ces statuts, dans le seul but de tendre mystérieusement, et de parti pris, des piéges à des individus qui n'étaient que de simples suspects; la préférence qu'on y donne pour les assassinats secrets au *ferro* plutôt qu'au *fuoco*, c'est-à-dire au stylet plutôt qu'au pistolet; les détails minutieux, jusqu'à soulever le cœur de dégoût, concernant les précautions à prendre par les espions et les délateurs; celles relatives au contre-espionnage et à la contre-dénonciation, calculées de façon à faire de la législature vénitienne un Pandémonium plutôt qu'une assemblée d'honorables et graves *signori*: toutes ces accusations, nous le répétons, doivent être, en tant qu'elles reposent sur ces statuts apocryphes, bannies avec raison des esprits et des cœurs qu'elles ont troublés.

Il serait aisé de citer, dans l'ouvrage de Daru même, des peintures de la paix intérieure qui a régné à Venise durant cinq siècles et demi; de l'absence de rébellion quelconque, soit dans la ville, soit au sein des colonies, et cela malgré les périodes de renchérissement, de peste, d'excommunication et de guerres désastreuses, peintures qui sont incompatibles avec l'existence, au cœur de l'État, d'un mal mortel, et qui, pareil à un cancer, aurait dévoré peu à peu toutes les libertés, tué toute confiance et fait disparaître toute sécurité. Pour continuer la métaphore, un tel état peut bien engendrer la fièvre, la paralysie, la mort, mais ne saurait, en aucun cas, donner le repos ni la tranquillité.

A notre époque, il y a près de quarante ans, un de nos concitoyens, qui a le mieux connu l'Italie, M. Valery, écrivait, en 1838 (1) :

« J'ai rectifié, avec une extrême satisfaction, mes préventions à l'égard des inquisiteurs d'État de Venise : il est doux de trouver quelques oppresseurs de moins dans l'histoire. On doit regretter qu'un historien éclairé et consciencieux, tel que M. Daru, ait pu ajouter foi aux prétendus statuts de l'inquisition d'État, qu'il a découverts manuscrits à la Bibliothèque du roi, et qui sont regardés à Venise comme apocryphes par tous les hommes instruits, et comme fabriqués par un ennemi ignorant de la République. Les inquisiteurs d'État, gardiens des lois, tribuns silencieux, chers au peuple, qui, jusqu'à la fin du dernier siècle, célèbre leur triomphe par des fêtes, le défendaient contre l'excès de la puissance aristocratique. »

Comment accorder l'existence du système de terrorisme signalé par les prétendus Status de l'Inquisition d'État avec la lettre si explicite dans laquelle, en 1468, moins de quinze ans après la prétendue mise en pratique de ce code horrible, l'illustre Bessarion, cardinal et patriarche de Constantinople, insérait le plus bel éloge du gouvernement vénitien ? En offrant sa riche bibliothèque à la République, il s'exprimait ainsi :

« Quel pays pouvait offrir un plus sûr asile que le
« vôtre, régi par l'équité, soumis aux lois, et gouverné
« par l'intégrité et la sagesse; où la vertu, la modération,

---

(1) Voyage en Italie, etc., 2ᵉ édit., 1838, tome I, p. 314.

« la gravité, la justice, la bonne foi, ont fixé leur demeure;
« où le pouvoir, quoique très-grand et très-étendu, est
« aussi équitable que doux ; où la liberté est exempte de
« crime et de licence, où les sages gouvernent, où les
« bons commandent aux méchants, où les intérêts par-
« ticuliers sont unanimement et entièrement sacrifiés à
« l'intérêt général: mérites qui doivent faire espérer
« (ce que je souhaite) que votre État croîtra de jour en
« jour en force et en renommée?... »

Quoi de plus ?... Et ce n'est pas tout encore cependant ; car il nous faut examiner la valeur et l'authenticité d'un autre témoignage prétendu formidable, invoqué contre le gouvernement de Venise et sa fameuse inquisition d'État: nous voulons parler de l'écrit attribué à Paolo Sarpi, et qui serait le corollaire des statuts en question.

« Une autre source fréquemment citée d'accusations contre les tribunaux vénitiens, source supposée provenir d'une haute autorité, peut être non moins justement attaquée. Dans un opuscule sans date, que l'on prétend avoir été rédigé par Paolo Sarpi, pour servir de guide aux inquisiteurs de l'État, on rencontre des maximes tout aussi atroces, et qui corroborent par conséquent celles que renferment les statuts apocryphes découverts par Daru. Nous croyons les motifs qui portent à douter de l'authenticité de l'œuvre intitulée : *Opinione del padre Sarpi, servita, come debba governarsi la Repubblica veneziana per havere il perpetuo dominio*, d'un poids bien plus décisif que ceux qu'on peut alléguer pour en attribuer la paternité au savant théologien. Voir un ouvrage vénitien, publié sous la rubrique suivante : *Opinione falsamente ascritta al padre Servita, come debba governarsi internament e esternamente la Repubblica veneziana per havere*

il perpetuo dominio. (Venezia, 1681 e 1685, col titolo
« Ricordi (1). »

Jérémie Bentham fait remarquer fort à propos que le caractère mystérieux de l'un des agissements de la République a été la cause de toutes les fausses idées qui se sont accréditées touchant le gouvernement vénitien.

Quant à l'imputation de se débarrasser des individus gênants ou suspects, en les noyant, on pourrait se borner à faire remarquer qu'elle est trop invraisemblable pour être réfutée. En effet, pour combattre une assertion quelconque, faut-il encore qu'elle offre prise à la discussion. Tout ce qu'on peut dire, c'est qu'ici les preuves font complétement défaut. Laissons de côté ce fait, que le nom donné au canal Orfano (2), nom que l'on suppose se rattacher à ces noyades, paraît, d'après l'opinion qui prévaut aujourd'hui, avoir été porté par cette même partie de la lagune pendant des siècles, avant qu'il existât l'ombre d'une inquisition d'État; laissant cette objection de côté, il y a de fortes raisons pour penser qu'un tel système d'exécutions, de même que la plupart des autres contes de ce genre sur Venise, sont de toutes pièces l'œuvre des romanciers.

Par l'empressement que Venise met à ouvrir à deux battants les portes des trésors historiques de ses annales locales, elle semble défier, sur tous les points, les investigations les plus minutieuses. L'ouvrage intitulé : *Monumenti per servire alla storia del palazzo ducale,* etc. (3),

---

(1) Revue brit., octobre 1877, p. 337 et 338, note 1.
(2) Comme qui dirait « le canal *Orphelin.* »
(3) Monumenti per servire alla storia del palazzo ducale di Venezia, ovvero serie di atti pubblici dal 1253 al 1797, che variamente lo riguardano, tratti dai Veneti archivi, e coordinati da Giambattista Lorenzi. (Venezia, 1868.)

est la démonstration complète de ce que nous avançons ici, car il renferme la copie des registres où sont transcrites jour par jour, sans commentaires d'aucun genre, les délibérations des séances quotidiennes du conseil des Dix, registres qui, commencés en 1254, nous conduisent jusqu'à l'année 1600. Quant aux sentences relatives aux noyades, il n'en existe pas plus d'indices que des condamnations à être brûlé vif. Le bûcher, c'est là un trait de barbarie dont Venise ne s'est jamais rendue coupable. On ne saurait lui imputer une telle atrocité.

Quant aux dénonciations mystérieuses glissées dans la *bouche du lion,* ouverture ou rainure à pente inclinée pratiquée dans un mur ou une porte, et analogue à celle de nos boîtes de la poste aux lettres, le grand jour de la discussion publique en dissipera promptement l'horreur.

Tout greffe judiciaire possédait jadis une boîte de ce genre ; que si l'on entend, par le mot *dénonciations secrètes,* les lettres anonymes, — toutes les lettres de ce genre, en vertu d'une loi de 1387, devaient être brûlées sur-le-champ. En 1542, on admit une exception pour le cas d'accusations anonymes contre les blasphémateurs ; mais on exigea les noms de trois personnes ayant été témoins du fait. Plus tard, lorsque les délations avaient trait à des affaires d'État d'une haute importance, elles purent être anonymes ; mais il fallait le vote des quatre cinquièmes des membres du conseil, avant que des poursuites fussent dirigées contre l'accusé. Plus tard encore, la proportion de quatre cinquièmes fut portée à cinq sixièmes ; et, en outre, par un procédé analogue à ce qui se pratiquait pour l'élection des doges, le vote devait être précédé d'un quadruple tirage des membres appelés à se prononcer. Si maintenant l'on tient compte des lois sévères qui existaient contre les faux témoins et les faux accusateurs, il semblerait qu'au lieu d'avoir entrepris une guerre sourde contre la vie et les libertés de ses sujets, le gouvernement vénitien s'est montré moins prompt à accueillir les accusations dirigées contre un citoyen que ne l'étaient à le condamner la plupart des gouvernements de ces temps-là (1).

On ne peut se dissimuler qu'il ne règne une singulière exagération dans tous les récits que l'on fait de l'ancienne tyrannie du gouvernement de Venise. C'est ainsi qu'un dernier voyageur prétend que le réservoir d'eau douce destiné à l'usage de la ville était placé dans l'enceinte du palais ducal, et que Leurs Seigneuries s'étaient par là ménagé le moyen de faire mourir de soif des sujets rebelles. Il existe, en effet, deux belles citernes de bronze, ouvrage du XVIe siècle, au milieu de la cour du palais ; mais il y a d'autres citernes sur les places de Venise, et il n'est pas une seule maison qui ne possède aussi la sienne (2).

Le soin des premiers puits artificiels dut faire partie dès l'origine des attributions d'un gouvernement aussi vigilant, et, à une époque plus récente des temps historiques de la République, la surveillance en fut confiée à des fonctionnaires spéciaux. Le document le plus ancien qu'on ait de la reconnaissance officielle de ces magistrats remonte à l'année 1303, alors que la construction des puits de la cour du palais ducal fut décrétée, mesure qui était évidemment le premier pas vers la splendeur monumentale des édifices dont ils sont entourés. On

---

(1) Revue brit., l. c. sup., p. 341 et 342.
(2) Valery, l. c. sup., p. 308 et 309.

n'eut plus ainsi à redouter que le manque d'eau n'entravât le développement de la ville, car plus les toits se multipliaient, et plus l'approvisionnement d'eau devenait considérable. Les lois relatives à l'entretien des puits furent des plus sévères, à ce point que tout particulier qui bâtissait même la plus simple maisonnette était tenu d'y adjoindre une citerne. Dans les cours des couvents qui se sont conservés jusqu'à nos jours, ces puits étaient d'une grande ressource pour les gens pauvres (1).

Venise méritait-elle les accusations de cruauté et de terrorisme secret qu'on accumule sur sa tête, plus ou autant que les autres gouvernements contemporains? Telle est la question à résoudre. Nous n'avons qu'à nous demander s'il est admissible que le plus florissant, le plus libéral au point de vue de l'égalité devant la loi, le plus patriotique de tous les États chrétiens, et celui qui a vécu le plus longtemps, pouvait être précisément celui dont le gouvernement aurait été le plus inique. Le mal en lui-même est-il autre chose qu'une déchéance? Heureusement pour la justification de Venise, il n'y a pas en sa faveur que des arguments théoriques. Qu'on ait tracé de son gouvernement un portrait où les teintes sombres prédominent plus que ne veut l'équité, c'est là une présomption que l'on reconnaît de plus en plus fondée, et, bien qu'il reste encore beaucoup de points obscurs, toujours est-il qu'il y a abondance de preuves de nature à rendre suspectes les accusations les plus graves.

Pour ne parler que de quelques-uns des contes absurdes mis en circulation d'abord par des faussaires, puis repris et aggravés par les romanciers, nous avons déjà vu ce qu'il

(1) Revue brit., *l. c. sup.*, p. 297 et 298.

fallait penser des noyades secrètes dans le canal Orfano : un mot des Plombs et des Puits maintenant.

Les Plombs, créés postérieurement aux Puits, hors d'usage depuis longtemps à la chute de la république, n'étaient que la partie la plus élevée du palais ducal, dont la couverture est de plomb, et dans laquelle les détenus faisaient leur temps, sans que jamais la santé d'un seul ait été le moins du monde altérée, même après une détention de dix ans. Il y avait un courant d'air suffisant pour tempérer l'excès du chaud. Howard, juge compétent, avait déjà reconnu la salubrité des prisons de Venise (1). Aucun prisonnier n'y fut jamais chargé de chaînes, sorte de privilége peut-être unique dans l'histoire des prisonniers : si plusieurs furent condamnés pour la vie, c'est que la peine de mort était plus rarement qu'ailleurs appliquée à Venise. Ces terribles Plombs furent depuis des appartements agréables et recherchés (en Italie, les appartements d'en haut sont généralement préférés), et un président du tribunal de Venise, le comte Hesenberg, homme impartial et qui les avait occupés, a prétendu, dans un journal, qu'il souhaiterait à beaucoup de ses lecteurs de n'être pas plus mal logés.

Les Puits formaient jadis plusieurs étages, dont deux subsistent encore. On voit encore ces anciens cachots (huit sont au niveau de la cour du palais ducal, neuf à l'étage supérieur); la plupart sont encore garnis de planches que l'on y avait mises afin de prévenir l'humidité, et l'ancien lit de bois, assez semblable aux cou-

---

(1) The state of the prisons in England and Wales, with preliminary observations and an account of some foreign prisons; 1777, in-4°, 1er appendix, 1780, in-4°; 2e appendix, 1784, in-4°. (Cet ouvrage a été traduit en français par Mlle de Keralio; Paris, 1788, 2 parties in-8°.)

chettes des trappistes, est au milieu de quelques-uns. Ces cachots n'étaient point sous le canal, ainsi qu'on l'a cru et que l'a répété M. Nicolini dans sa tragédie de *Foscarini* sur cette prison, et l'on n'a jamais navigué sur la tête des coupables. Il est fort probable que les Puits de Venise ne furent pas plus horribles que les autres cachots du même temps : chaque âge, chaque régime a ses prisons : elles participent de l'état des diverses civilisations; mais les prisons impénétrables du despotisme sont toujours cruelles : les forts de l'Empire ne le cédaient point aux anciens donjons (1).

« Mais, — dit la *Revue d'Édimbourg*, — qui pourrait condamner ces fictions chez les poëtes et les romanciers ? La faute en est à ces historiens qui, comme Daru, ont admis à la légère, ou par malveillance, de semblables accusations; à ces auteurs qui reproduisent inconsidérément des écrits diffamatoires, écrits qui calomnient le genre humain plus encore que les Vénitiens. Les *Piombi*, par exemple, ont donné naissance à une masse de contes sinistres. En les peignant comme des glacières l'hiver et comme des fours brûlants l'été, on les a présentés au lecteur frissonnant d'horreur comme la preuve de la tyrannie et de la perversité de l'État. Or ces chambres, situées à l'étage le plus élevé du palais ducal, existent encore, et elles sont considérées comme étant au nombre des plus chaudes en hiver que renferme cet édifice. Or ces Plombs, que l'on supposerait, sous un soleil ardent, au cœur de l'été, verser leur chaleur brûlante juste au-dessus de la tête des êtres innocents incarcérés sous de faux prétextes, et même sans cause aucune, ces Plombs,

---

(1) Valery, p. 326 et 327.

disons-nous, qui reposent, non pas sur une toiture plate, mais sur une toiture à dos d'âne, existent encore. D'ailleurs, ils sont séparés des chambres, où se trouvent les cellules appelées plus spécialement les *Piombi*, par un plafond formé de magnifiques poutres en bois de chêne; entre celles-ci et le toit, l'architecte a ménagé de plus un espace, que M. Ruskin (1) évalue à 5 mètres de hauteur aux endroits les plus bas et à 9 dans les parties les plus élevées.

« On peut prédire sans crainte de ces contes et autres récits analogues que le temps viendra où ils seront entièrement rejetés, ni plus ni moins que les fables concernant Romulus et Rémus. »

Les accusations contre le gouvernement vénitien, admiré par Commines, ont redoublé vers la fin de son existence, à l'époque où probablement elles étaient le moins méritées. Il fut longtemps de mode de vanter sa constitution, la sagesse de ses lois et l'incorruptibilité de sa justice, invoquée même fréquemment par les étrangers, comme depuis on a écrit sur la constitution, les finances et le commerce de l'Angleterre.

Pour lutter contre l'homme, Venise eut le dévouement de ses citoyens, la supériorité de sa marine, la justice et le zèle ombrageux de son gouvernement.

Pour cela, elle n'eut pas besoin de règlements et de prescriptions légales; au rebours de ces constitutions éphémères qui, comme des champignons, poussent à la hâte sur le sol des révolutions modernes, elle s'en remit au contraire à la marche lente, mais salutaire, de ce qu'on peut appeler *la croissance normale*.

Quant à l'esprit de justice et au zèle ombrageux du

---

(1) Stones of Venice, tome II, p. 293, note.

gouvernement, le premier de ces deux caractères est certes loin d'être aussi connu que le second; cependant c'est la réunion de l'un et de l'autre qui forme un des plus curieux sujets d'étude que présente l'histoire de l'humanité. Il existait des causes profondes, toujours agissantes, qui motivaient ces mesures de précautions, compliquées à dessein et en apparence exagérées, que nous rencontrons à chaque pas. Cet état de choses provenait moins d'une suspicion réciproque des citoyens que de lois qui prescrivaient que l'on eût à se méfier les uns des autres. Dans tous les emplois, depuis le plus élevé jusqu'au plus infime, tout serviteur de l'État non-seulement se soumettait aux lois et aux règlements, mais encore prenait part à leur confection, ce qui impliquait la possibilité de sa part de trahir ou de se laisser acheter; or, il importait de veiller à ce qu'il ne pût y avoir ni trahison ni corruption de ce genre. On peut dire que le pouvoir législatif fonctionnait grâce à un système de contrôles et de doubles contrôles, système compliqué et gênant au plus haut degré, du reste impossible à expliquer autrement que par la conclusion logique que les dangers dont il préservait étaient bien plus sérieux que les ennuis auxquels il donnait lieu.

Servir la République était plus honorable que lucratif. Les emplois de l'État ne rapportaient à ceux qui les détenaient que de maigres émoluments.

Il y avait bon nombre de charges publiques auxquelles aucun traitement n'était attaché. Les inquisiteurs, appelés à l'occasion du décès d'un doge pour examiner la situation des affaires particulières du défunt, eurent fréquemment à constater que ses fonctions avaient causé la ruine de sa fortune. Quant aux ambassadeurs vénitiens, l'allocation accordée ne couvrait même pas leurs frais. Il était heureux pour eux que le caractère soupçonneux du gouvernement limitât dans toutes les cours à une période de deux ans le temps de leur résidence. Bien peu de fonctionnaires publics restaient à leur poste au delà d'une année. La durée extrême d'un emploi ne dépassait pas trois ans.

Un des côtés de l'organisation du gouvernement de Venise qui répugne peut-être le plus à nos idées modernes, c'est sa dissimulation, le mystère dont il s'entourait. Il n'est pas douteux que le secret, qui couvrait d'un voile épais certaines parties de son administration, n'ait été pour beaucoup dans le verdict prononcé par l'opinion contre la République. Un gouvernement est le meilleur juge de ce qu'il est prudent de divulguer, et le nombreux personnel qu'exigeait le mécanisme de la législature vénitienne (ce qui d'ailleurs était déjà une sauvegarde contre les injustices), faisait un devoir de la discrétion la plus absolue.

Mais, en dehors et au-dessus de ces conditions indispensables, il est un argument qui prime toutes les discussions auxquelles ont pu donner lieu le gouvernement et la politique de Venise : c'est la sûreté profonde que ce régime, qui a duré tant de siècles, donnait à la société et à la population, qui, jusqu'à la dernière heure de leur vie politique, sont restées le type de l'esprit le plus vif et de la gaîté la plus franche comme aussi l'asile des vraies libertés indispensables à l'humanité. Nous demanderons les preuves de ce que nous avançons à nos voyageurs français du dernier siècle, qui ont visité et habité Venise moins de quarante ans avant l'invasion de Bonaparte et les désastres qui la suivirent. Et d'abord, voyons ce que dit Grosley, dans ses *Observations sur l'Italie et sur les*

Italiens (1), dans l'article assez étendu (2) et fort curieux qu'il a consacré à Venise, et où cet érudit, doublé d'un observateur, jette sur la vieille et illustre République de l'Adriatique un jour nouveau, grâce aux révélations de deux esprits très-fins, Goldoni et Scarlati, un auteur dramatique et un musicien, tous deux enfants de Venise.

« ...Après avoir pris l'air et partagé les plaisirs de la place de Saint-Marc, nous allions à la boutique de Pasquali ou de quelque autre libraire. Ces boutiques sont le rendez-vous ordinaire des étrangers et des nobles, qui y viennent *en chenille* (3). On trouve là des conversations quelquefois intéressantes, quelquefois assaisonnées par le sel vénitien, qui tient beaucoup de l'atticisme grec et de la gaîté française, sans être ni l'un ni l'autre. De la boutique de Pasquali nous allions, suivant l'usage du pays, souper au café...

« Ces soupers me défirent du préjugé où j'étais sur la discrétion imposée aux Vénitiens relativement aux nouvelles et à toutes matières politiques. Venise est, à cet égard, comme toute l'Italie. Une foule de gens qui se succédaient dans notre café n'avaient aucun autre objet d'entretien. Ils se réjouissaient ou s'affligeaient des nouvelles courantes, les affirmaient ou les niaient, suivant qu'elles se trouvaient favorables ou désavantageuses au parti que chacun avait épousé. Le gros de ces politiques, partagé entre les deux partis qui divisent actuellement

---

(1) La 1re édition est de 1764 (3 vol. in-12), et fut donnée sous le nom de *Deux Gentilshommes suédois;* nous suivons le texte de la nouvelle édition (1774.)

(2) P. 1 à 110 du tome II de l'édit. de 1774.

(3) Se disait autrefois d'un habillement du matin, que portaient les hommes avant d'avoir fait leur toilette.

l'Europe, n'était dans l'intérêt de chaque puissance secondaire que surbordonnément à l'intérêt général et dominant de l'alliance à laquelle elle était attachée. Mais les plus fins politiques, abstraction faite de toute alliance, *syncopaient* l'intérêt particulier de chacune des puissances belligérantes. L'un était *geniale francese* (1), sans être Autrichien; l'autre Autrichien, détestant également le Prussien, le Français et le Russe; celui-ci Prussien, sans tenir aux Anglais; celui-là Anglais, sans être Prussien. Les puissances neutres elles-mêmes avaient là de bons amis et de chauds ennemis. De cette diversité de vues, de cette contrariété d'intérêts, résultaient un tintamarre et une cacophonie qui nous donnaient le plus grand plaisir, surtout lorsque certain Vénitien, homme très-délié, *gran furbo* (2), et qui nous marquait de l'amitié, accostant chacun de ces politiques l'un après l'autre, lui faisait part d'une nouvelle presque toujours fabriquée sur-le-champ ou au désavantage de celle des puissances dont il était le *geniale* ou à l'avantage de la nation contre laquelle il était déclaré (3).»

Avant de poursuivre le cours de ces piquantes citations, nous ferons remarquer que cette entière liberté de la conversation dans un lieu public valait tout autant et mieux que notre moderne liberté de la presse ou ce que l'on décore de ce nom; avec plus de charme, la première de ces libertés vaut l'autre, et, au point de vue de l'effet moral, l'esprit public se fait bien autrement jour dans ces saillies spontanées et toutes prime-sautières

---

(1) Mot à mot : Homme « de génie, d'esprit, de caractère français, » c'est-à-dire sympathique à la France.
(2) « Les Italiens usent de cette expression en bonne part. » — Note de Grosley, p. 13.
(3) Grosley, *l. c. sup* , p. 10-13

que dans le rabâchage des journaux, compliqué et aggravé des agences télégraphiques, dont la source est parfois si douteuse et si troublée.

Après le compte rendu d'une séance du Grand Conseil, à laquelle il assista, Grosley, — parlant des gondoliers, qui sont à Venise ce que les cochers sont à Paris, — entre dans de curieux détails sur ces hommes, qui forment une des classes les plus intéressantes, voire des plus importantes de la République. « Ces gens, — dit-il, — se regardent comme le second corps de l'État et les défenseurs-nés du premier, dans le cas où il s'élèverait quelque émeute contre lui tandis qu'il est renfermé au palais. Chacun d'eux, l'œil au guet, garde son poste, sans inquiétude et sans impatience, en se glorifiant de travailler pour l'État ou *per il principe* (1), comme ils s'expriment. Ils traitent cependant de pair avec leurs confrères, qui, n'ayant pas le bonheur d'être attachés à aucune maison, servent le public, et tous se regardent comme frères. C'est le terme le plus familier entre eux : ils en usent pour se saluer, lorsqu'ils se rencontrent en voguant; c'est leur cri ordinaire, lorsqu'ils se trouvent à la portée d'un canal où ils vont entrer : *Per me, fradel, per me* (2). Enfin on entend ce terme répété de toutes parts dans les embarras qu'occasionne assez fréquemment le concours fortuit de plusieurs gondoles dans quelque canal où il y en a déjà d'arrêtées : *Fradel*, se disent-ils les uns aux autres, *non travagliar, non stracinar i poveri Christiani*[3]. En comparant le ton de ces gens aux insultes

(1) « Pour le prince. »
(2) « Pour moi, » ou « A moi, frère. »
(3) « Frère, les pauvres chrétiens ne se tourmentent pas, ne se maltraitent pas entre eux ».

qu'en semblables occurrences vomissent les cochers, les fiacres et les charretiers de Paris, on prendrait les gondoliers de Venise pour de religieux et saints personnages, qui, à l'exemple de saint Christophe, passent le prochain par la charité et par esprit de religion. Cette différence de langage et de ton a sa principale cause dans la sobriété des derniers : vertu au reste tellement commune à tous les Italiens, que, pendant mon séjour au delà des monts, il ne m'est jamais arrivé de rencontrer un homme ivre, même dans la lie du peuple.

« Ces gondoliers, pour terminer leur article, sont une race d'hommes bien taillés, nerveux, très-dispos, et qui participent de la gaieté vénitienne. Passant la plus grande partie de leur vie presque en tête-à-tête avec la noblesse, les plus honnêtes citadins et les étrangers de distinction qui tous les jours abordent à Venise, ils fournissent souvent à la conversation par des plaisanteries : on leur permet même, en ce genre, des libertés dont voici quelques exemples.

« Le jour de la Saint-Roch, la Seigneurie va en station à l'église du saint. Le voyage se fait dans des *péotes*, barques couvertes à peu près de la forme de ces coches d'eau que l'on voit à Paris au port Saint-Paul. Je rencontrai cette marche à un pont sous lequel elle allait passer, dans un canal assez étroit. De dessus ce pont, deux ou trois gondoliers, beaux parleurs, attaquèrent de propos les gondoliers de l'État, qui voituraient la Seigneurie : ceux-ci répondirent, s'arrêtèrent, et il se lia entre ces messieurs une conversation qui attira la Seigneurie aux fenêtres des péotes, où je la vis en jouir fort tranquillement. Enfin les gondoliers ont le privilége exclusif dont jouissait M. de Roquelaure à la cour de

Louis XIV. On leur fait honneur de tous les bons mots dont des raisons de décence ou de politique ne permettent pas aux véritables pères de se déclarer (1). »

Passant à un des articles les plus importants de la constitution de Venise,—la religion et le culte,—Grosley dit : « Cette ville a beaucoup d'églises très-bien ornées, quantité de paroisses desservies par un clergé nombreux, des essaims de moines de toutes les couleurs et un nombre prodigieux d'hôpitaux ouverts à tous les besoins de l'humanité. Quant à l'intérieur, il n'appartient d'en juger qu'à Dieu, aux yeux duquel l'amour de la patrie, l'un des premiers devoirs qu'il impose, est sans doute compté pour quelque chose. Le clergé, il est vrai, n'a aucune part ni influence, même indirecte, dans aucune partie du gouvernement; mais c'est l'avoir ramené à l'esprit de son institution primitive. Les curés sont élus par le peuple de chaque paroisse : autre reste de la primitive Église. Quant aux maisons religieuses, l'État n'y souffre que des sujets vénitiens.

« Les offices et les cérémonies religieuses, que les Italiens comprennent sous le nom générique de *funzioni*, sont aussi communes et aussi pompeuses à Venise que dans tout le reste de l'Italie, et la plus exacte décence y préside.

« Les Juifs, les Grecs, les Arméniens, les protestants même jouissent à Venise de la tolérance que le pape lui-même accorde aux Juifs dans tous ses États. Ces trois nations y ont des temples où ils servent Dieu, chacune suivant son rit.

« Les fêtes et dimanches, l'office paroissial du matin

(1) Grosley, p. 27-32.

n'est suivi à Venise que par quelques bonnes âmes dont le curé possède exclusivement la confiance. Les *Scuole* et les moines partagent le reste du peuple, dont chaque famille ne connaît de paroisse que l'église du confesseur de son chef. Les *Oratorio*, que donnent les *Conservatoires*, tiennent lieu pour tout le monde de l'office de l'après-dinée. Dans ces Conservatoires, administrés par quelques vieux sénateurs, des orphelines ou filles trouvées sont élevées, entretenues et dotées des fonds considérables affectés à chacune de ces maisons, sous la direction des meilleurs maîtres. Ces Conservatoires ont tour à tour de belles vêpres en musique, suivies d'un grand motet dont les loueurs de chaises vendent les paroles.

« Les fêtes patronales des couvents presque innombrables de Venise sont célébrées par de grands offices en musique, composés le plus souvent pour chaque fête. Nous suivîmes le jour de Saint-Laurent un de ces offices dans l'église des religieuses dont le monastère porte le nom de ce saint. Quatre cents voix et instruments choisis parmi les virtuoses d'Italie, qui accourent à Venise pour cette fête, remplissaient l'orchestre, qui était conduit par le fameux Sassone, compositeur de la musique.

« Quant aux *Scuole* dont j'ai parlé, ce sont des associations ou confréries de laïcs qui se réunissent dans des chapelles particulières pour y faire entre eux l'office canonial, sous la présidence de *Gardiens* et *Prieurs* laïcs. Elles ont des fonds considérables, dans lesquels la République puise de temps en temps ou qu'elle affecte pour sûreté de capitaux empruntés ailleurs, et par ce moyen le gouvernement en tire quelque utilité. Leurs chapelles, faites en forme de grandes salles, sont enrichies pour la plupart de morceaux des Paul Veronèse, des Titien, des

Palme, des Tintoret, etc. L'établissement de ces *Scuole* remonte au douzième siècle, suivant quelques historiens de Venise. L'État a pris les plus grandes précautions, et pour assurer la liberté de ces assemblées, et pour prévenir tous les abus que la République pourrait en redouter (1).

« Le gouvernement, qui ne néglige aucun objet de police, ne veille pas avec moins d'attention sur les écrits qui se répandent dans le public par la voie de l'impression. La librairie trouve toutes les facilités, aisances et commodités qu'exige l'intérêt de ce genre de commerce..... (2). »

Après avoir montré comment Venise savait concilier tous les intérêts sans compromettre ceux de son gouvernement, Grosley ajoute : « Telles sont les facilités que l'on trouve à Venise avec cette *Inquisition d'État dont les relations nous font de si affreuses peintures. Elle n'est ni plus vigilante ni plus cruelle que la police de Paris*, établie et fixée par un homme à qui les relations de sa famille avec Venise n'ont pas été inutiles pour ce grand établissement ; et *ce fameux canal Orfano, où l'on jette les gens cousus dans un sac, ressemble assez aux* oubliettes (3), *où, suivant le peuple de Paris, on fait passer en France les gens suspects au gouvernement.* A la vue des bouches de lion,

---

(1) Comme il faillit arriver en France, sous Louis XIV. Voyez : *Qu'est-ce que Tartuffe?* dans la 5e série des *Erreurs et mensonges historiques*, p. 113 et suiv.

(2) Grosley, p. 40-58, *passim*.

(3) Quelques archéologues, M. P. Mérimée à leur tête, n'ont pas hésité non-seulement à déclarer improbable, mais à mettre en question, l'existence même des *oubliettes* en général. « Nous devons avertir nos lecteurs, — dit M. Mérimée, dans ses *Instructions du comité historique*, — de se tenir en garde contre les traditions locales qui s'attachent aux souterrains des donjons. On donne trop souvent au moyen âge des cou-

toujours ouvertes pour recevoir les *denuncie secrete*, je ne pensai qu'à admirer la patience des *Sages-Grands*, obligés par état à dévorer toutes les sottises dont ces bouches regorgeraient, si les Italiens n'étaient pas encore plus circonspects dans leurs écrits que dans leurs paroles (1). »

Ceci a été imprimé en 1764 et réimprimé en 1774, presqu'à la veille de la chute de Venise, et provient d'une plume que n'enchaînait aucune attache de près ou de loin, publique ou secrète, à l'Inquisition d'État, ce croque-mitaine, cet ogre, ce monstre avec lequel on a si longtemps terrorisé la masse du public, c'est-à-dire des sots, et l'on sait s'ils sont nombreux : « Le nombre des sots est infinie, » a dit le sage roi Salomon, et un poëte français, heureux, concis et spirituel traducteur de cette maxime, l'a formulée en ce vers bien frappé :

Les sots, depuis Adam, sont en majorité...

Il semble qu'un tel témoignage, aussi accentué, aussi explicite, et partant d'un homme aussi peu facile à

---

leurs atroces, et l'imagination accepte trop facilement les scènes d'horreur que les romanciers placent dans de semblables lieux. Combien de celliers et de magasins à bois n'ont pas été pris pour d'affreux cachots! Combien d'os, débris des cuisines, n'ont pas été regardés comme les restes des victimes de la tyrannie féodale! C'est avec la même réserve qu'il faut examiner les cachots désignés sous le nom d'*oubliettes*, espèces de puits où l'on descendait des prisonniers destinés à périr de faim, ou bien qu'on tuait en les y précipitant d'un lieu élevé, dont le plancher se dérobait sous leurs pieds! » M. Viollet le Duc se range presque complétement à l'avis de M. Mérimée, et, si les récits populaires avaient quelque fondement, ces consciencieux archéologues en auraient assurément tenu compte. (Cs. Viollet le Duc : *Dictionnaire d'architecture raisonnée*, au mot OUBLIETTES.)

(1) Grosley, p. 62 et 63.

l'enthousiasme, pourrait suffire; mais l'axiome de droit: *Testis unus, testis nullus*, est surtout vrai des questions historiques, auxquelles il s'applique peut-être encore plus strictement qu'à celles même de jurisprudence. Donc, après avoir entendu Grosley, un laïc, il nous faut entendre de la bouche d'un ecclésiastique français, l'abbé Richard, les détails qu'il a recueillis sur la situation politique et civile de Venise, en 1766, époque où il visitait avec un soin minutieux les divers États d'Italie (1).

Parlant de l'Inquisition d'État et de ses prérogatives si étendues, l'abbé Richard dit immédiatement : « Il n'est pas absolument sûr que ce tribunal ait autant de puissance qu'on lui en attribue; mais, pour peu que l'on réfléchisse sur l'extrême délicatesse des Vénitiens pour tout ce qui regarde l'État, on n'aura pas de peine à voir qu'il est de leur politique que leurs sujets, et même les étrangers, aient de ces inquisiteurs tant de crainte. Moins on peut espérer de grâce, même pour les fautes les plus légères, moins on ose se porter aux grands crimes (2).»

Après un assez long détail des diverses cours de justice de Venise, l'abbé Richard ajoute : « Il y a une multitude d'autres tribunaux particuliers qui sont nécessaires au gouvernement d'un État bien policé, parmi lesquels en est un exprès pour juger les différends qui peuvent arriver entre un étranger et un sujet ou entre deux étrangers... Trois magistrats sont établis sur les lieux appelés *i banchi*, qui sont des espèces de monts-de-piété que la République oblige les Juifs résidants à Venise d'entretenir gratuitement. Les pauvres et ceux

(1) Description historique et critique de l'Italie, ou nouveaux mémoires sur l'état actuel de son gouvernement, etc., 6 vol. in-12.
(2) *Ibid.*, tome II (de l'édition de 1769), p. 219 et 220, note *a*.

qui ont besoin d'argent y portent leurs effets, sur lesquels on leur en prête à peu près pour la valeur réelle : ce qui leur est beaucoup plus avantageux que de les vendre à perte, parce qu'ils les retirent quand ils ont de quoi rendre, au temps prescrit, la somme qui leur a été prêtée. S'ils les laissent aux Juifs, ils en ont retiré à peu près la valeur. Tous ces tribunaux sont tenus ordinairement par de jeunes patriciens, dont on éprouve les talents dans ces emplois subalternes.....

« Il y a des singularités dans le gouvernement ecclésiastique de Venise dont il est bon de dire un mot... Les canonicats sont à la nomination du chapitre. L'archidiacre est réservé au pape... Toutes les cures sont nommées par les paroissiens assemblés..... Pour ôter toute occasion de dispute entre les nobles et le peuple, la République n'a pas voulu que les premiers pussent être éligibles aux cures de la ville; elles sont réservées au peuple, que cette marque de distinction attache au gouvernement(1). »

Venons au budget de Venise et à l'administration des fonds publics : « Les revenus fixes de la République de Venise sont évalués au moins à vingt millions... C'est avec ces richesses, sagement administrées, que cette République s'est soutenue pendant longtemps dans un état assez brillant pour exciter la jalousie des autres puissances de l'Europe. Actuellement la sagesse de son gouvernement, l'attachement à ses lois et à ses usages, le respect que toute la nation, tant ceux qui sont à la tête de l'État que ceux qui sont purement sujets, a pour le corps de la législation, lui méritent encore la considération de toute l'Europe, et lui conservent le rang dis-

---

(1) Description histor. et crit. de l'Italie, etc., t. II, p. 233, 237 et 239.

tingué dans la hiérarchie des souverains, qu'elle occupe à raison de son ancienneté et de sa puissance (1). »

L'abbé Richard termine son tableau politique de la vieille République de l'Adriatique par cette apostrophe énergique : « Après l'idée que je viens de donner du gouvernement de Venise, pourra-t-on citer un État dans le monde où la justice soit administrée avec autant d'attention, où les prévarications soient prévenues avec plus de soin, où l'on ait rendu les lois plus respectables, même à ceux qui sont chargés de les faire observer (2) ? »

Il est temps de parler des mœurs et usages de Venise, et d'abord de l'état de la religion dans cette République illustre. « Il n'y a point d'État dans l'Europe, — dit l'abbé Richard, — où la religion catholique se soit maintenue avec autant d'intégrité qu'à Venise. Depuis son établissement jusqu'à nos jours, aucune hérésie, aucune secte n'a osé se montrer à découvert, ni dans la capitale, ni dans le reste des États où elle a donné des lois, ce que l'on ne doit attribuer qu'à la sagesse et à la fermeté du gouvernement.....

« Quant au respect extérieur pour la religion et ses cérémonies, il est porté au plus haut point à Venise. Les monuments publics les plus considérables sont des preuves suivies de la piété du gouvernement dans tous les âges de la République. Le souvenir des victoires signalées qu'elle a remportées sur ses ennemis est renouvelé tous les ans par quelque cérémonie religieuse, qui s'accomplit avec autant de majesté que de décence : c'est le prince, à la tête du sénat, qui remplit ces devoirs de re-

---

(1) Description historique et critique de l'Italie, etc., p. 239 et 240.
(2) *Ibid.*, p. 253.

connaissance et de piété. Il en est de même de la découverte des conspirations faites contre l'État, de la cessation des fléaux qui l'ont affligé en divers temps. La République a rapporté au souverain être seul l'interruption des maux qu'elle a soufferts. Elle n'a pas craint de multiplier ses actes de reconnaissance, et d'obliger son chef et ses principaux membres à la représenter autant de fois qu'elle a eu des actions de grâces solennelles à rendre pour quelque bienfait. Il est vrai que ce culte extérieur et pompeux ne décide rien sur les mœurs et la conduite des particuliers; mais c'est toujours un très-grand bien dans un État de voir cet attachement marqué à la religion dans ceux qui tiennent les rênes du gouvernement.

« Il en est de même de toutes les fêtes solennelles de l'Église, pendant lesquelles le doge et le sénat assistent à tous les offices avec grande exactitude, surtout pendant la semaine sainte, ce qui se fait avec une solennité et un appareil remarquables... En général, toutes ces cérémonies d'éclat contribuent à rendre la religion respectable au peuple, qui voit ses souverains les remplir avec autant de dignité que de décence.

« On peut même dire que le peuple de Venise est fort assidu à ses devoirs extérieurs de religion. On voit, aux jours de fêtes, les églises remplies de gens de tout état, qui y sont avec modestie (1). »

Venant aux reproches généraux et essentiels que l'on faisait aux Vénitiens, et tout d'abord au gouvernement même, l'abbé Richard dit : « On a reproché au gouvernement de Venise plusieurs défauts essentiels, tels que

(1) Description historique et critique de l'Italie, etc., p. 406, 410, 412.

l'irrésolution, la lenteur dans les délibérations, une défiance générale qui dégénère souvent en pusillanimité, une épargne sordide qui souvent a occasionné de grandes pertes, pour avoir ménagé mal à propos, lorsqu'il aurait fallu faire des dépenses nécessaires. Ce que l'on peut répondre à ces reproches, c'est que ces défauts, si cependant ils existent (car ce serait peut-être la matière d'une longue et difficile discussion), n'ont point attaqué les parties essentielles de l'Etat, puisqu'il s'est soutenu pendant tant de siècles avec autant d'honneur et de réputation qu'aucun autre de l'Europe, et que, de toutes les républiques connues, c'est la seule qui ait eu une aussi longue durée et qui soit encore dans un degré de puissance et de vigueur à ne rien laisser entrevoir qui annonce sa décadence (1). »

Ceci était écrit en 1769, et moins de trente ans après, Venise était la proie de l'étranger !...

Revenons maintenant au caractère distinctif des Vénitiens dans toutes les conditions et dans tous les actes de la vie ordinaire. « La discrétion semble avoir fixé son séjour sur les lèvres des Vénitiens, surtout des patriciens. On ne les entend jamais parler d'affaires d'État quelles qu'elles soient. Le secret à ce sujet est inviolable. Ils sont aussi discrets sur ce qui les intéresse personnellement... Il en est de même de tous ceux qui ont quelque part au gouvernement, même dans les emplois les plus subalternes : ils suivent en tout l'exemple de leurs maîtres. Les citadins et le peuple ne sont pas moins réservés à ce sujet, et l'habitude de ne rien dire des affaires de l'État est si formée, que l'on ne s'entretient pas même de

(1) Description historique et critique de l'Italie, etc., p. 414.

celles des étrangers; au moins on ne souffrirait pas que l'on en parlât sans ménagement et avec passion... Pour vivre à Venise avec agrément, pour fréquenter les Vénitiens librement, il faut imiter leur discrétion, se monter à leur ton, ne porter dans la conversation que de l'enjouement et un désintéressement marqué sur toute affaire d'État, des connaissances sur toute autre matière, si on en a, mais sans affectation ni pédanterie; alors on est assuré d'y trouver la société la plus aimable et la plus douce, toujours intéressante par l'agrément réel que l'on y trouve et une gaieté qui paraît y être naturalisée. J'en parle d'après ce que j'y ai éprouvé comme étranger qui ne me mêlais point des mystères du gouvernement. Je n'ai trouvé nulle part ailleurs autant de gentillesse et d'affabilité (1).

« Le peuple vénitien, en perpétuel contact avec une société aussi polie, se montre digne de tels maîtres. « Le peuple de Venise est soumis, bon, fort doux, naturellement gai, ne songeant point au lendemain, et ne travaillant que pour vivre ou pour épargner pendant la semaine quelque argent qu'il dépense régulièrement le dimanche ou les jours de fête, qu'il va passer avec sa famille, ou en terre ferme, ou dans quelques îles voisines. La plus grande partie seraient fâchés d'avoir un sou en réserve; ils ont autant d'attention à dépenser ce qu'ils ont gagné qu'un avare peut en avoir à accumuler son argent. Dans une ville aussi peuplée, et où les étrangers abondent, l'artisan qui se porte bien trouve toujours à s'occuper et à gagner; s'il est malade, les établissements de charité, bien fondés et très-multipliés, ne lui laissent aucune

(1) Description historique et critique de l'Italie, etc., p. 417, 420 et 421.

inquiétude ni pour lui, ni pour sa famille. Outre cela, la bonne police qui règne à Venise y tient les denrées de consommation ordinaire à un très-bas prix, et toujours abondantes ; attention qui rend avec justice le gouvernement très-cher au peuple, qui est sûr de trouver justice au palais et pain à la place : *Justitia in palazzo e pane in piazza...* (1). »

« Il est certain, conclut avec raison l'abbé Richard, que ce gouvernement légal, exact et doux, comparé à celui des anciens gouverneurs du Milanais pour le roi d'Espagne, qui était despotique et violent, a dû accoutumer tout le peuple de terre ferme à penser que rien n'était plus heureux que de vivre sous les lois des Vénitiens : ils jouissent encore du même avantage et sont traités aussi favorablement (2). »

Qu'il nous soit permis d'invoquer encore un témoignage, et ce n'est certes pas le moins important, celui du célèbre astronome Lalande, qui, moins de douze ans avant la chute de la république de Venise, étudiait en la résumant l'organisation de cet État si mal apprécié par tant de voyageurs de diverses nations. Et d'abord, parlant des Inquisiteurs d'État : « Ce sont (dit-il) des personnages moins distingués par leurs talents que recommandables par leur sagesse ; on les choisit toujours dans un âge où les passions sont amorties, et où l'on est moins exposé aux dangers de la prévention, de l'emportement ou de la séduction ; aussi le pouvoir absolu qui leur est confié ne produit-il que très-rarement des abus (3). »

(1) Description historique et critique de l'Italie, etc., 466 et 467.
(2) *Ibid.*, 482.
(3) Voyage en Italie, contenant l'histoire et les anecdotes les plus sin-

On ne peut mieux dire, et cette appréciation est d'autant plus digne d'attention et que l'on s'y arrête, que Lalande était philosophe et frondeur, comme la plupart de ses contemporains.

Lalande ajoute : « Le gouvernement de Venise est le plus ancien qu'il y ait en Europe et celui dont la forme a duré le plus longtemps ; cela vient du caractère des Vénitiens. Quoique l'esprit de faction ait toujours été assez violent à Venise, comme dans la plupart des républiques, il n'a pas été au point de se perpétuer avec fureur de génération en génération, comme on l'a vu dans des pays plus méridionaux : on voit encore dans certains endroits de l'Italie des gens qui ont fait vœu de ne pas se raser que leur ennemi ne soit assassiné ou que la mort de leur père ne soit vengée ; il n'en est pas de même à Venise. Les Florentins se croient bien au-dessus des Vénitiens, qu'ils regardent comme des gens lourds et flegmatiques ; cependant ils n'ont pas eu assez d'esprit pour conserver leur liberté, ils l'ont perdue par les factions, et les Vénitiens l'ont conservée par leur sagesse et leur vigilance ; ils sont les seuls de l'Italie ou même de l'univers qui aient eu si longtemps la même forme républicaine (1). »

Il y a encore une autre raison à cela, et ce que va dire Lalande donne raison à cette maxime de Bernardin de Saint-Pierre, dont on dirait qu'elle est le commentaire par anticipation : « Si la paix régnait dans les familles, elle régnerait aussi dans l'État. »

---

gulières de l'Italie, etc. (2ᵉ édition, 1786), tome VIII, p. 451. Cet ouvrage a eu une troisième édition, en 1790 (7 vol. in-8°). La première édition est de 1769.

(1) *Ibid.*, 457 et 458.

« Les familles vénitiennes, — dit Lalande, — sont ordinairement très-unies : les frères et les sœurs vivent ensemble (même après avoir perdu leur père et leur mère), sans avoir de discussion d'intérêts et même sans partager les biens de la famille, ce qui paraîtra extraordinaire à des Français. Voici un exemple pris dans une des plus grandes maisons, celle des Moncenigo, et qui s'est répété, ou à peu près, dans bien d'autres. Un père de famille laisse en mourant trois garçons et deux filles ; une des deux filles se fait religieuse, l'autre se marie avec un jeune homme qui a beaucoup de parents, ce qui procure beaucoup de balles (1) dans les élections. Cela forme une relation d'intérêts entre les beaux-frères et leurs parents. La fille qui se marie reçoit une dot convenable et renonce au reste du bien ; ses trois frères restent dans la même maison : les palais sont assez vastes en Italie pour qu'on n'y soit point gêné malgré le nombre. Les biens qui leur restent sont en commun ; ils ont un intendant qui leur rend compte ; il donne à chacun tant par mois pour son entretien et pour ses domestiques particuliers. Quand l'un d'eux fait des dettes, sa portion seule y est hypothéquée et sa *menzata* ou sa pension en est diminuée. Ordinairement il n'y en a qu'un par famille qui se marie : alors ses frères lui cèdent une portion plus forte que la leur. Si l'un est dans un emploi qui exige de la dépense, dans une ambassade, une place de *podestà* onéreuse, le surcroît de sa dépense est pris sur la masse commune, parce qu'il exempte ses frères de semblables charges. Cette union est cimentée par le besoin qu'ils ont d'avoir beaucoup de voix dans le grand Conseil et par la nécessité d'employer

(1) Ou boules pour le vote.

une partie de leur fortune au service de la République. Le même esprit s'étend à toutes les familles, depuis les plus opulentes jusqu'à celles qui le sont le moins (1). »

Sous le rapport de l'instruction, de l'intelligence et de la pénétration en fait des choses du domaine de la politique, la noblesse de Venise ne le cédait pas à l'aristocratie du reste de l'Italie, elle l'emportait même sur elle, et l'on sait cependant quels hommes éminents en tous genres sont inscrits au livre d'or de Florence, de Gênes, de Milan, etc. !

« Il y a dans Venise des nobles d'un mérite distingué, supérieurs même à ceux qui sont employés dans les ambassades et dans les grandes charges, pour lesquelles il ne suffit pas d'avoir des talents; ceux-là vivent assez retirés et se communiquent peu : ce sont ceux dont la conversation est la plus instructive, et il y a plus à profiter avec eux qu'avec beaucoup d'ambassadeurs. Cependant, en général, les nobles vénitiens sont très-instruits des intérêts des autres nations et même de la forme des gouvernements : deux fois la semaine ils entendent les dépêches de leurs ambasseurs, ils y apprennent ce qui se passe dans chaque État, et ils entendent les réponses qu'on leur fait. Quand un ambassadeur revient, il leur rend compte de sa commission; c'est ainsi qu'ils se mettent au fait de toutes les cours : cet objet même fait une de leurs études dans les conférences de la jeunesse, et ceux qui ont voyagé dans les différentes cours de l'Europe sont considérés et recherchés à raison des connaissances qu'ils ont acquises dans leurs voyages.

« Les ambassadeurs de la République sont obligés de

---

(1) Voyage, etc., p. 477-479.

rendre compte, à leur retour, par un mémoire détaillé, de l'état et des forces du pays où ils ont été, des intérêts politiques, des usages, des caractères de ceux qui gouvernent et des événements dont ils ont été les témoins. J'ai eu entre les mains la relation que fit, en 1743, le procurateur Marco Foscarini, ambassadeur près du roi de Sardaigne.

« La jeune noblesse reçoit pour l'ordinaire une fort bonne éducation : on l'envoie hors de Venise en terre ferme à Padoue, quelquefois même hors des États de la République; ces jeunes gens y cultivent les talents de l'esprit : après quoi on leur fait apprendre à monter à cheval, danser, nager, jouer à la paume, etc. Les jeunes gens n'entrent dans le monde que fort tard : à vingt deux ans ils paraissent à Venise, et jusqu'à vingt cinq ans, c'est-à-dire avant de prendre l'habit ordinaire des membres du grand Conseil, on les accoutume aux affaires, pour qu'ils puissent paraître ensuite au Broglio et dans les charges avec quelque avantage. Cependant j'ai vu des nobles bien peu instruits, mais partout il y a des gens qui manquent d'émulation ou d'esprit (1). »

Voici comment la liberté (non la licence) était comprise et pratiquée à Venise : « Dans tout ce qui n'a pas trait au gouvernement, on jouit à Venise de la plus grande liberté, et les étrangers n'y sont point gênés. Un jeune Français, voulant y introduire les manières de son pays, excita entre deux dames une jalousie qui fit de l'éclat : un marchand accrédité vint le trouver pour le conjurer avec amitié de partir promptement, l'assura que le gouvernement l'y forcerait. Le Français ne fut point effrayé, il voulut

(1) Voyage, etc., p. 481-483.

pousser l'aventure jusqu'au bout et s'occuper quelque temps d'un jeu qui lui plaisait; il raconta à son ambassadeur l'avis qu'on lui donnait, il en plaisanta dans les casins, dans les cafés, dans les loges, avec les premiers de la République, et il resta une année à Venise sans entendre parler de rien. Ainsi, l'on a beau dire à un étranger : « *L'aria nonè buona* (1), » il n'est pas toujours forcé de partir, comme le prétend M. Richard.

« M. Rolland (2) dit aussi qu'il n'est point de ville d'Italie où la société soit aussi agréable et où un étranger puisse autant s'amuser. Ainsi je crois que les jugements des voyageurs dépendent beaucoup des circonstances où ils se sont trouvés ; pour moi, j'ai tâché de consulter les personnes qui avaient fait un long séjour dans chaque ville, et qui n'étaient ni trop ardentes ni trop froides, car les uns trouvent partout à s'amuser, tandis que les autres s'ennuieraient même à Paris (3). »

Un dernier détail sur le peuple, à qui son contact avec des gens si bien élevés imprimait un cachet tout particulier de civilité, en même temps qu'il donnait de l'aménité à son caractère ainsi qu'à ses habitudes.

« Le peuple est si poli, qu'il ne répond jamais *Oui*, mais toujours *Per servir la*, c'est-à-dire : « Pour servir Votre Seigneurie. »

« On trouve dans les vieilles descriptions de Venise une histoire, que M. Richard répète, des querelles entre deux parties de la populace de Venise, sous le nom de Castellans et de Nicolottes. Il y avait autrefois des jeux à Venise

---

(1) « L'air n'est pas bon ici. »
(2) Lettres écrites de Suisse, d'Italie, de Sicile et de Malte, en 1776-1778. (Amsterdam, 1782, 6 vol. in-12, réimprimées en 1801.)
(3) *Ibid.*, p. 492 et 493.

comme à Pise, où le peuple se battait à coups de poings, et cela faisait des partis; mais ils ne subsistent plus, et, s'il y a encore quelque antipathie, elle ne paraît d'aucune conséquence.

« Ce peuple n'est ni remuant ni féroce, mais gai, doux, tranquille et facile à contenir, même dans les quartiers de Sainte-Marthe et de Saint-Nicolas, où il y a le plus de peuple..... Quoique la ville soit mal éclairée, l'on court pendant la nuit sans aucun risque, malgré les masques et l'obscurité. Il y a peu de gardes pour la police, et il n'y a point de troupes réglées à Venise : cependant on entend parler moins qu'ailleurs d'assassinats ou de crimes. Il n'y a point de duels : un tiers suffit pour une réconciliation, là où des Français se couperaient la gorge (1). »

Pour couronner ces citations, déjà bien éloquentes, de voyageurs français, toujours très-disposés à ne rien trouver de bien, de beau ou d'agréable que dans leur pays natal, empruntons quelques lignes à l'abbé Coyer, à la date de 1764 (2). Après avoir esquissé à grands traits la constitution et le mécanisme du gouvernement de Venise, notre compatriote conclut en ces termes : « Les politiques critiquent ceci et cela dans l'organisation de cette République. Il faut qu'elle soit fortement constituée, pour avoir bravé les révolutions de tant de siècles. Aucune République, aucun empire, si on excepte celui de la Chine, n'a tant duré (3). »

Mais la liberté, diront les esprits chagrins, qui la confondent avec la licence, la liberté a-t-elle jamais existé à Venise ? « A la vue d'une noblesse armée de tous les

(1) Lettres, etc., p. 500-502.
(2) Voyage d'Italie et de Hollande (1775.)
(3) Ibid., tome II, p. 39.

pouvoirs, ne vous représentez-vous point le corps de la nation, le peuple, comme un troupeau d'esclaves qu'une impitoyable aristocratie opprime à son gré, ainsi qu'en Pologne? Vous vous tromperiez. Le peuple, en Pologne, appartient réellement à la noblesse, à titre de servitude, au lieu que, dans l'État vénitien, il a la propriété de sa personne et de ses biens. Le simple citoyen à Venise, en se livrant aux arts et au commerce, est considéré, ménagé. Les impôts sont modérés. Il y a du travail pour tout le monde et peu de pauvres. Les sujets de terre ferme sont encore plus ménagés. La République cherche à les retenir par la douceur. Quand la ligue de Cambrai la dépouilla si rapidement, les provinces enlevées regrettèrent bientôt leurs maîtres et rentrèrent avec joie sous leur domination. Si les nobles qui les gouvernent s'avisaient de tyranniser, Venise en ferait prompte justice. Les inquisiteurs d'État ne sont nullement redoutables au peuple, mais à la noblesse.

« Si on considère les mœurs vénitiennes par rapport à l'ordre public, elles démontrent par leur bonté que le gouvernement fait les mœurs; des lois somptuaires et l'égalité parmi les nobles, aussi grande qu'elle peut l'être, éloignent le luxe et tous les vices qui en sont la suite. Cette égalité est si précieuse aux yeux de la République, qu'elle ne veut plus couronner, comme autrefois, les épouses des doges. Une dogaresse couronnée aurait droit à des distinctions, des préséances qui blesseraient les autres femmes. Les titres de barons, de comtes, de marquis, si prodigués et si triviaux ailleurs, sont inconnus à Venise. On distingue les nobles d'une même famille par leur nom de baptême, et le peuple même, en désignant une personne noble, ne dit ni *Monsieur* ni *Madame*, mais *le un tel* ou *la une telle*. Un noble qui accepterait un titre, un ordre ou une pension d'une puissance étrangère deviendrait étranger lui-même dans la République.

« Les magistratures, les gouvernements, les dignités, toutes les places qui demandent des mœurs aussi bien que des lumières, mettent un frein aux passions de ceux qui veulent parvenir. Les avogadors et les censeurs, toujours prêts à accuser, même après les suffrages, font assez sentir qu'il faut être irréprochable (1).

« Je vous ai parlé des mœurs de la noblesse. Quand la partie gouvernante a des mœurs, la partie gouvernée en prend aussi. D'autres raisons encore rendent ici le peuple meilleur qu'il ne l'est dans la plupart des villes d'Italie. Quoique Venise ne soit plus l'entrepôt de l'Europe et de l'Asie, comme elle l'était avant la découverte du cap de Bonne-Espérance, cependant elle conserve un grand mouvement de commerce intérieur. Ses arts, ses manufactures, lui suffisent pour occuper vivement son peuple et le mettre dans une certaine aisance. Ce travail, qui s'offre toujours, et l'aisance générale empêchent la fraude, le vol et le meurtre. Peu d'exécutions, parce qu'il y a peu de crimes : point d'ivrognerie, point de ces rixes, trop souvent sanglantes, que le vin suscite. Bien en prend à ce peuple d'être sobre. S'il s'abandonnait à l'ivresse, avec tant de quais fort étroits et de ponts sans garde-fous, il se précipiterait dans les canaux. Il m'a paru doux et tranquille, et malgré la liberté républicaine, qui n'est pas si patiente que celle des monarchies, il est difficile qu'il se porte à une grande licence, sous les ressorts toujours tendus d'une police très-vigilante (2). »

(1) Voyage, etc., p. 42-44.
(2) *Ibid.*, p. 45 et 46.

Venise, on le voit, était donc la plus forte des Républiques. « Il en est, — dit l'éminent historien Botta (1), — qui pensent que les Républiques sont nécessairement inquiètes et turbulentes et que le repos ne se trouve que dans les monarchies. Que ceux-là tournent leurs regards sur Venise ; ils y verront une République plus calme que toutes les monarchies du monde, celle du Piémont exceptée (2). Elle traversa beaucoup de siècles sans troubles ; fut en butte aux attaques des nations les plus puissantes, des Turcs, des Allemands et des Français ; se vit engagée dans des guerres atroces ; se trouva sur le chemin des conquérants barbares, au milieu des révolutions des peuples : elle sortit saine et sauve de ces tourbillons politiques ; et telle était la perfection de ses antiques lois, telle était la profondeur des racines que le temps leur avait données, qu'elle n'eut pas même besoin d'en altérer le caractère. Je ne pense pas, quant à moi, qu'il ait jamais existé de gouvernement plus sage que celui de Venise, soit sous le rapport de sa propre conservation, soit sous le rapport du bonheur des sujets. C'est par cette raison qu'on n'y vit point de partis dangereux ; par cette raison encore que les opinions nouvelles n'y inspirèrent aucune crainte, attendu qu'elles y étaient sans crédit. Peut-être aussi ces opinions y étaient-elles sans crédit, parce qu'elles n'y inspiraient aucune crainte. »

Tout en blâmant l'institution des inquisiteurs d'État, Botta avoue et déclare que ce tribunal était plutôt un frein contre l'ambition des grands qu'un moyen de tyrannie contre le peuple : « Je ne sais, — ajoute-t-il (3), — si

---

(1) Histoire d'Italie, de 1789 à 1814, tome I, p. 52 et 53.
(2) Botta écrivait ceci en 1814.
(3) Ibid., tome I, p. 54.

c'est la pitié ou l'indignation que doivent exciter certains hommes qui ont tant crié contre l'inquisition de Venise, et qui s'en sont servis comme d'un instrument de mort contre cette République antique et sacrée. »

D'où vint donc la décadence si rapide de Venise et comment, en moins de dix ans, cette république put-elle arriver à l'état de faiblesse qui la livra d'abord aux mains des Français, puis au pouvoir des Autrichiens ? Le voici : — Une longue paix avait amolli les esprits. Les bonnes lois subsistaient toujours, mais les hommes forts manquaient à leur conservation. La puissance ottomane abaissée, les différends relatifs au duché de Milan et au royaume de Naples terminés entre la France, l'Autriche et l'Espagne, la paix enfin rendue à l'Italie, Venise déposa les armes, persuadée que la sagesse de son administration lui suffirait seule contre des périls encore éloignés. Mais il arriva des temps extraordinaires où la sagesse ne pouvait plus rien sans la force contre des mouvements dont la violence et le déréglement devaient tromper tous les calculs. Vers 1789, Venise, estimée de tous, n'était redoutée de personne. Encore capable de résolutions sages, elle ne l'était plus de résolutions vigoureuses. L'édifice politique avait perdu son point d'appui ; une première secousse devait entraîner sa chute.

Ce ne fut surtout qu'après l'invasion de la Savoie par les Français (1793) que Venise songea sérieusement à sa propre défense ; jusqu'alors la République avait pensé qu'une neutralité prudente la mettrait à l'abri de toute attaque : mais elle se trompait étrangement, comme l'événement ne le fit voir que trop tôt. Parmi les chefs de l'État régnait la division des avis ; ce n'était que la minorité qui optait pour les grands moyens de défense, la majorité ne se résolvait qu'à des mesures dérisoires, comme tous les expédients en pareille occurrence. Avec plus de réflexion, la République de Venise n'eût pas attendu le dernier moment pour adopter des mesures vigoureuses. Longtemps avant la catastrophe, des signes évidents l'avaient annoncée aux ministres de Venise, à Bâle, à Vienne et à Paris (1796) ; ils en informèrent le gouvernement. A la vérité, le Directoire cachait ses désirs ; ses agents les dissimulaient également ; leur langage était obscur et mystérieux, mais non pas au point qu'on n'aperçût clairement à travers tout ce qu'avaient d'hostile des projets bien plus clairement expliqués encore dans les journaux de Paris, publiés sous l'influence du gouvernement. Après avoir subi de la part du Directoire des demandes exorbitantes auxquelles elle eut l'immense tort de faire droit, Venise devait s'attendre à bien d'autres humiliations encore : elles ne tardèrent pas à fondre sur elle. Pour la perdre plus sûrement, une alliance lui fut proposée contre l'Autriche ; puis, sur le refus de Venise, l'Autriche d'abord et la Prusse ensuite essayèrent de se donner cette république pour alliée contre la France : le tort de Venise fut de vouloir rester neutre, ce fut ce qui la perdit. Bonaparte, non content de livrer ce malheureux pays à la plus barbare dévastation (1), l'insultait avec une ironie cruelle et sauvage dans ses proclamations emphatiques, et fomentait la révolte par ses agents, en attendant l'heure prochaine de recueillir le fruit de ses perfidies : le 2 mai 1797, l'auteur de tous les piéges tendus aux Vénitiens déclara la guerre à Venise.

Mais, dira-t-on peut-être : « Comment cette République

(1) Cs. Ch. Botta, tome II, p. 165-168.

pouvait-elle résister aux efforts des troupes françaises et ne devait-elle pas infailliblement succomber ? »

A en croire les auteurs italiens, encore peu consultés chez nous, même à notre époque, la vieille République de Saint-Marc n'était point, en 1797, aussi à bout de ressources qu'il a plu à Bonaparte, son diffamateur, de l'affirmer et aux écrivains français de le répéter. Quinze millions de sujets, vingt cités populeuses et riches sur le continent italien; dans les îles et dans l'Albanie, des populations aguerries par le voisinage des Turcs : dans le Frioul et la Carniole, dans les riches vallées de la Brenta, de l'Oglio, du Serio, dans les plaines inépuisables de la Polésine, du Trévisan, du Véronais, dans les montagnes de Padoue et de Bellune, une jeunesse ardente à l'appel de la patrie en danger ; plus de 5,000 bouches à feu dans l'arsenal de Venise, et autant en mer ou dans les places de terre ferme ; 185 bâtiments tenant la mer, dont 22 navires de 55 à 70 canons, 15 frégates de 32 à 44, 23 galères, 0 obusiers, etc. ; dans le trésor public, une accumulation d'antiques épargnes (1), et dans l'esprit public, vrai trésor des peuples, le souvenir des anciennes gloires ravivé par les récentes victoires du généralissime Emo : tel était, d'après les historiens locaux, le bilan du plus considérable des États d'Italie, au moment où il fut déclaré en banqueroute par le jeune vainqueur de l'Autriche. J'ajoute que la construction, toute récente alors, des *Murazzi*,

---

(1) A propos du monnayage de Venise, le ducat d'or portant l'effigie du Christ sur l'un des côtés, et sur l'autre celle du doge à genoux, recevant des mains de saint Marc l'étendard de la république, est un exemple de la longévité des institutions vénitiennes. Frappé pour la première fois, en 1284, cette maintint dans la circulation, sans altération, jusqu'en 1797, soit durant une période de cinq cent treize ans, et sous les règnes de soixante-seize doges. (*Revue britannique*, n° d'octobre 1877, p. 309, note 1.)

colossale digue de marbre qui, de Malamocco à Chioggia, ferme à la mer l'entrée des lagunes, est faite pour relever l'idée de la grandeur de Venise et justifier cette noble inscription qu'on peut lire encore au-dessus des flots de l'Adriatique : *Ausu Romano, ære Veneto* (1) !

« Au lieu de servir à sauvegarder l'indépendance de la Vénétie, dit M. L. de Gaillard (2), tant de ressources aux mains d'un gouvernement inerte ne devaient profiter qu'aux deux puissances qui se préparaient à faire la paix à ses dépens. La décadence que Bonaparte avait intérêt à trouver partout à Venise avait trop visiblement atteint la classe dominante. Mais, du moment qu'une République démocratique, bâtie sur le modèle et par ordre de la nôtre, avait remplacé le gouvernement des oligarques, que nous restait-il à faire dans les lagunes, sinon à prêter aide et protection à cette nouvelle sœur de la Cisalpine ? Comment les Vénitiens ne l'auraient-ils pas cru, quand ils voyaient leur ambassadeur reçu et fêté par le Directoire et le vrai maître de la situation leur écrire de Milan, en leur demandant de constituer un comité de salut public :

« Je ferai tout ce qui sera en mon pouvoir pour vous
« donner des preuves du désir que j'ai de voir se consoli-
« der votre liberté, et la misérable Italie se placer enfin
« avec gloire, libre et indépendante des étrangers, sur la
« scène du monde... » Pouvaient-ils se douter, que le même jour, 7 prairial, an VI, la même plume écrivait à Paris : « Venise peut difficilement survivre au coup
« que nous venons de lui porter ; population inerte, lâche

---

(1) « Audace romaine, or vénitien. »
(2) Venise et la France. (*Correspondant*, juillet 1866, p. 772-775.

« et nullement faite pour la liberté ; sans terres, sans
« eaux, il paraît naturel qu'elle soit laissée à ceux à qui
« nous laisserons le continent. Nous prendrons les vais-
« seaux, nous dépouillerons l'arsenal, nous enlèverons
« tous les canons, nous détruirons la banque, et nous
« garderons Corfoue et Ancône. »

« Pendant que tout se préparait en secret pour l'exécution de ce dernier plan, le parti français célébrait dans Venise les joies de son avénement et les promesses de celui que toute l'Italie appelait : *il Liberatore* (le Libérateur). Des fêtes civiques, à la mode française, furent organisées par nos agents. Le lion ailé de la *Piazzetta* fut coiffé du bonnet rouge, et vit remplacer sous sa griffe l'Évangile selon saint Marc par la déclaration des droits de l'homme. Le Livre d'or fut brûlé comme hérétique ; les attributs et les trophées de l'ancien gouvernement, traînés par les rues, l'aristocratie et le clergé vilipendés sur les théâtres. Bonaparte, officiellement invité à ces saturnales, resta soigneusement à Milan ; mais il envoya à sa place Joséphine.

« Quand il fallut divulguer aux Vénitiens le fatal secret de Campo-Formio, il se trouva que l'agent Villetard, chargé de cette triste mission, épouvanté de la perfidie dont on l'avait rendu complice, et voyant les larmes de ceux qu'il avait innocemment trompés, ne put se contraindre et pleura avec eux. Impuissante, mais précieuse protestation de l'honneur français contre les duplicités de la diplomatie ! Si l'histoire était une science morale, cette larme d'un honnête homme brillerait plus qu'une victoire dans le récit de la campagne d'Italie. Les membres de la municipalité, créée par la France, ayant refusé avec indignation l'offre qu'on osa leur faire d'accepter leur part des dépouilles de leur ville, Bonaparte, irrité, s'oublia jusqu'à leur écrire : qu'après tout, la République française ne donnait pas Venise à l'Autriche, mais qu'elle se contentait de l'évacuer : *Si les Vénitiens*, ajoutait-il, *ne sont pas des lâches, s'ils sont dignes de la liberté, l'occasion est venue de le prouver : qu'ils se défendent !* Raillerie cruelle à supporter, après les désarmements qui s'étaient succédé pendant l'occupation française, et lorsque pas un canon ne restait dans l'Arsenal ! Aussi le Véronais de Angeli s'écria-t-il exaspéré : « Traître, rend-nous les « armes que tu nous a ravies ! »

« Une dernière manifestation eut lieu : le peuple, assemblé dans ses églises, fut appelé à déclarer une fois encore sa volonté souveraine. Sur 23,000 votants, 10,000 opinèrent de plier sous les événements ; 13,000 prirent parti pour la constitution démocratique. On se donna la triste satisfaction d'envoyer au Directoire et au général Bonaparte ce plébiscite, qui les mettait en contradiction, l'un avec ses principes, l'autre avec ses promesses. Vengeance suprême d'un peuple qui ne sut que bien mourir ! Puis, pendant que les Français s'en allaient brûlant le Bucentaure, emportant les lions de l'Arsenal, les quatre chevaux qui ont figuré jusqu'en 1815 sur l'arc de triomphe des Tuileries, les dix portes de bronze de Saint-Marc et toutes sortes d'objets d'art et de guerre (1),

---

(1) « Le lion de Saint-Marc, mutilé, est remonté sur sa colonne. Il n'aurait jamais dû la quitter ; insignifiant sous le rapport de l'art, il était à Venise un emblème national et public de son ancienne puissance. Sacré sur la place Saint-Marc, à l'esplanade des Invalides, il n'était qu'une marque superflue du courage de nos guerriers... C'était d'ailleurs une chose singulièrement maladroite et odieuse à une république naissante que d'humilier et de dépouiller des souvenirs de leur gloire passée de vieilles républiques comme Gênes et Venise. Le *Sacro catino*, le lion de Saint-

les Vénitiens virent arriver les colonnes autrichiennes. Ceux-là du moins, dit un historien italien, n'avaient pas parlé des droits du peuple et promis la liberté !

« Pour signer le traité de Campo-Formio, Bonaparte eut d'abord à ne tenir aucun compte des ordres formels et réitérés du Directoire, qui ne voulait à aucun prix céder la Vénétie; il dut ensuite tromper outrageusement une population qui s'était fiée à sa parole. Ni l'une ni l'autre de ces deux extrémités ne lui parut trop osée ou trop onéreuse.

« Quels qu'aient été les motifs du négociateur de Campo-Formio, je demande s'il est permis de trouver étonnant qu'il y ait eu depuis ce temps, dans la conscience de notre pays, une protestation toujours prête et comme un cri de l'honneur français en faveur de la libération de Venise (1) ? »

Ainsi s'exprimait, avec l'éloquence indignée du véritable et loyal patriotisme français, M. L. de Gaillard, en 1866, au moment où le neveu de Bonaparte abandonnait Venise, après avoir soi-disant aidé l'Italie à réaliser une unité aussi désastreuse pour elle que pour nous.

« Ainsi périt Venise, écrivait Botta, en 1814. L'idée de la servitude est désormais attachée à son nom. Un temps

---

Marc, étaient là des monuments patriotiques dignes de respect; ailleurs ils ne devenaient plus que des curiosités de magasin ou de cabinet : proie violente de la conquête. (Valery, tome I, p. 305 et 306.)

(1) *Ibid., ut sup.* — Le *Mémorial de Sainte-Hélène*, rédigé sous l'inspiration et la dictée de Napoléon, contient l'apologie en règle de cette triste politique, qui, après avoir proclamé, en 1796, l'indépendance des Italiens pour les besoins de la guerre, les remit sous le joug, en 1797, pour les besoins de la paix.

viendra, peut-être il n'est pas éloigné, où Venise voudra dire un amas de débris, un champ d'algues marines, aux lieux mêmes où s'élevait jadis une cité magnifique, la merveille du monde. Voilà l'œuvre de Bonaparte (1)! »

(1) Histoire d'Italie, de 1789 à 1814, tome III, p. 107.

L'IMPÉRATRICE MARIE-THERÈSE

ET

MADAME DE POMPADOUR.

Ouvrez n'importe quelle moderne histoire de France écrite depuis trente ans et plus, vous ne manquerez pas d'y lire cette fable du billet si tendre écrit par la mère de Marie-Antoinette à la Pompadour.

Et d'abord le protestant M. Sismondi.

« Kaunitz associa l'impératrice-reine à ses cajoleries à l'égard de Mme de Pompadour. Lorsque Kaunitz s'excusa d'avoir exigé d'elle un si grand sacrifice, elle lui répondit: « N'ai-je pas flatté Farinelli? » Marie-Thérèse consentit donc à faire des avances à une femme qu'elle devait mépriser, elle alla jusqu'à l'appeler *ma cousine* en lui écrivant. Dès lors Mme de Pompadour, enivrée de vanité, n'eut plus d'autre pensée que celle de se conformer aux désirs de *son amie* l'impératrice et de faire contracter une alliance intime entre l'Autriche et la France (1). »

(1) Histoire des Français, tome XXIX (1843), p. 57 et 58.

M. Lavallée, un homme sérieux cependant, dit, au sujet de cette tradition toute récente :

« La vertueuse épouse, regardée comme le modèle des mères de famille, s'abaissa jusqu'à flatter la pourvoyeuse du Parc aux cerfs, dans une lettre où elle l'appelait *chère amie* et *belle cousine* (1). »

Puis, M. Henri Martin, délayant et agravant cette première donnée, enfonce ainsi le trait profondément :

« La pieuse, la chaste Marie-Thérèse, écrivit de sa main à la maîtresse de Louis XV, l'appelant *ma cousine* et la comblant de flatteries. On peut mesurer, à l'effort que s'imposa la superbe fille des Hapsbourg, la profondeur et la violence de ses ressentiments contre Frédéric. La Pompadour eut la tête complétement tournée et se dévoua sans réserve à *son amie* l'impératrice, qui la dédommageait si glorieusement des mépris du roi de Prusse (2). »

M. Michelet, lui, entre dans des détails tellement intimes que pour un peu... beaucoup on croirait qu'il a vu le billet sortir de la plume même de Marie-Thérèse.

« Dans ses coquetteries avec l'impératrice, la Pompadour rencontrait un obstacle, non à Versailles, mais à Vienne. Le mari de l'impératrice, tenu hors des affaires, n'en trouvait pas moins déplorable que sa pieuse Marie-Thérèse, vénérable déjà et mère de seize enfants, la glorieuse Marie-Thérèse passée à l'état de légende, fît amitié avec une telle femme, la fille d'un pendu, la Poisson.

« Il n'y eut jamais âme plus plate ; que devint-elle donc lorsque le ciel s'ouvrit, et que d'en haut Marie-Thérèse la souleva par une lettre l'appelant : « Chère amie, cousine. » C'était trop, la voilà pâmée, qui ne se connaît plus.

(1) Histoire des Français (6ᵉ édition, 1847), tome III, p. 447.
(2) Histoire de France (4ᵉ édition, 1859), tome XV, p. 491.

« Marie-Thérèse était déshonorée. Elle crut s'excuser en disant : « J'écris bien à Farinelli. » Mais le chanteur fort estimé, qui gouvernait la cour d'Espagne, n'était nullement ce que cette Poisson est près de Louis XV... Kaunitz avait obtenu la lettre de sa grosse maîtresse, à l'insu du pauvre empereur. Le mari, dont l'énorme dame, malgré l'âge, eut toujours chaque année un enfant, quelque réduit qu'il fût au métier de mari, éloigné des affaires, eut cependant horreur de la boue où elle roulait. Quand il connut la lettre, il fut pris d'un accès de rire convulsif et strident. Il brisa plusieurs chaises. Il la voyait sifflée, huée partout, piloriée dans Londres (1). »

M. Guizot, plus austère ou plus sobre, résume pudiquement en deux lignes l'anecdocte du fameux billet :

« M. de Kaunitz sut plaire à Mme de Pompadour ; l'impératrice mit le comble à la séduction en écrivant elle même à la favorite, qu'elle appela « Ma cousine (2). »

Or, tout récemment, dans la *Revue des Deux-Mondes* (3), M. F. Brunetière, étudiant la correspondance de Marie-Thérèse publiée par M. d'Arneth, d'après les archives impériales de Vienne et autres dépôts, fait en ces termes bonne et complète justice des prétendus rapports de l'impératrice Marie-Thérèse d'Autriche avec la Pompadour.

On dit que l'impératrice, pour entraîner le cabinet de Versailles à signer le fameux traité de 1756, qui effaça

---

(1) Histoire de France au xviiie siècle, Louis XV (1866), tome XVI, p. 335, 338 et 339.
(2) L'Histoire de France racontée à mes petits-enfants (1876), tome V, p. 171 et 172.
(3) L'impératrice Marie-Thérèse et Mme de Pompadour. (*Revue des Deux-Mondes*, 15 septembre 1877, p. 456-468.)

jusqu'au souvenir de l'inimitié qui existait depuis deux cents ans entre la France et l'Autriche, écrivit elle-même à la Pompadour ce billet, devenu célèbre, qui commençait par ces deux mots : *Ma cousine*, et finissait par ceux-ci : *Votre bonne amie* : — et la lettre même, pourquoi ne l'a-t-on pas donnée? sait-on où elle est? Sur cette dernière question, silence complet de la part des susdits historiens. Dans l'hypothèse de l'existence de billet, il serait on ne peu plus étonnant que la Pompadour, vaniteuse comme tout nous le révèle, n'eût pas fait parade de cet autographe émané d'une aussi illustre souveraine. Cependant ni les lettres authentiques de la marquise à Mme de Lutzelbourg, datées de cette époque à peu près, puis les Mémoires de Mme du Hausset, sa femme de chambre, ne font la moindre allusion au billet; les archives de Vienne n'en renferment pas trace; on ne l'a pas non plus exhumée de celles de France. Bien mieux et bien plus encore, dans une lettre originale, l'impératrice Marie-Thérèse elle-même affirme en termes précis qu'elle n'a jamais eu de correspondance épistolaire avec la marquise : « Vous « vous trompez si vous croyez que nous avons jamais eu « de liaisons avec la Pompadour (*sic*) : jamais une lettre, « ni que notre ministre ait passé par son canal. Ils ont « dû lui faire la cour comme tous les autres, mais jamais « aucune intimité. Ce canal ne m'aurait pas convenu (1). »

Je ne sais si MM. Sismondi, Michelet, H. Martin, Lavallée et l'austère M. Guizot ont connu cette lettre si formelle de Marie-Thérèse, à moins pourtant (ceci n'est qu'une supposition poussée jusqu'à l'absurde) que l'impé-

---

(1) Cette lettre, tirée des archives de Saxe, se trouve dans M. d'Arneth, tome VIII de ses *Geschichte Maria-Theresias*, (1862-1877), p. 37 et 38.

trice n'ait fait erreur, la lettre étant de 1763, et la Pompadour n'étant morte qu'au mois d'avril 1764, ou bien qu'elle ait depuis lors résolu d'effacer ce souvenir importun et fâcheux pour son honneur, pour son *austérité* et sa *pudeur*, comme le disent les historiens précités.

Cette *cour* à la marquise, pour nous servir du mot de Marie-Thérèse, le ministre autrichien Kaunitz a dû la faire, et il l'a faite; mais c'est une pratique purement politique, dont nous trouvons la première trace à la date de 1755. Dès 1751, étant alors ambassadeur de l'impératrice à Paris, il écrivait à Vienne : « Si Mme de Pompadour
« se mêlait des affaires étrangères, elle ne nous rendrait
« peut-être pas de mauvais offices. » Elle ne s'en mêlait donc pas. Pourquoi? La réponse à cette question est bien simple : c'est que nul diplomate n'avait encore songé au parti que l'on pourrait tirer d'un tel concours, étant connus le personnage, sa vanité et l'influence que l'on pouvait lui supposer en haut lieu : Kaunitz fut le premier à y songer, et il s'en trouva bien. En effet, la négociation aboutit promptement, et le traité de Versailles fut signé le 1er mai 1756. Dans tout ceci (chose digne de remarque), le nom de l'Impératrice n'avait pas été seulement prononcé. Il apparaît pour la première fois dans la lettre de remercîment que Kaunitz adresse à la favorite :
« L'on doit absolument à votre sagesse, Madame, ce qui
« a été fait jusqu'ici entre les deux cours. Je ne dois pas
« même vous laisser ignorer que Leurs Majestés Impé-
« riales vous rendent toute la justice qui vous est due et
« ont pour vous tous les sentiments que vous pouvez
« désirer. » Mme de Pompadour s'empresse de répondre :
« C'est avec une grande satisfaction, Monsieur, que je
« vous fais mes compliments sur la réussite des traités

« conclus entre l'Impératrice reine et le Roi. Je suis sen-
« siblement touchée de la justice que Leurs Majestés
« veulent bien me rendre et des bontés dont elles daignent
« m'honorer. »

Evidemment Marie-Thérèse n'a pas écrit, et l'on ne voit même pas à quel instant de la négociation le billet de l'impératrice pourrait trouver sa place : Mᵐᵉ de Pompadour est assez payée de ses peines par l'autographe de Kaunitz.

Un second traité de Versailles fut signé le 1ᵉʳ mai 1757, jour anniversaire de la signature du premier. L'impératrice résolut alors d'offrir un souvenir à la Pompadour et fit prier le comte de Starhemberg de savoir adroitement ce qui pourrait être le plus agréable à la marquise : « d'un présent en argent, d'une tabatière ornée du por-
« trait de Sa Majesté, d'une boîte de laque, ou bien
« encore d'un présent en bijoux. » Starhemberg opina pour une écritoire, et Marie-Thérèse voulut choisir elle-même dans sa collection de laques indiennes les pièces les plus belles, qu'elle fit richement monter.

Cependant, à la suite de vicissitudes dont le récit n'entre pas dans le cadre très-limité de la présente étude, l'alliance entre l'Autriche et la France était prête à se relâcher, lorsque, — grâce à Mᵐᵉ de Pompadour et à Kaunitz, — les liens en furent de nouveau resserrés. Le 30 décembre 1758, le troisième traité de Versailles fut signé, et, le 11 janvier 1759, Kaunitz faisait parvenir à la marquise un présent de l'impératrice : un pupitre, avec le portrait de Marie-Thérèse. Il sembla au ministre autrichien que ce cadeau eût dû être accompagné d'une lettre autographe de sa souveraine, — preuve nouvelle et péremptoire que la Pompadour n'avait pas encore été

honorée d'une semblable faveur. La marquise ne se plaignit « que de la grande richesse du présent, » et la joie déborde dans sa réponse : « Réunissez, monsieur le
« comte, tous les sentiments que l'élévation et la sensi-
« bilité de votre âme pourront vous inspirer, vous serez
« encore bien éloigné de sentir ce qui s'est passé dans
« la mienne en recevant le portrait de Sa Majesté Impé-
« riale. Je suis comblée de cette marque infinie de bonté ;
« mon cœur, accoutumé à compter et à admirer respec-
« tueusement les grâces surnaturelles de l'Impératrice,
« n'osait se flatter qu'elle daignât les étendre jusqu'à
« moi... »

Le même courrier portait à Vienne une lettre de la marquise à Marie-Thérèse, ainsi conçue : « Madame,
« m'est-il permis d'espérer que Votre Majesté Impériale
« daignera recevoir avec bonté mes très-humbles remer-
« ciments et les expressions de la respectueuse recon-
« naissance dont je suis animée pour l'inestimable portrait
« qu'elle m'a fait remettre (1) ?... »

Mme de Pompadour ne parle que du portrait ; certes, si elle avait reçu une lettre ou même un simple billet d'une si auguste main, elle n'aurait pas oublié d'en exprimer sa reconnaissance dans les termes les plus pompeusement enthousiastes. Donc, Marie-Thérèse n'a jamais écrit à la Pompadour, et le démenti subsiste dans toute sa force d'affirmation...

« En tout cas, — conclut avec raison M. F. Brunetière (2), — il est désormais acquis à l'histoire que Marie-

---

(1) Pour ces diverses citations, voyez M. d'Arneth, *l. c. sup.*, tomes IV et V.

(2) L'impératrice Marie-Thérèse et Mme de Pompadour. (*Revue des Deux-Mondes*, numéro du 15 septembre 1877, p. 467.)

Thérèse n'a pas écrit le fameux billet de 1756, et si quelque sceptique voulait encore douter de la parole de l'impératrice, il n'aurait qu'à relire les lettres de Mme de Pompadour. Avant le présent de 1758, « elle n'aurait jamais osé « (nous dit-elle) se flatter que l'Impératrice étendît ses « grâces jusqu'à elle. » Ce n'est pas là le langage d'une femme honorée depuis plus de deux ans, par une fille des Hapsbourg, des noms de *ma cousine* et de *ma bonne amie*. Son remercîment serait moins humble et l'expression de sa reconnaissance plus contenue, moins étonnée. Les galanteries de Starhemberg d'abord, l'honneur de correspondre directement avec Kaunitz ensuite, un pupitre de laque indienne et le portrait de l'impératrice enfin : telle est l'adroite gradation des faveurs qui payèrent à Mme de Pompadour la part qu'elle fut d'ailleurs tout heureuse et tout aise de prendre à la négociation des trois traités du 1er mai 1756, du 1er mai 1757 et du 30 décembre 1758. Et non-seulement l'impératrice n'accompagna pas d'un billet de sa main l'envoi de 1758; mais Kaunitz ne répondit même pas à la lettre de remercîments de 1759. Aussi bien pouvait-il désormais s'en fier aux gages donnés par la France, aux rancunes de la marquise contre le roi de Prusse, enfin aux projets ouvertement déclarés de la politique personnelle du roi. »

LA PAIX ET LA TRÊVE DE DIEU.

La paix universelle, préconisée au siècle dernier par l'abbé Saint-Pierre, et dont le cardinal de Fleury disait que c'était *le rêve d'un homme de bien,* est-elle donc tant une utopie qu'on a bien voulu le dire ? Nous ne le croyons pas, et, appuyé sur des documents de la plus haute importance, nous pensons qu'il est l'heure de faire justice de cette erreur, qui a de graves inconvénients, « Le mot *impossible* n'est pas français, disait Napoléon 1er ; avec plus de raison encore, il est vrai de proclamer hautement que le mot *impossible* n'est pas chrétien, et l'Église, forte de l'appui de son divin fondateur, l'a prouvé dans toutes ses tentatives pour adoucir les mœurs, particulièrement en circonscrivant dans de justes limites la guerre, ce fléau ou plutôt cette loi de l'humanité déchue.

Par la suite, de nos jours principalement, des hommes qui doivent, sans s'en douter, au christianisme les bons instincts qui survivent en eux et qui, — sous le nom vague d'*humanité,* — continue les traditions de la charité universelle, ont cru faire du nouveau en inventant *la ligue* et *les congrès de la paix:* on sait à quels résultats négatifs ont abouti ces vains efforts, d'où l'idée de Dieu était absente. C'est l'Église qui, dès l'origine, a eu ces pensées et les a réalisées dans la mesure du possible ; car, en dehors de l'idée catholique, la paix n'est qu'un rêve et une vaine aspiration. « La paix ! la paix ! — dit l'impie ; — mais il n'y a pas de paix pour *l'impie*. » C'est l'oracle sans appel de nos livres saints...

Et d'abord, ce n'est pas tant la guerre générale que les guerres privées qui sont redoutables et méritent d'être combattues et réprimées énergiquement ; les guerres particulières sont l'offense faite à la fraternité que les hommes doivent pratiquer à l'égard les uns des autres, en qualité d'enfants du même père ; la guerre particulière, c'est la lutte cruelle, homicide des citoyens les uns contre les autres, celle même qui est la négation et la destruction de tous les membres d'une même famille entre eux. Donc la paix et la trêve de Dieu furent les moyens employés par l'Église pour combattre les abus des guerres privées. Ce fut la lutte corps à corps du catholicisme avec l'esprit païen, détestable et premier inspirateur, fomentateur et champion tenace des guerres privées.

Or, le droit de guerre privée était consacré par les anciennes coutumes de la Germanie ; Tacite l'atteste en ces termes formels et sauvages : « Il est de notre devoir d'embrasser les inimitiés aussi bien que les amitiés de nos pères et de nos proches (1). » Malgré les efforts du christianisme, cet usage persista pendant les deux premières

---

(1) Suscipere tam inimicitias seu patris seu propinqui quam amicitias necesse est.

races de nos rois : Saint Grégoire de Tours, le père de notre histoire nationale, est là pour l'attester. Cependant, sous la main ferme de Charlemagne, les guerres privées furent comme étouffées, sinon dans leurs germes du moins dans leurs effets ; mais, après la mort du grand empereur et dans le développement de son vaste empire, ces luttes fratricides reprirent avec une intensité de plus en plus terrible. L'Église seule tenta de mettre un terme à ce fléau épouvantable, et elle y parvint, mais comment, par quels moyens et au prix de quels efforts persévérants ? C'est ce que va nous révéler le tableau des dixième et onzième siècles.

« Il y a, — dit très-bien M. Sémichon (1), — dans l'histoire de ce temps un grand fait, dont on a, soit à dessein, soit par inattention, trop détourné les regards ; nos historiens, même les plus récents, lui accordent à peine quelques pages, et cependant ce fait, la paix et trêve de Dieu, fut la seule digue opposée au plus terrible fléau de ces temps. Elle apprit aux peuples à s'associer pour résister à l'oppression, pour protéger leur commerce, leurs biens et leur industrie, pour maintenir leurs droits et leurs coutumes. Elle fut ainsi la véritable source de l'étonnante prospérité de la France aux temps de Louis le Gros, de Philippe-Auguste et de saint Louis, et de toutes les merveilles des douzième et treizième siècles, que l'on admire sans les bien comprendre, parce qu'on ne connaît pas assez leurs origines. »

Pour triompher de la force brutale, source des guerres privées et civiles, l'Église fit appel à la force morale par excellence, la religion, et s'appuya tout d'abord sur l'au-

---

(1) La paix et la trêve de Dieu (2e édit., 1869, 2 vol.), tome I, p. 7.

torité de la prédication et des conciles, de la parole et des assemblées, seules capables d'organiser efficacement *la ligue et le congrès de la paix*. Cette lutte contre la désorganisation sociale, véritable révolution anticipée, l'Église la soutint seule pendant plus d'un siècle et demi, avec des alternatives diverses; elle fut dure et pénible et semée de difficultés sans nombre. Pendant les premières années, à la fin du dixième siècle, l'Église n'employa que les armes spirituelles; mais bientôt, dans le commencement du onzième, elle fit appel au peuple, aux associations armées, pour faire observer les lois qu'elle promulguait pour le maintien de l'ordre et de la paix, que les rois, les princes et les seigneurs étaient impuissants à faire observer.

L'anathème et l'interdit furent les premières armes employées par l'Église contre les fauteurs des guerres privées et de tous les désordres qui en étaient les conséquences désastreuses (1); pour bien comprendre l'importance de ces armes, toutes spirituelles, il faut se reporter à ces époques où, en dépit de la barbarie, les cœurs étaient profondément pénétrés de l'esprit religieux. Or, lorsque l'interdit était lancé, les sacrements n'étaient plus administrés; toutes les cérémonies restaient suspendues, l'Église fermée; plus de messes ni de prières, si ce n'est pour les nouveau-nés et pour les morts.

Sans l'arme de l'interdit, l'Église eût été impuissante : elle n'aurait pu combattre et vaincre cette foule de petits souverains qui, dans l'anarchie féodale, se partageaient la France et ne reconnaissaient plus de maître. C'était

---

(1) Labbe et Cossart, tome IX, col. 733, et don Bouquet, tome X des *Historiens de France*, p. 526, d.

donc la cause du progrès et de la civilisation que sauvait l'Église, en protégeant la paix par l'arme de l'interdit.

La paix était alors le vœu de tous les esprits éclairés. Gerbert, — le premier pape français, — écrivant à un monarque, en 996 (1), lui disait : « Nous vous avertissons, « nous vous prions, nous vous supplions, au nom de vo-« tre bienveillance pour nous, de considérer que la « paix de l'Église ne peut exister sans la paix entre les « princes. »

Un pacte écrit, une charte sur *la trêve et la paix*, avaient été faits dès l'année 998, sous les auspices de Widon, évêque du Puy, et de Théobald, archevêque de Vienne (2). Voici ce document, qui donne une idée complète de ce qu'on appelait alors le pacte de la paix : « Au nom de la « divine, souveraine et indivisible Trinité, Widon, évêque « du Puy, à tous ceux qui attendent la miséricorde su-« prême, salut et paix ; nous voulons que tous les fidèles « sachent que, voyant les malheurs qui frappent constam-« ment le peuple, nous avons réuni les évêques : celui de « Viviers, Wigon de Valence, Cergon d'Auvergne, Rai-« mond de Toulouse, Dieudonné de Rodez, Fredelay « d'Elne, Fulcran de Lyon, Wigon de Glandèves et beau-« coup d'évêques, de princes et de nobles, dont le nombre « n'a pas été compté. Comme nous savons que personne, « sans la paix, ne verra le Seigneur, nous donnons aux « fidèles cet avertissement au nom de Dieu, afin qu'ils « soient les enfants de la paix ; que dorénavant, dans les « évêchés et dans les comtés, aucun homme ne fasse irrup-

---

(1) Tome X des *Hist. de Fr.*, 405, *a*.
(2) *Ibid.*, p. 535, *n*.

« tion dans une église ; que personne ne ravisse, dans
« ces diocèses ou ces comtés, des chevaux, des poulains,
« des bœufs, des vaches, des ânes, des ânesses, ni leurs
« fardeaux, ni les moutons, les chèvres et les porcs, ni
« les tue. Qu'aucun n'ose prendre un paysan ou une
« paysanne, que nul n'arrête les marchands ou ne pille
« leurs marchandises. Si quelque maudit ravisseur
« rompt cette paix et ne veut pas l'observer, qu'il soit
« excommunié, anathématisé et chassé de l'enceinte de
« l'église, jusqu'à ce qu'il vienne à satisfaction ; s'il ne
« le fait, que le prêtre ne lui chante pas la messe, ne lui
« célèbre pas l'office, ne l'ensevelisse point ; qu'il n'ait
« pas la sépulture chrétienne, qu'on ne lui donne point
« la communion. Nous vous appelons à la mi-octobre à
« venir prendre ces engagements, pour la rémission de
« vos péchés, par l'intercession de Notre-Seigneur
« Jésus-Christ, qui, avec le Père et le Saint-Esprit, vit et
« règne... »

La paix, la protection des faibles, des laboureurs et des marchands, tel fut le but unique de cet engagement, devenu le modèle et le type de tous les autres pactes ayant le même objet. Ces unions s'étendirent promptement du midi de la France au centre ; cependant elles n'exerçaient pas, au gré de leurs auteurs, une action assez puissante, soit sur les masses qui souffraient de la perpétuité des guerres privées, soit sur les seigneurs qui se livraient à ces luttes impies.

Le onzième siècle s'ouvrit par un concile dont les décisions eurent une bien autre portée que les actes précédents : le droit absolu des seigneurs dans les domaines, le droit de guerre pour la réparation des injures et pour vider les différends de toute nature fut, vers l'an 1000, ouvertement condamné par l'Église au nom de la raison et de la religion, et les mesures les plus significatives furent prises pour arriver à sa destruction. Voila bien définie et hautement proclamée la ligue des amis de la paix, liée par un serment saint et solennel.

Ce concile, — comme tous les autres, — proclame le droit des faibles, le respect dû à l'autorité des juges, la nécessité de recourir à la justice et non à la force, à la guerre, au duel, pour juger les différends.

« Mais ce qui manquait surtout alors, ce n'était pas seulement un juge des différends, c'était une force publique, qui pût faire respecter les décisions ; et quelle force, alors, pouvait suffire pour contraindre les seigneurs, les grands feudataires, qui marchaient à l'égal des rois ? Le problème semblait insoluble : l'Église le résolut. Si nous nous reportons à ces temps, la pensée fut audacieuse ; l'Église jugea qu'il y avait, après Dieu, quelqu'un qui était plus fort que les plus forts : c'était tout le monde ; elle fit appel à tous. Elle trouva, pour faire respecter les arrêts de sa justice et les pactes de la paix, une force dans l'association de ses enfants de toute condition, de tous les hommes de bonne volonté qui écoutaient sa voix.

« Force précaire, incertaine, capricieuse, et que souvent sans doute le droit et la faiblesse implorèrent vainement ! Mais on ne pouvait alors mieux faire ; l'Église semait au milieu de la tempête des germes féconds, les protégeait avec sollicitude : la providence de Dieu, le bon sens et l'esprit généreux de la nation française, des rois habiles devaient faire le reste, et tirer de ce chaos des institutions qui vécurent près de huit siècles et firent notre force et notre grandeur.

« Les vrais amis de la liberté et du progrès doivent donc bénir l'Église. La première, elle a servi leur cause, non pas seulement, comme on affecte de le dire, en prêchant de vagues idées d'égalité et de liberté, mais par des actes positifs, féconds, en créant l'union des faibles contre les forts, en introduisant dans la société civile et politique le principe de l'association, qui seul pouvait enfanter la civilisation moderne : non de l'association obscure, secrète, qui, dans les ténèbres où elle s'enfonce, rencontre plus souvent le mal que le bien, mais de l'association publique, avouée à la face du soleil, et prenant pour étendard la paix, le respect du droit et de la faiblesse (1). »

Il n'y a rien à ajouter à ces sages réflexions ; écrites en 1869, jamais elles n'ont été peut-être plus vraies, plus applicables surtout qu'à notre époque.

De 1002 à 1004, dans plusieurs diocèses, des conciles furent réunis dans le même but, et le pieux roi Robert leur apporta son concours (2). Longtemps ces essais furent impuissants, tant le mal était invétéré ; en 1016 et en 1020, on convoquait encore de nouveaux conciles pour obtenir le même bienfait de la paix. La faiblesse de l'autorité royale était si grande, et son impuissance si profonde vis-à-vis de l'anarchie générale, que, sans l'Église, la société civile était à tout jamais perdue. « Pourrait-on croire que la nation, tourmentée par cette triste anarchie, est celle qui, un siècle seulement plus tard, étonnera le monde par le développement et la richesse de ses communes, la conquête de l'Orient et les miracles de

---

(1) Sémichon, tome I, p. 22 et 23.
(2) Tome X des *Hist. de Fr.*, p. 233, n, c. — Vie de Saint-Hugues, ap. Mabillon, tome VII, *Acta S. B.*, p. 104. Glaber Radulphus, vers 1002.

son architecture! Il fallut assurément de grands efforts pour opérer si promptement une telle transformation (1). »

La paix de Dieu, inaugurée en Aquitaine, s'était avancée vers Bourges, Limoges, jusqu'en Bourgogne; maintenant elle se montrait dans le Nord : la Picardie suivit, dès avant 1021, l'exemple du Midi et du Centre (2).

Jusqu'à l'année 1027, c'est la paix constante, la paix pour tous, que l'Église appelle de ses vœux, cherche à réaliser par ses efforts; désormais, sans renoncer à cette paix pour le monde, elle a des vues plus pratiques, elle promulgue des lois qui seront mieux obéies : elle imagine la trêve de Dieu.

Il y a une différence profonde (et assez méconnue par la plupart des historiens de nos jours) entre *la paix* et *la trêve de Dieu:* les églises, les clercs, les religieux, les religieuses, les cimetières, les monastères, les enfants, les pèlerins, les femmes, les laboureurs, les instruments de travail, étaient, d'après la loi des conciles, dans la paix perpétuelle; la trêve était tout autre chose: aux seigneurs, aux possesseurs de fiefs, pour lesquels les combats étaient un besoin et semblaient un droit, l'Église ne défendait pas absolument la guerre, mais elle en limitait rigoureusement la durée.

« L'Église, en acceptant le rôle de législateur de cette société troublée, avait l'esprit positif et pratique du médecin, qui ménage le remède au malade (3). »

---

(1) Sémichon, tome I, p. 26.
(2) Tome X des *Hist. de Fr*.
(3) Sémichon, tome I, p. 36.

Le premier règlement connu sur la trêve de Dieu fut fait dans un synode tenu au diocèse d'Elne, dans le champ de Tuluges, en Roussillon, le 16 mai 1027 (1). Ce fut vraiment une assemblée populaire : évêques, prêtres, ducs, hommes et femmes, tous les éléments de la société y étaient représentés. On arrêta que, dans tout le comté de Roussillon, personne n'attaquerait son ennemi, depuis l'heure de none du samedi jusqu'au lundi à l'heure de prime, pour rendre au dimanche l'honneur convenable : les contrevenants étaient frappés d'excommunication.

Ives de Chartres (2), qui vécut à la fin du onzième siècle, nous explique comment la trêve de Dieu s'exécuta ; le passage suivant d'une de ses épitres porte une vive clarté sur la nature de cette association ou confrérie de la paix. « La trêve de Dieu, dit-il, ne fut pas consacrée
« par une loi générale ; ce furent des accords, des pactes
« consentis dans les villes, sous l'autorité des évêques
« et des églises... Les jugements sur violation de la
« paix doivent être modifiés selon les pactes et les dé-
« cisions que chaque église a institués avec le consente-
« ment des paroissiens. »

Mais, en créant la trêve, on ne renonçait pas à établir la paix. De nouveaux et grands efforts furent faits pour entraîner les peuples et triompher de la résistance des seigneurs.

Nous avons parlé des excommunications et des interdits ; mais malheureusement la foi profonde de ces temps n'assurait pas toujours à l'Église un empire incontesté et

---

(1) Hardouin : *Concil.*, tome VI, p. 841 et 842. — Labbe : *Concil.*, tome IX, p. 1249.
(2) Epitre cxxxv, citée par du Cange, *Gloss*.

sans limites, les peines spirituelles furent souvent impuissantes contre les rebelles à la paix.

Les associations, créées pour le maintien de cette paix, comprirent la nécessité de se constituer d'une manière régulière et stable; des gentilshommes se mirent à la solde de ces associations pour faire exécuter les décisions des conciles, et pour payer ces gentilshommes, on leva des tributs (1) que les évêques et les seigneurs perçurent sous le nom de *mise commune de la paix* (2).

Bientôt l'institution de la paix se généralisa, et elle s'étendit hors de la France, en commençant par l'Angleterre, où nous n'en suivrons pas les développements, la France étant le premier et le seul théâtre sur lequel se concentrent nos recherches à cet égard.

On vient de parcourir une période de quarante cinq ans, près d'un demi-siècle. « On doit juger déjà de la grandeur de ce mouvement, qu'on appela la paix et la trêve de Dieu. Nous ne nous sommes assurément pas trompé lorsque nous avons dit que la plupart de nos historiens avaient laissé ce fait dans un injuste oubli, ou ne lui avaient point accordé l'importance qui lui appartient. »

Ainsi s'exprime M. Sémichon (3), notre excellent guide; puis, se demandant si l'on peut donner à la paix et à la trêve de Dieu le nom de loi et lui attribuer le caractère d'institution générale, voici ce qu'il répond, en termes d'une haute vérité, et qui révèlent le scrutateur sagace de l'esprit religieux au moyen âge: « Dans ces temps reculés, il y a peu de lois générales; mais nous croyons pou-

(1) Tome XI des Hist. de Fr., p. 507-509.
(2) *Compensus, commune pacis.*
(3) Tome I, p. 54 et 55.

voir le dire, la paix et la trêve de Dieu fut la seule loi qui dut être respectée des grands comme des petits, et qui put soumettre à son empire des royaumes entiers. Mais comment s'établissait-elle ?

« L'Église ne disposait pas, aucun pouvoir n'aurait disposé alors, des moyens et des procédés modernes, qui permettent de diriger un royaume à peu près comme un régiment, et de dicter des lois qui contraignent les volontés, en ne maîtrisant ni les esprits ni les cœurs ; elle ne promulgua ses décrets qu'après avoir, autant que cela était possible, assuré leur empire ; elle obtint l'assentiment du pays dans ces nombreux conciles, véritables assemblées populaires, qui semblent l'expression la plus fidèle des aspirations de la nation.

« Dès lors ces lois furent le fruit de l'élan et du vœu spontané des peuples ; elles étaient gravées dans tous les cœurs, avant d'être confiées à l'écriture (1). »

Les décisions émanées des conciles dont nous venons de parler avaient imprimé le mouvement, agité les populations ; la paix, un peu d'ordre et de repos dans les villes et les campagnes, devenait le besoin des peuples : c'est ainsi que dans tous les temps agissent les idées générales de réforme. Ces idées entraînent d'abord les esprits éclairés, puis remuent les masses ; plus tard elles se traduisent dans les faits et se convertissent en lois. Donc, au milieu du onzième siècle, l'institution a pénétré au sein des populations. La seconde moitié du même siècle nous montre les conciles ne se contentant plus de décréter les principes de la paix et du respect des choses saintes et des faibles. L'Église agrandit et consolide son œu-

---

(1) Sémichon, tome I, p. 55 et 56.

vre ; elle seule, à cette époque critique de notre histoire, était le représentant du principe d'autorité (1) ; elle fut donc le législateur du onzième siècle, et les canons des conciles sur la paix et la trêve de Dieu vont former un code complet de législation civile et de police approprié à l'époque.

Une des preuves les plus éclatantes et les plus irrécusables de ce que nous avançons, se tire de l'analyse même du concile de Tuluges (Elne), tenu en 1041, dont l'importance est très-grande, puisque tous les historiens du temps s'accordent à dire que les mêmes décisions furent alors rendues par toute la France; le mouvement fut donc général.

Mais revenons au concile de Tuluges. En premier lieu, ce concile traite de la paix, c'est-à-dire du respect dû en tout temps aux choses saintes, aux travailleurs, à leurs possessions, à tous ceux qui n'étaient ni nobles ni soldats. Le deuxième canon nous apprend quel avait été le moyen employé pour obliger les seigneurs à soumettre leurs différends à la justice, au lieu de les vider par la guerre. La loi de la paix de Dieu leur commandait d'adresser leurs plaintes à l'évêque et au chapitre. Si les deux parties se présentaient à l'évêque, ou bien il amenait une transaction, ou bien les renvoyait devant le juge du lieu ; si l'un d'eux ne venait pas devant l'évêque, il était hors la paix et la trêve, c'est-à-dire hors la loi, et chacun, à la voix de l'évêque et du chapitre, devait le combattre et le soumettre ; d'où cette vieille formule des décisions judiciaires: *Lui courir sus.*

---

(1) Labbe, tome IX, col. 940, indique un grand nombre de conciles réunis pour maintenir la paix et la trêve.

Le quatrième canon met sous la sauvegarde de la paix les bestiaux et les instruments de travail (1). Ainsi, les seigneurs qui guerroyaient n'avaient point le droit de s'en emparer, ni de leur nuire. Le cinquième canon est plus remarquable encore. Le paysan ou serf et tout ce qui lui appartient : sa femme, sa maison, ses greniers, ses oliviers, ses vêtements, doivent être toujours respectés; personne ne peut atteindre les paysans, si ce n'est pour leurs fautes ; et encore, s'ils en ont commis, on ne peut agir envers eux qu'après les avoir sommés de comparaître devant la justice.

« Voilà bien l'ordre substitué au désordre, le droit à l'arbitraire, et si l'on songe que l'excommunication est la peine des infractions, quelle leçon d'égalité au seigneur qui a rompu la paix et frappé le serf !...

« Il faut bien saisir le sens de cette loi. Elle imposait à tous, au onzième siècle, une modération que le droit des gens n'a pu encore, au XIXe siècle, faire imiter par les nations civilisées. Si deux seigneurs, si deux princes guerroyaient, ils ne pouvaient, même chez leur ennemi, attaquer ni les choses saintes, ni les ecclésiastiques, ni les gens de travail, ni les commerçants, ni les laboureurs, ni leurs possessions ; le fléau de la guerre était limité aux chevaliers, à leurs soldats, à leurs châteaux, à leurs instruments de guerre, et les hommes de Dieu ou de travail pouvaient vivre en repos chez les seigneurs en guerre, à côté de la destruction et du carnage (2). »

---

(1) La charrue elle-même est un lieu d'asile inviolable. Le deuxième canon du concile de Rouen, en 1095, dit formellement : « Sont en paix perpétuelle.... les hommes qui se réfugient vers les charrues, *homines ad carrucas fugientes*. — Bessin : *Conciles*, p. 78.

(2) Sémichon, tome I, p. 70 et 71.

Le canon vi est relatif au paiement des dettes, et il défend aux créanciers de prendre de force des gages pour assurer le paiement de ce qui était dû.

N'osant pas, disons mieux, ne pouvant pas encore décréter pour tous la paix universelle, l'Église, avec cette sagesse éminemment pratique qui s'appuie sur le temps, dans le canon vii, élargit le plus qu'il lui est possible le cercle des jours de trêve : d'abord établie, dans la première moitié du xie siècle, du samedi soir au lundi matin, on l'étend du mercredi au lundi; puis l'Avent, tout le Carême, sont ajoutés, les veilles de fêtes, les nuits, les solennités des apôtres, les quatre-temps, ce qui équivaut à plus de six mois de calme et de tranquillité pour les laboureurs, les commerçants, les ouvriers, la majorité de la nation enfin. Ce n'était pas en un jour que l'on pouvait déshabituer de la funeste coutume et du droit de la guerre privée, devenue pour elle un besoin, cette noblesse turbulente pour qui se battre était synonyme de se réjouir; si bien que, lorsque ces luttes eurent à peu près cessé, les mots *ébattement* et *s'ébattre* persistaient dans la langue française, comme un souvenir et une sorte de regret du *bon temps* où il n'y avait pas de fête sans coups d'épée, et même bataille à la suite.

Après les dispositions de législation civile, nous relevons dans les canons de ce même concile des prescriptions de législation criminelle, remarquables surtout en ce que la peine de mort en est bannie. L'Église, en effet, a horreur du sang, et, comme Dieu lui-même, ne veut pas la mort du pécheur, mais son repentir et son retour au bien. Donc, le bannissement perpétuel est la punition du meurtre volontaire, et le bannissement à temps celle du meurtre involontaire; la tentative avortée est punie d'amende.

Vers le même temps, le Saint-Siége intervient pour la première fois dans l'œuvre importante qui nous occupe en ce moment; il approuve complétement les évêques de France et leur donne son appui, qui offrait aux yeux des peuples la sanction la plus haute et la plus sainte à l'institution nouvelle : son application était, par Rome, étendue de cinquante jours, depuis l'octave de Pâques jusqu'à l'octave de la Pentecôte.

Comme nous l'avons dit, les décisions du concile de Tuluges eurent bientôt force de loi dans presque toute la France.

Un mandement d'Ives, évêque de Chartres, qui joua un grand rôle à la fin du onzième siècle, fait parfaitement comprendre que l'Église, en créant la trêve, après avoir d'abord exigé la paix complète, fit à regret cette concession à la barbarie du siècle; elle avait vu qu'en demandant davantage, elle n'était pas obéie, et elle crut qu'il valait mieux condescendre aux mœurs de ses enfants, pour obtenir des progrès utiles, que de prêcher vainement des réformes absolues et irréalisables.

Voici le mandement d'Ives, plein d'émotion pieuse, et dont l'accent pathétique devait fortement impressionner les cœurs vraiment chrétiens.

« Ives, par la grâce de Dieu, ministre de l'église de
« Chartres, à tous les fidèles de son diocèse (1).

« Sur la paix,

« Sachez bien, mes très-chers frères, qui croyez parve-
« nir à la Jérusalem céleste, que, si vous voulez obtenir

---

(1) *Ivonis, episcopi, epistolæ.* lettre XXVII.

« ce don du roi suprême, vous devez observez la paix en
« repoussant absolument loin de vous le fléau de la dis-
« corde. Le Christ, entrant dans le monde, lui révéla le
« précepte de la paix aux applaudissements des anges,
« par ces mots: « *Gloire à Dieu au plus haut des cieux, et
« paix sur la terre aux hommes de bonne volonté ! Le Christ,
« lorsqu'il fut près de quitter le monde et qu'il allait retour-
« ner au ciel, la recommanda encore à ses disciples, et leur
« dit :* « *Je vous donne ma paix, je vous laisse ma paix.* »
« *L'Apôtre ordonne de la garder :* « *Conservez avec tous la
« sainteté et la paix, sans laquelle personne ne verra le Sei-
« gneur.* » La venue du Christ a eu pour but, non-seule-
« ment de réconcilier le ciel avec la terre, mais d'établir
« la paix sur la terre, afin que les hommes devinssent,
« en Jésus-Christ et dans l'unité de la foi, un seul corps.
« Comment la venue du Christ pourrait-elle profiter à ce-
« lui qui serait trouvé hors de la paix ? Vous avez pro-
« fessé cette paix lorsque, revenant à Dieu, auteur et ami
« de la paix, vous avez renoncé, sur la fontaine de vie (1),
« au diable, auteur et ami de la discorde, et à toutes ses
« œuvres. Si donc, mes frères, vous voulez ne pas violer
« vos engagements, il vous est imposé une stricte obliga-
« tion d'observer la paix, à laquelle vous lient vos ser-
« ments envers le roi des cieux, et qui vous méritera les
« récompenses éternelles. Il faut que vous sachiez, frères,
« qu'il n'y a, dans le royaume de Dieu, nulle place pour
« la discorde. Cette discorde ne nous est arrivée qu'avec
« l'auteur du mal, les royaumes chrétiens devant avoir
« une paix perpétuelle, éloigner toutes mauvaises pen-
« sées, s'abstenir de toutes mauvaises actions. Voyez

---

(1) *In fonte vitae.* Les fonts du baptême.

« combien vous êtes loin de cette perfection, vous qui
« employez les jours qui vous avaient été donnés pour
« faire votre salut, par l'exercice des vertus célestes, à
« chercher la mort en commettant toutes sortes d'actions
« condamnables.

« Dites moi, mes frères, si quelqu'un d'entre vous pas-
« sait sa vie à déchirer sa chair par le fer, à la brûler, à
« lui causer toute sorte de tourments, et pendant quatre
« jours seulement s'abstenait de ces violences, ses amis
« ne voudraient-ils pas le lier et, le traitant comme
« un fou, le conduire au médecin? Combien plus ne
« doit-on pas lier, par les saintes prescriptions de
« la religion, l'homme qui est meurtrier de son âme !
« Mais, comme tout âge est enclin vers le mal, que la
« perversité des hommes leur fait préférer les fauteurs
« du mal aux amis de la justice, et que, semblables à
« des furieux, ils se retournent contre leurs médecins,
« nous voulons avoir de la condescendance pour votre
« faiblesse, en attendant que nous obtenions de vous une
« conduite meilleure et plus propre à opérer votre salut;
« nous fermons les yeux sur votre impiété, et comme,
« dans ce déluge d'iniquité, nous ne pouvons vous guérir
« entièrement, nous aimons mieux vous avoir languis-
« sants et blessés que presque morts.

« Nous vous prions donc et vous supplions, par l'auto-
« rité de Notre-Seigneur Jésus-Christ, dont, quoique indi-
« gnes, nous sommes les délégués, nous vous ordonnons
« de songer à votre salut, et de conserver la paix au
« moins pendant les quatre jours dans lesquels Notre-
« Seigneur et Sauveur a plus particulièrement institué
« les sacrements de notre rédemption, et que vos cœurs,
« vos mains et vos langues s'abstiennent de toute

« agression contre vos amis et même vos ennemis.

« Quiconque obéit aux prescriptions de la religion
« chrétienne sait que le cinquième jour (le jeudi) le Sei-
« gneur Jésus prit son dernier repas avec ses disciples ;
« que, dans ce repas, il leur donna son corps et son sang
« en signe de réconciliation et de remède à nos maux, et
« leur recommanda de renouveler cette cène en mémoire
« de lui. La cène finie, il leur lava les pieds en signe de
« pénitence et de rémission des péchés, montrant par ce
« sacrement que les cœurs, même religieux, sont souillés
« par la poussière de ce monde, et qu'il n'y a pas de mor-
« tel qui n'ait besoin de pénitence et de l'indulgence de
« ses frères. A la fin de ce jour, trahi par son disciple,
« il fut livré aux mains des Juifs ; il montra alors tant de
« patience, qu'il ne résista en aucune manière, et guérit
« même l'oreille du serviteur du grand prêtre. C'est aussi
« à la fin du cinquième jour que, sa vie sur la terre étant
« terminée, il fit au ciel son ascension glorieuse à la vue
« de ses disciples. Il prie pour nous auprès de son Père,
« afin que l'humble troupeau suive au sein de sa gloire
« le divin Pasteur. Qu'a fait dans toutes ses actions notre
« maître? En quelle circonstance ne nous a-t-il pas donné
« des exemples de paix? Il faut donc que, dans ce jour,
« où tant de remèdes de vie ont été offerts aux chrétiens,
« personne ne se blesse en blessant son frère, ne se donne
« la mort éternelle en la donnant à son frère, et que Jésus-
« Christ ne périsse pas dans son cœur.

« Le sixième jour (le vendredi), le premier Adam fut
« formé du limon de la terre, et le second Adam, venant
« de racheter les hommes, s'incarna dans le sein d'une
« vierge. Ce même jour a eu lieu la passion du Christ, et
« l'homme déchu a été, par le sang de Jésus, rétabli à

« l'image de Dieu. Le jour où la paix a été rendue au
« monde, tout homme doit garder la paix, afin de ne pas
« retomber dans la mort que l'esprit du mal a apportée.

« Le septième jour (le samedi) Dieu se reposa : l'Esprit-
« Saint nous apprend ainsi que nous devons nous abste-
« nir de toute œuvre mauvaise, et attendre le jour où l'on
« doit éviter tout travail pénible. Il n'est pas pénible
« d'aimer parfaitement Dieu et de chanter avec ardeur
« ses louanges. En signe de ce repos, en ce jour sa chair
« se reposa dans le sépulcre, et son âme, combattant
« l'enfer, remporta la victoire sur l'antique ennemi.
« Chrétien, racheté par le sang du Christ, ne te montre
« pas ingrat envers Jésus, ton bienfaiteur; dans ce jour
« de salut, n'appelle pas les enfers, en ravissant les biens
« de tes proches et en poursuivant celui qui n'a pas ravi
« le bien d'autrui, mais qui s'est sacrifié pour toi.

« Pour le huitième jour, et à la fois le premier, il n'est
« douteux aux yeux d'aucun chrétien que Dieu est res-
« suscité ce jour, et qu'il nous a donné par sa résurrec-
« tion la preuve et l'exemple de notre résurrection, dans
« laquelle une paix entière sera donnée aux fils d'adop-
« tion, la chair ne luttant plus contre l'esprit, ni l'esprit
« contre la chair.

« Par ces causes et par d'autres, que la brièveté de ce
« discours m'empêche de détailler, nos pères ont décidé
« que la paix devait surtout être conservée dans ces jours,
« et ils avaient infligé aux infracteurs de la paix des pei-
« nes très-sévères, et différentes selon la qualité des
« personnes et la gravité des faits. Suivant leurs traces,
« selon notre pouvoir, nous ordonnons avec prière, et
« nous prions avec commandement, que vous conserviez
« la paix dont nous vous avons envoyé la constitution

« écrite, et que vous promettiez son observation par un
« serment prêté sur les saintes reliques. Cela est bon
« pour l'accroissement de vos biens temporels comme
« pour l'acquisition des biens immortels. A ceux qui
« obéiront, paix et miséricorde au nom de Dieu ! A ceux
« qui n'obéiront pas à cette constitution, anathème ! »

Les saints dont abonda cette époque furent les premiers à propager la nouvelle et salutaire institution ; saint Odilon, abbé de Cluny, en fut un des principaux promoteurs : tout porte à croire que ce fut lui qui rédigea la belle et touchante lettre que les évêques et le clergé de France adressèrent au clergé italien, et où respire un sentiment vrai et bien profond d'amour de Dieu et de l'humanité (1).

L'on ajoutait constamment de nouveaux jours de trêve. Le pape Léon IX déclara que les jours de dédicace et les vigiles de ces jours seraient dans la trêve : la Normandie l'avait décidé déjà. Les réunions où se prenaient ces arrêtés étaient autant des réunions politiques, des assemblées s'occupant d'intérêts civils et de police autant que des conciles ecclésiastiques.

Un canon (le xe) du concile de Narbonne, en 1054, mérite d'être cité, à cause de la délicatesse de ses vues :
« Les bergers et leurs moutons resteront tous les jours,
« en tous lieux, dans la trêve de Dieu. »

L'époque la plus mémorable de ce mouvement, tout en faveur de la paix, fut le concile de Clermont (1095), assemblée nombreuse et imposante (2), qui vit réunis quatorze archevêques, deux cent vingt-cinq évêques, plus de quatre-vingt-dix abbés, des religieux et des laïques de

---

(1) Tome XI des Hist. de Fr., p. 516. **Paraenesis.... episcoporum Galliae ad treugam Dei.**
(2) **Hardouin,** tome VI, p. 1682.

divers pays, en si grand nombre qu'on ne pouvait les compter. Le pape Urbain II, qui présidait ce concile, y fit plusieurs discours. Dans une de ces harangues éloquentes (1), on voit quel lien intime unit le grand mouvement des croisades, inauguré par Urbain, à l'institution toute française de la paix et trêve de Dieu. Les croisades furent le corollaire indispensable de la grande ligue de la paix; mais les croisades elles-mêmes avaient été préparées par les prédications d'un Français, Pierre l'Ermite.

Avant de partir pour ces guerres lointaines, qui devaient durer plus d'un siècle, il était de toute importance de confirmer la paix, afin que, pendant l'absence des seigneurs et des hommes valides, quelques méchants n'osassent pas impunément vexer les faibles, les femmes, les enfants, ou envahir et piller les biens ruraux et autres.

Dans les décisions du concile de Clermont, aucun détail n'est oublié, quand il s'agit de protéger les laboureurs, les marchands et ce qu'ils possèdent: tout est prévu. Parmi les actes de ce concile, l'un des plus importants était le serment prêté entre les mains de l'évêque ou de l'archidiacre, et qui obligeait tous les membres de l'association de la paix à marcher en armes à la voix du clergé contre les ennemis de la tranquillité publique. Ainsi, lorsque les historiens avaient rapporté que les populations marchaient, à la voix des évêques et des archidiacres, contre les seigneurs récalcitrants, ces mouvements semblaient irréguliers et insurrectionnels, parce qu'on avait fermé les yeux sur les décisions solennelles qui donnaient à ces actes le caractère le plus légitime : la

(1) *Ap.* Sémichon, tome I, p. 132-138.

force mise au service du droit, de la paix et de la justice (1).

On voit, par le canon III d'un synode tenu en Normandie, en 1096, que, dès l'âge de douze ans, on pouvait et l'on devait entrer dans la ligue de la paix et prêter serment d'en remplir fidèlement toutes les obligations. Tous sont appelés à ce serment : le noble, le bourgeois, le vilain, le serf; tous jurent et entrent dans cette sainte confrérie, qui est vraiment la croisade du droit contre la force. Donc, il est on ne peut plus juste de dire que le concile de Clermont et les conciles provinciaux qui l'ont suivi ont décidé deux croisades : la première croisade contre les musulmans, et la croisade non moins importante des faibles contre les forts.

L'union commune, la ligue assermentée pour le maintien de la paix, était devenue, à la fin du onzième siècle et au commencement du douzième, une institution générale, dont aucun chrétien ne pouvait renier les obligations, sans désobéir à l'Église et aux ordres du siége apostolique.

Nous avons suivi dans ses principales phases l'institution de la paix et trêve de Dieu : il nous reste à constater quel fut son rôle politique, à l'époque où nous sommes arrivés, c'est-à-dire au XIIe siècle. C'est un grand siècle entre tous que celui-là, — le siècle des communes, des croisades, de la chevalerie, des cathédrales gigantesques et de l'épanouissement le plus splendide de la royauté française, devenue l'arbitre de l'Europe et du monde entier; ces merveilles, oui, toutes, sont dues à l'Église par l'institution de la paix et trêve de Dieu. C'est ce qu'il

---

(1) Cs. Sémichon, tome I, chap. VIII, et l'appendice.

nous faut démontrer, et jamais tâche n'aura été plu[s] belle, plus facile, plus douce pour un catholique et u[n] Français.

« Louis le Gros avait été souvent présenté comme l'a[u]teur du mouvement communal, presque comme le créa[teur] des communes. De nos jours, au contraire, on a peu[t-]être méconnu la grande part qu'il a prise à cette révol[u]tion. On a cru qu'il s'était borné à intervenir, par d[es] actes isolés, entre des seigneurs puissants et des bou[r]geois révoltés, et qu'il avait seulement donné, souvent à prix d'argent, des chartes confirmatives de quelque[s] communes.

« Louis le Gros fit plus que n'ont supposé les écrivain[s] de notre siècle; il ne fut point le créateur du mouveme[nt] d'émancipation et d'association qui commença le déve[]loppement du tiers-état, puisque ce mouvement, sou[s] l'inspiration du clergé, a rempli tout le onzième siècle[;] mais il s'en empara, le développa, en affermit les co[n]séquences, car il se mit à la tête des associations, de[s] unions communes de la paix, et c'est en ce sens qu'il fu[t] le créateur des communes (1). »

Ainsi, la part de Louis le Gros dans la création de[s] communes est aujourd'hui bien déterminée. L'interven[]tion du roi, au douzième siècle, donna au mouvemen[t] déjà existant un caractère général, politique; le roi fon[]dait la puissance et la popularité de sa dynastie en s[e] mettant à la tête des associations de la paix. Cette poli[]tique lui assurait l'amour et l'appui du clergé, de toute[s] les villes, de tous les bourgeois, de tous les marchands[,] de tous les paysans de la France; elle lui donna bientô[t]

(1) Sémichon, tome I, p. 196 et 197.

une armée et des sujets. Longtemps avant de sauver, à Bouvines, Philippe-Auguste et la monarchie, les communes, qui n'étaient autres que des associations diocésaines, dirigées par les évêques et les curés, marchèrent, sous la conduite de Louis le Gros, dans beaucoup d'expéditions.

La trêve de Dieu dura encore en France pendant la première partie du treizième siècle. L'*Histoire du Berry*, de M. Raynal, donne des détails intéressants sur la commune et la trêve, et les documents originaux, cités dans ce savant ouvrage, indiquent l'analogie parfaite, l'identité qui existe entre ces deux institutions. « Elle s'appelait, — dit-il, — *commune et trêve*, parce que le serment prêté à l'archevêque, par tous les hommes de la noblesse et du peuple, formait entre eux comme une sorte de vaste association, prête à se lever à la voix de l'archevêque, si quelqu'un, au mépris de ses ordres, se livrait à de coupables violences : la trêve, parce qu'il s'agissait de faire respecter la paix de Dieu. »

Le mot *commune*, dans le sens général d'association des paroisses entre elles, subsista longtemps ; jusqu'au quinzième siècle, pendant les terribles guerres des Anglais, on nomma la *commune* l'association des campagnes. La Chronique de Normandie nous la montre tentant d'héroïques efforts pour sauver, sans le secours des gens d'armes, le pays de la domination étrangère.

Ces associations de la paix, ces confédérations, ces communes, embrassant tout un diocèse et liées par un serment, se prêtaient un appui réciproque ; elles existaient à peu près dans tous les diocèses. En 1209, un concile fut tenu à Avignon (1), il confirma de nouveau la

---

(1) D'Achery : *Spicil.*, tome I, p. 703.

paix. Dans son édit de paix pour dix années, Cumon, seigneur du Roussillon (1217) (1), énumère en détail tous ceux qui jouiront du bienfait de la paix : ce sont les clercs, les templiers, les hospitaliers, les frères du Saint-Sépulcre, les veuves, les orphelins, les mineurs, les habitants des bourgs, les vilains, leurs femmes, les églises, les cimetières, les bestiaux, les charrues et instruments d'agriculture, les ruches, les colombiers, les moulins, les paillers, les oliviers. Sont exceptés de la paix : les hérétiques reconnus, leurs disciples, leurs fauteurs, les voleurs et leurs complices et les gens publiquement excommuniés.

Le document qui suit prouve que l'Église exerçait la charité à l'égard des Juifs comme envers tous ; un concile de Tours (2), du 10 juin 1236, porte (canon 1er) :
« Nous défendons étroitement aux croisés et autres chré-
« tiens de tuer ou battre les Juifs, leur ôter leurs biens
« ou leur faire quelque autre tort, puisque l'Église les
« souffre ; elle ne veut pas la mort du pécheur, mais elle
« désire qu'il se convertisse (3). »

---

(1) D'Achery, tome III, cité par de Vaublanc : *La France au temps des Croisades*, tome II, p. 8.
(2) Labbe, tome XI, Ire partie, col. 504. — Hardouin, tome VII, col. 263.
(3) Les Juifs eux-mêmes, plus justes que ceux qui, tout en les persécutant les premiers, ont fait de leur sort un sujet de calomnie contre l'Église, ont prononcé dans leur propre cause, et leur jugement, trop peu connu, mérite d'être rapporté. En 1807, les rabbins et les délégués des différentes synagogues venaient d'être invités par Napoléon Ier à se réunir à Paris pour s'y constituer en grand sanhédrin. Par un sentiment de délicatesse dont il faut leur faire honneur, le premier usage qu'ils en firent fut de payer solennellement la dette de reconnaissance qu'ils devaient à la seule puissance qui les avait protégés dans tous les siècles antérieurs, — à l'Église, à la papauté, à l'épiscopat et au clergé. Voici donc le procès-verbal de leur séance du 5 février 1807, conservé au ministère des cultes :
« C'est par suite des principes sacrés de la morale que, dans différents

Non-seulement les communes *jurées* existaient dans les villes, mais aussi dans les campagnes, où elles avaient une existence propre. Ce fait ne paraît pas avoir appelé l'attention de M. Augustin Thierry ; on pourrait trouver dans cet oubli, aussi bien que dans certaines préoccupations politiques, le principe de ses erreurs, ou plutôt du point

« temps, les pontifes romains ont protégé et accueilli dans leurs États les
« Juifs persécutés et expatriés de diverses parties de l'Europe. — Vers le
« milieu du viie siècle, saint Grégoire défendit les Juifs et les protégea
« dans tout le monde chrétien. — Au xe siècle, les évêques d'Espagne
« opposèrent la plus grande énergie au peuple, qui voulait les massacrer.
« Le pontife Alexandre II écrivit à ces évêques une lettre pleine de féli-
« citations pour la conduite qu'ils avaient tenue à ce sujet. — Saint
« Bernard les défendit, dans le xiie siècle, de la fureur des croisés ;
« Innocent II et Alexandre III les protégèrent également. — Dans le
« xiiie siècle, Grégoire IX les préserva, tant en Angleterre qu'en France
« et en Europe, des grands malheurs dont on les menaçait : il défendit,
« sous peine d'excommunication, *de contraindre leur conscience* et de
« troubler leurs fêtes. — Clément V fit plus que de les protéger, il leur
« facilita encore les moyens d'instruction. — Clément VI leur accorda un
« asile à Avignon, alors qu'on les persécutait dans tout le reste de l'Eu-
« rope. — Dans les siècles suivants, Nicolas II écrivit à l'Inquisition pour
« empêcher de contraindre les Juifs à embrasser le christianisme. —
« Clément XIII calma l'inquiétude des pères de famille alarmés sur le
« sort de leurs enfants, qu'on arrachait souvent du sein de leurs propres
« mères. — Il serait facile de citer une infinité d'autres actions charita-
« bles dont les Israélites ont été à diverses époques l'objet de la part des
« ecclésiastiques instruits des devoirs des hommes et de ceux de leur
« religion.....
« Empressons-nous donc de profiter de cette époque mémorable ; fai-
« sons retentir dans cette enceinte l'expression de toute notre gratitude,
« témoignons-leur avec solennité nos sincères remercîments pour les bien-
« faits successifs dont ils ont comblé les générations qui nous ont pré-
« cédés. »

Le procès-verbal se termine ainsi : « L'assemblée a applaudi au discours
« de M. d'Avigdor ; elle en a délibéré l'insertion en entier dans le procès-
« verbal, ainsi que l'impression, et a adopté l'arrêté qui suit :

« Les députés de l'empire de France et du royaume d'Italie au synode
« hébraïque décrété le 30 mai dernier, pénétrés de gratitude pour les
« bienfaits successifs du clergé chrétien, dans les siècles passés, en faveur
« des Israélites des divers États de l'Europe ; pleins de reconnaissance

de vue trop exclusif qui l'a égaré (1). Il faut lire, dans l'important ouvrage de M. Delisle sur l'agriculture du moyen âge, des détails du plus grand intérêt sur la persistance du droit des communautés rurales.

Au treizième siècle, nous assistons à la décadence de la trêve de Dieu, que tend à remplacer la trêve du roi. Les institutions de la paix et trêve de Dieu étaient, il est vrai, encore florissantes au treizième siècle, principalement dans le centre de la France ; mais, dans ce même siècle, une décadence rapide en amena la ruine. « Dès lors, le pouvoir de l'Église était combattu avec succès ; la royauté avait grandi, les populations ne demandaient plus à l'Église des garanties d'ordre et de paix.

« Réflexion triste à faire, qui semblera étrange à certains esprits pour lesquels le moyen-âge est un temps de foi naïve, incontestée, exempt de contradictions et surtout de violences impies, déjà, au treizième siècle, les choses saintes étaient souvent traitées avec mépris. Les attaques des hérétiques avaient porté leurs fruits, et préparaient les déchirements qui s'accomplirent plus tard au sein de l'Église...

« Quoi qu'on en pense et qu'on en ait dit, le treizième siècle est l'époque où la lutte contre le pouvoir de l'Église commence à pénétrer dans les masses...

« pour l'accueil que divers pontifes et plusieurs autres ecclésiastiques ont
« fait dans différents temps aux Israélites de divers pays, arrêtent que
« l'expression de ces sentiments sera consignée dans le procès-verbal de
« ce jour, pour qu'elle demeure à jamais comme un témoignage authenti-
« que de la gratitude des Israélites de cette assemblée pour les bienfaits
« que les générations qui les ont précédés ont reçus des ecclésiastiques de
« divers pays de l'Europe; arrêtent, en outre, que copie de ce procès-
« verbal sera envoyée à Son Excellence le ministre des cultes. »

(1) Cs. tome XI des Ordonnances des rois de France, Glossaire de du Cange, etc.

« La jalousie des pouvoirs politiques contre l'Église, jalousie qui, portée dans les siècles suivants à ses dernières limites, aidera puissamment les réformateurs du seizième siècle, commence à se manifester au treizième : voilà le fait caractéristique. Par suite, l'institution de la trêve de Dieu, qui est l'apogée du pouvoir du clergé dans l'ordre temporel, doit disparaître (1). »

On comprend donc facilement l'erreur d'un grand nombre d'historiens, qui, voyant le clergé en lutte avec les associations, notamment avec les communes, au treizième siècle, n'étaient pas disposés à admettre qu'il fût, au onzième, le créateur d'institutions qu'il combattit deux cents ans plus tard. C'est cependant, en politique, la marche ordinaire des choses : souvent les pouvoirs sont obligés de combattre leurs propres œuvres.

Au treizième siècle, les conciles sur la paix et trêve de Dieu n'exercèrent plus sur les populations l'influence puissante qu'ils avaient au onzième et au douzième siècle. Le concile de Toulouse, en 1228 (2), est l'un des derniers et des plus importants monuments d'une législation qui va disparaître. Il est visible que la loi de la paix est moins obéie que dans les siècles précédents. Le législateur est obligé de recourir à des commandements plus nombreux, empreints de précautions et de rigueurs plus grandes. L'association, le serment, sont imposés à tous. Les ennemis de la foi et les ennemis de la paix sont confondus dans une même réprobation : en effet, n'étaient-ils pas les mêmes? On établit la justice gratuite, on donne même un avocat aux pauvres. Enfin, le concile

---

(1) Sémichon, tome II, p. 51-52.
(2) D'Achery : *Spicil.*, tome I, p. 712.

défend les associations, les unions, les conjurations, autres que celles qui ont été instituées par l'Église pour la paix et la trêve. Ces unions devenaient dangereuses.

« Chose digne de remarque, jusqu'au treizième siècle, quoique l'Église ait prêché devant le peuple la résistance au seigneur, l'association des faibles, la confédération, il n'y a point de Jacquerie, point de graves abus, tant l'esprit de l'Église avait conservé d'empire sur les masses ! Elles avaient su s'arrêter à la limite, toujours si difficile à définir, entre la résistance permise, légitime et l'insurrection, la révolte. Mais, au treizième siècle, l'idée religieuse s'est affaiblie, l'hérésie étend ses ravages dans toute la contrée des Pyrénées, surtout vers Toulouse. Ce concile, qui nous apprend que les ennemis de la paix et de la foi sont les mêmes, ne nous révélerait-il pas en même temps l'une des causes de la guerre acharnée faite à l'Église, pendant le treizième siècle, par l'aristocratie du pays pyrénéen ? Les comtes de Toulouse, de Béziers, de Carcassonne et leurs amis ne voulurent-ils pas punir l'Église de la croisade qui avait été prêchée par elle contre les excès des seigneurs ?

« Et alors, au treizième siècle, les seigneurs, tournant contre l'Église l'arme que l'Église avait imaginée contre eux-mêmes, créèrent des associations contre la paix et contre l'Église, qui voulait la paix.

« Mais ces associations, dirigées contre l'autorité, ne purent être publiques, avouées comme celles que prêchait l'Église, et qu'elle établissait dans ses conciles : elles devinrent secrètes, et bientôt dégénérèrent en conjurations (1). »

(1) Sémichon, tome II, p. 67 et 68.

L'Église alors dut lutter contre ces associations. On trouve, dès le treizième siècle, des preuves nombreuses de cette lutte ; le feu couva trois siècles, et éclata, au seizième, par Luther.....

Cependant, grâce aux efforts de l'Église, les guerres privées avaient presque entièrement disparu, ce qui était déjà un résultat immense et entièrement dû aux salutaires et énergiques effets de la paix et trêve de Dieu. Mais, à mesure que la trêve de Dieu disparut, elle fut remplacée par une institution analogue dans son but, dans son nom et dans ses effets, qui émana du roi au lieu d'émaner de l'Église, et que l'on appela *trêve* ou *quarantaine du roi*, au lieu de l'appeler *trêve de Dieu*. En tout, la royauté de France imita les œuvres du clergé et se les appropria ; c'était encore un hommage qu'elle rendait à l'Église, son initiatrice.

La société avait accompli d'immenses progrès pendant les siècles où l'influence de l'Église avait régné presque sans partage ; en tête de ces progrès, il est trois choses qui éclatent et resplendissent comme un diadème au front du clergé, à cette époque glorieuse : ce sont la chevalerie, les croisades et les arts, nés, sortis et parvenus à leur apogée, à l'ombre et sous l'influence toute-puissante de l'Église.

Née en même temps que la paix et trêve de Dieu, la chevalerie, dont le but était d'humaniser la guerre, fut créée pour consacrer le noble à la défense des faibles; et c'était le ministre de Dieu qui armait ces champions du droit élevé à sa plus haute expression.

« Seigneur très-saint, disait l'évêque consécrateur (1),

---

(1) Rohrbacher : *Hist. universelle de l'Église catholique*, tome X, p. 472.

« Père tout puissant, Dieu éternel, qui seul ordonnez et
« disposez bien toutes choses; qui, pour réprimer la
« malice des pervers et protéger la justice, avez, par une
« disposition salutaire, permis l'usage du glaive aux
« hommes sur la terre, et voulu l'institution de l'ordre
« militaire pour la protection du peuple; qui, par le
« bienheureux Jean, avez fait dire aux soldats qui
« venaient le trouver dans le désert de ne vexer per-
« sonne, mais de se contenter de leur solde, nous sup-
« plions votre excellence, Seigneur, comme vous avez
« donné à votre serviteur David de vaincre Goliath, et à
« Judas Machabée de triompher des nations qui ne vous
« invoquaient pas, de même, à votre serviteur que voici,
« qui vient courber la tête sous le joug de la milice,
« accordez la force et l'audace pour la défense de la foi
« et de la justice; accordez-lui une augmentation de foi,
« d'espérance et de charité; donnez-lui tout ensemble
« et votre crainte et votre amour, l'humilité, la persévé-
« rance, l'obéissance, la patience; disposez en lui si bien
« toutes choses, qu'il ne blesse personne injustement ni
« avec cette épée ni avec une autre, mais qu'il s'en serve
« pour défendre tout ce qui est juste et équitable; et
« que, comme, d'un moindre degré, il monte à un nou-
« vel honneur de la milice, il dépouille de même le vieil
« homme avec ses œuvres pour revêtir l'homme nouveau,
« afin qu'il vous craigne et vous serve avec droiture,
« qu'il évite la société des perfides, qu'il étende sa charité
« sur le prochain, qu'il obéisse à son supérieur en toutes
« choses selon sa droiture et remplisse son devoir selon
« la justice. »

On le voit, l'institution de la chevalerie est religieuse,
à son origine, au XIe siècle; plus tard, comme les com-

munes, elle se transforma, au XII° siècle, en institution exclusivement civile et militaire. Religieuse dans son origine, cette institution procéda de la même pensée que les institutions de la paix et trêve de Dieu. L'Église voulut transformer les instincts belliqueux qu'elle ne pouvait arracher du cœur de ses enfants.

Après la chevalerie, ou plutôt en même temps, étaient nées les croisades, qui furent la suite nécessaire de l'institution de la paix et trêve de Dieu. Les croisades furent comme le couronnement du XI° siècle. Le pape Urbain, dans le sermon qui précéda la première croisade, prêcha d'abord la paix; puis, pour mieux assurer cette paix entre les chrétiens, dirigea vers l'Orient l'ardeur guerrière des Français. L'association ayant été le levier puissant avec lequel l'Église remua la société féodale, quelle plus étonnante, quelle plus grande, plus nouvelle, plus chrétienne et plus formidable association que celle des Croisés, marchant par milliers, sans autre lien que leur vœu et leur serment, à la défense de leurs frères, les chrétiens de la Terre sainte? La paix, la trêve de Dieu, en Europe, et la croisade en Orient, sont donc intimement unies.

Enfin, et ce n'est pas un des moins remarquables résultats de cette *paix*, à la même époque et du même principe, naquirent ces associations d'artistes éminents dont les œuvres ont survécu et font l'admiration de notre siècle, qui les a restaurées avec un soin pieux et intelligent comme l'admiration qu'excite leur aspect: nous avons nommé les grands monuments religieux du moyen âge.

Les communes, la chevalerie et les croisades ont disparu, il est vrai, ne laissant de traces que dans l'histoire, ce vénérable et fidèle témoin du passé ; mais les œuvres d'art écloses sous l'influence des communes, de la chevalerie et des croisades subsistent encore, nombreuses, innombrables sur le sol de l'Europe, non-seulement dans les grandes cités, mais encore dans les moindres villages : à défaut de preuves écrites, ces œuvres d'architecture, de sculpture, de peinture, d'orfévrerie, etc., sont des témoins encore debout et qui subsisteront jusqu'à la fin des âges.

En effet, les grands édifices de la fin du XIe siècle, du XIIe et du XIIIe ont été construits par des confréries ou associations religieuses de maçons, de sculpteurs, de peintres : c'est un fait indubitable et dont personne ne doute plus aujourd'hui.

« Ces confréries furent une des applications du grand mouvement d'association du XIe siècle... Chose remarquable, les mêmes historiens qui n'ont point vu la main de l'Église et la confrérie religieuse dans les communes municipales, n'ont point hésité à reconnaître l'influence exclusive du clergé dans la création et l'organisation des confréries d'artistes du XIIe siècle.

« Cependant les documents qui proûvent cette influence du clergé sur les confréries d'artistes sont rares, et moins nombreux que ceux qui établissent comment l'organisation communale découle des associations de la paix et trève de Dieu.

« Mais les magnifiques monuments qui subsistent encore portaient un éclatant témoignage ; il n'a point été récusé (1). »

M. de Caumont (2), le père de l'archéologie française,

(1) Sémichon, tome II, p. 167.
(2) Abécédaire d'archéologie religieuse, p. 409-411.

déclare non-seulement qu'aux XIIe et XIIIe siècles la foule, par esprit de foi, aidait à la construction des grandes Églises, mais que le nombre de ces édifices élevés à la fois prouve qu'il y avait des architectes, des artistes en nombre très-considérable; il ajoute qu'au XIIe siècle les artistes se réunissent en confréries qui avaient leurs statuts, leurs chefs, et s'établissaient dans les localités où il y avait des édifices religieux à construire. M. Viollet le Duc (1), croit que rien, si ce n'est le mouvement actuel des chemins de fer, ne peut donner une idée de l'activité prodigieuse des évêques, de l'empressement des populations, au XIIe siècle, pour la construction des grands édifices sacrés, et les villes de grandes cathédrales sont aussi les villes de communes : — Noyon, Soissons, Laon, Reims, Amiens, Rouen, Beauvais, Chartres, etc.

On ne peut s'expliquer les prodigieux résultats obtenus de 1180 à 1240 que par la réunion non-seulement de manœuvres, mais de milliers d'artistes (2), nécessitée par la construction et des cathédrales et des églises de bourgs, de villages et des campagnes.

Le mouvement semble commencer dans l'Ile-de-France dès 1240, lors de la construction de la basilique de Saint-Denys, sous les inspirations de l'abbé Suger. La Providence, d'après les annales de saint Benoit (3), apporta, contre tout espoir, à Suger le secours des populations pieuses, qui arrachaient d'immenses pierres des entrailles de la terre, pour les employer à la construction de l'église abbatiale.

Haimon, abbé de Saint-Pierre-sur-Dives (4), la même an-

(1) Dictionnaire raisonné d'architecture, au mot *Cathédrale*, p. 280.
(2) Viollet le Duc, *ibid.*, p. 284.
(3) Annales ordinis sancti Benedicti, tome VI, p. 328.
(4) *Ibid.*, tome VI.

née, dans une lettre adressée aus moines de Tewkesbury, (Angleterre), reproduit avec chaleur les impressions contemporaines : « Voilà un fait nouveau, inouï dans tous les
« siècles ! Qui jamais a vu, qui a jamais entendu dire dans
« les générations passées que les seigneurs les plus fiers,
« les grands de la terre les plus vains de leurs honneurs
« et de l'immensité de leurs richesses, les châtelains et
« les châtelaines, soumettaient leurs épaules orgueilleu-
« ses et superbes au joug des chariots, et, semblables aux
« animaux qui servent l'homme, traînaient jusqu'à la
« demeure du Christ ces chariots chargés de vin, de blé,
« d'huile, de pierres, de bois, de tout ce qui était néces-
« saire à la nourriture des ouvriers et à la construction
« de l'église? Chose admirable, souvent mille personnes,
« hommes, femmes, s'attellent à ces chars, tant le poids
« est grand, et cependant le silence est profond, aucune
« voix ne se fait entendre... Lorsque, sur les chemins,
« cette foule s'arrête, on entend seulement la confession
« des péchés, de ferventes prières pour leur rémission,
« et, à la voix des prêtres qui prêchent la paix, les hai-
« nes sont oubliées et les discordes éteintes; les dettes
« sont remises, et une parfaite union des cœurs et des
« âmes s'établit... Si quelqu'un refuse d'obéir à ces pré-
« ceptes sacrés, son offrande est précipitée à bas du char,
« lui même est séparé avec honte du peuple saint...
« Quand on arrive à l'église, les chariots, comme un
« camp sacré, sont disposés autour de son enceinte; sur
« chacun d'eux, des cierges sont allumés. Toute cette
« armée veille la nuit, en chantant des hymnes et des
« cantiques. »

Ce saint usage, commencé lors de la construction de

l'église de Chartres (1), s'étendit dans toute la Normandie. « Dans l'année 1145, dit Robert du Mont (2), les
« hommes commencèrent, d'abord à Chartres, à traîner
« eux-mêmes des chars pleins de bois et de pierres pour
« la construction de l'église dont les tours se bâtissaient.
« Celui qui n'a pas vu cela ne verra plus un si étonnant
« spectacle, ni en France, ni en Normandie, ni en beau-
« coup d'autres lieux qui en donnèrent l'exemple. »

Un autre chroniqueur (3) est plus précis encore :
« Cette année (1145), dans toute la Normandie et dans
« quelques autres pays, on fit des chariots que l'on char-
« geait d'une quantité d'objets; des personnes de tout état
« et de tout sexe, animées d'une fervente dévotion, s'at-
« tachaient avec des cordes à ces chars, et, s'avançant
« en procession, les traînaient aux églises; ils y pas-
« saient les nuits, s'infligeaient la discipline et chan-
« taient avec ardeur les louanges du Seigneur. Beaucoup
« laissaient les chars eux mêmes à l'église avec ce qu'ils
« avaient apporté, d'autres les emmenaient vides pour
« les conduire à d'autres églises ou les ramener au
« même édifice. Dieu les combla de tant de grâces, que
« de nombreux miracles eurent lieu dans les églises et
« par les chemins. »

Un dernier témoignage entre tant d'autres (car il faut se borner dans ces citations), établit d'une manière péremptoire que ces grands monuments furent, comme les communes, l'œuvre de confréries, d'associations : c'est la

---

(1) Construction d'une Notre-Dame, au XIIIe siècle, par A. Assier (1858), p. 28.
(2) Rerum gallicarum scriptores, tome XIII, p. 290.
(3) Chron. Roth., ap. Labbe : *Biblioth. nova mss.*, tome I.

lettre de Hugues, archevêque de Rouen, à Théodoric, évêque d'Amiens (1) :

« Les œuvres de Dieu sont grandes, ses volontés infi-
« niment admirables.

« A Chartres, les peuples ont commencé en toute hu-
« milité à traîner chars et chariots pour la construction
« de l'église. Des miracles illustrèrent leur ferveur, et la
« renommée se répandit tout à l'entour : elle a enflammé
« l'ardeur de notre Normandie. Nos enfants, après avoir
« reçu notre bénédiction, partirent pour Chartres et ac-
« complirent leurs vœux ; ensuite, ils vinrent de la même
« manière à leur mère l'église cathédrale de notre dio-
« cèse : mais, en s'imposant cette loi, que personne n'est
« admis dans leur compagnie s'il n'a confessé ses péchés,
« accompli la pénitence, déposé au pied des autels toute
« haine et toute colère, s'il ne s'est réconcilié avec ses
« ennemis et s'il n'a établi avec eux une solide paix. Ceci
« fait avant tout, l'un d'eux est choisi pour chef, et sous
« ses ordres, en toute humilité et en silence, ils traînent
« de leurs propres mains les lourds chariots et présen-
« tent leur offrande, non sans l'accompagner de larmes
« et de dures pénitences.

« Ces trois conditions, la confession et la pénitence, la
« concorde et l'oubli de tout dissentiment, l'humilité et
« l'obéissance à leurs chefs, nous les exigeons d'eux quand
« ils viennent vers nous ; nous les recevons religieuse-
« ment, nous les absolvons, les bénissons, et, s'ils se
« soumettent à cette triple loi, de nombreux miracles
« s'accomplissent, soit dans le chemin, soit dans les
« églises ; ils ramènent sains des compagnons qu'ils
« avaient apportés infirmes et malades... »

(1) Bessin : *Concil. Rothom. provinciae*, pars 2, p. 29.

C'est bien là une confrérie, et cette confrérie — comme toutes les autres du même genre, — a une étroite ressemblance avec les unions de la paix, elles sont sœurs.

Arrivé au terme de cette étude, ou plutôt de cette analyse (trop rapide à notre gré) du remarquable ouvrage de M. Sémichon, nous conclurons avec lui, et en parfaite communion d'idées, que ce fut par l'établissement de la paix et trêve de Dieu qu'au xie siècle, l'Église inaugura la véritable et splendide renaissance de la France et de l'Europe par notre pays et par son influence indiscutable. Dans aucune contrée de l'Europe, la chevalerie, les arts, les communes, ne se développèrent avec une puissance comparable à celle que nous avons signalée en France.

Mais pourquoi la grandeur du xie siècle est-elle appréciée seulement de nos jours? Quelle est la cause de cet oubli? Elle est facile à déterminer : les xiie et xiiie siècles n'ont pas de littérature, ou, pour mieux dire, cette littérature est demeurée longtemps inconnue aux siècles suivants. L'admiration si légitime des édifices de la période ogivale, qui saisit il y a plus de quarante ans notre génération, fut la première révélation des progrès de l'époque que nous avons étudiée : depuis, la science de nos origines a fait de grands et rapides progrès, et plus on avance, plus ces temps longtemps obscurs grandissent en s'éclairant, plus aussi le rôle de l'Église nous apparaît magnifique et conquiert nos hommages et notre reconnaissance.

Ce qui révèle surtout l'existence et la beauté d'une civilisation lointaine, ce n'est pas seulement la littérature, (les livres sont fragiles et sujets à périr), c'est la vue des monuments antiques, ne fussent-ils demeurés sur le sol qu'à l'état de ruines, comme à Ninive ; plus heureuse que l'Asie, — la France, ainsi que l'Europe, malgré les guerres et les révolutions des hommes et des temps, a conservé sur tous les points de nombreux monuments qui (selon la parole imagée et sublime du Christ) proclament hautement cette renaissance par la paix et la trêve de Dieu fondant les communes, la chevalerie, les croisades, développant les arts, et inoculant au monde cette séve de progrès par la charité dont l'action ne saurait plus rester stationnaire. *Lapides ipsi clamabunt.*

A PROPOS DES VANDALES

ET DU VANDALISME (1).

Le savant antiquaire, l'abbé Barthélemy, écrivait, en 1756 (2) :

« On attribue communément à la fureur des Barbares la ruine des plus beaux édifices de l'ancienne Rome. Je pense que c'est une erreur : des soldats avides de butin n'avaient ni le pouvoir ni le loisir d'abattre des monuments si solides. L'ignorance, l'intérêt, les guerres particulières des seigneurs romains, ont presque tout détruit. Dans une lettre manuscrite, qui se trouve au trésor des archives à Rome, et qu'on m'a communiquée, il est parlé d'un accord projeté entre les chefs des factions qui déchi-

---

(1) On prétend que ce néologisme est dû au conventionnel Grégoire. — Voyez son *Rapport sur les destructions opérées par le vandalisme et sur les moyens de le réprimer.* (14 fructidor, an II de la République une et indivisible.)

(2) Mémoires de l'Académie des inscriptions, tome XLIX de l'édition in-12, p. 161 et 162 ; tome XXVIII de l'édition in-4°.

raient cette ville ; on y voit, entre autres articles, que le Colysée sera commun aux différents partis, et qu'il sera permis d'en arracher les pierres (1). Ainsi, ce monument que les Barbares avaient respecté était déjà regardé, dès le xive siècle, comme une carrière propre à fournir d'excellents matériaux. »

L'abbé Barthélemy a vu, en 1755, à Rome, les brèches que l'avidité du peuple avait faites dans les assises inférieures du Colysée, pour en arracher les liens de fer qui les unissaient (2).

A notre époque, un des hommes qui ont le mieux étudié l'histoire et l'archéologie romaines, à Rome même, M. Ampère, dit (3) :

« Ce fut pour repousser l'assaut de Vitigès que les troupes grecques lancèrent sur les assaillants les statues qui décoraient le magnifique monument sépulcral d'Adrien. Parmi ces statues était un chef-d'œuvre de l'art antique, le faune Barberini, qui orne aujourd'hui la très-remarquable glyptothèque de Munich. Cette fois, ce n'étaient pas les Goths, mais les Grecs qui étaient les barbares ; comme, avant ce temps, ce n'était pas Alaric qui avait fait fondre des statues de bronze qui existaient encore dans les temples fermés par Théodose, mais les Romains, pour payer à Alaric la rançon de leur vie.

« Les Barbares ont été calomniés. Les ravages dont ils furent les auteurs ont été fort exagérés ; on leur attribue

---

(1) Et praeterea, si omnes concordarent de faciendo tiburtinam, quod esset commune id quod foderetur.

(2) Mém. de l'Acad. des inscript., l. c. sup., p. 161.

(3) L'histoire romaine à Rome. (*Revue des Deux-Mondes*, 15 novembre 1857, p. 327-333.)

généralement la destruction des statues et des monuments. Les Barbares ne s'amusaient guère à briser des statues ou à les fondre..... Les statues qui n'étaient pas enterrées ou que l'on déterrait par hasard, étaient sans doute exposées à être défigurées par ce goût brutal de détruire qui est celui des hommes grossiers de tous les temps, et parmi ceux-ci je place au premier rang les touristes, qui mutilent une statue pour le sot plaisir d'emporter un doigt ou une oreille : vol stupide, dont Rome voit chaque jour, en pleine civilisation, quelque ignoble exemple. A cette rage de destruction sans but, un motif superstitieux a pu se joindre. Rien ne manque plus souvent aux statues antiques que le nez ; sans doute cette partie du visage est fort exposée, mais souvent le nez semble avoir été cassé et comme arraché à dessein..... Les paysans grecs sont convaincus que les statues qu'on tire de terre ont *le mauvais œil* et portent infailliblement malheur à ceux qui les ont trouvées, que le seul moyen de se mettre à l'abri de ce danger est de les mutiler. La croyance au mauvais œil est, comme on sait, commune aux Grecs et aux Romains, depuis Théocrite et Virgile jusqu'à nos jours. Ce peut donc être une cause de plus de la mutilation des statues antiques, et qui n'a rien à faire avec les Barbares.....

« Quant aux monuments, les Barbares n'avaient ni l'envie, ni le temps, ni les moyens de les renverser. Pourquoi les auraient-ils renversés ? Le mot de *barbare*, qui dans l'origine voulait dire seulement que les peuples auxquels on le donnait n'étaient pas Romains, ce mot qui, par cela même, était pris en mauvaise part, a fait illusion à la postérité. On se représente parfois les Barbares comme des légions de diables qui se ruaient sur la civilisation avec une haine furibonde; il n'en est rien. Les Barbares n'étaient animés d'aucune antipathie violente contre la société romaine, la plupart étaient depuis assez longtemps en contact avec elle. Souvent ils avaient servi dans les armées de l'Empire, et ressemblaient plus à des bandes de routiers qu'à des hordes de sauvages. Ils cherchaient un pays pour s'établir et le cultiver ou le faire cultiver. De plus, excepté les Huns, presque tous étaient chrétiens ; le plus grand nombre, il est vrai, avaient embrassé l'arianisme ; ils avaient cela de commun avec plusieurs empereurs. Les Goths de l'arien Alaric respectèrent beaucoup plus les églises de Rome que ne le firent depuis les soldats du Très-Catholique empereur Charles-Quint.

« On a fait fort injustement de *Goth* et de *Vandale* le synonyme de ravageur de monuments. Les Goths, les plus civilisés et les plus *civilisables* des peuples qui fondirent sur l'Empire romain, ont donné, je ne sais pourquoi, leur nom à la barbarie. L'architecture ogivale, qu'ils n'ont point inventée, a été appelée gothique dans un temps où elle était méprisée, uniquement parce qu'on la considérait comme une architecture barbare. A la renaissance, ce préjugé injurieux contre les Goths était si fortement enraciné, qu'un architecte de ce temps, Flaminio Vacca, semble croire à leur existence et leur attribue la destruction des monuments, destruction qu'il voyait s'accomplir sous ses yeux par d'autres mains.

« Les Vandales ne se montrèrent pas non plus si sauvages qu'on les a dépeints : c'était l'opinion de Louis XVI, qui, comme on sait, s'occupait beaucoup de géographie et d'histoire..... « On se trompe sur les Vandales, — disait-il, — ils n'étaient pas si barbares qu'on le croit. » Je pense que

Louis XVI avait raison, et quand, de nos jours, on a appelé vandalisme ce que font les gouvernements et les particuliers qui renversent les monuments historiques ou les mutilent pour les rajeunir, je pense qu'on a fait tort aux Vandales.

« Les Goths et les Vandales n'eurent pas le loisir de beaucoup ravager; si l'on excepte Totila, ils ne firent guère que passer à Rome. Alaric n'y resta que six jours, selon un chroniqueur, et seulement trois, d'après un autre; il détruisit si peu, qu'Orose, favorable, il est vrai, aux Barbares, a pu dire : « Bien que la mémoire de ce fait soit récente..... on penserait que rien n'est arrivé : *nihil factum*..... » Genseric pilla Rome pendant quatorze jours : le pape avait toutefois obtenu de lui qu'il s'abstiendrait de l'incendie; or, c'est l'incendie qui pouvait surtout être funeste aux monuments. Le pillage devait se porter sur l'argent, les bijoux, les vases précieux ; mais on n'emporte pas les temples.

« Un médecin, homme d'esprit, qu'impatientaient les mauvaises plaisanteries sur les docteurs qui tuent leurs malades, disait : « Il n'est pas si aisé qu'on le croit de tuer un homme. » Il est encore moins facile à un peuple peu avancé dans les arts de la civilisation de détruire des monuments, et surtout des monuments aussi solides que ceux des Romains. Comment les Goths et les Vandales seraient-ils venus à bout de disjoindre des pierres liées par un ciment tenace, et cela sans nul profit, de scier des colonnes dont ils n'avaient que faire? La destruction des monuments ne s'est opérée en grand que lorsqu'on a eu besoin de matériaux pour construire de nouveaux édifices. C'est pour bâtir qu'on démolit, et non pour le plaisir de démolir. Les Barbares ne démolissaient point, parce qu'ils étaient des barbares qui ne construisaient point. C'est quand on a bâti une Rome nouvelle que la Rome ancienne a presque disparu. Chose singulière et naturelle, c'est la Renaissance qui a porté le coup mortel à l'antiquité.

« Une opinion fort répandue veut que les Barbares aient jeté beaucoup de choses dans le Tibre... On ne jette de propos délibéré des statues dans un fleuve que lorsque, mû par un sentiment d'hostilité, on veut les anéantir. Or, ce sentiment hostile, les Barbares, comme je l'ai dit, ne l'avaient point pour les objets d'art. Et puis, dans ce cas même, on brise sur place l'objet de sa fureur plutôt qu'on ne se donne la peine de le transporter au loin pour avoir le plaisir de le noyer...

« Non-seulement les Barbares n'ont pas détruit à Rome autant qu'on l'a dit souvent, mais ils y ont réparé et reconstruit... Théodoric, bien que Goth et Ostrogoth, était un barbare à la manière de Charlemagne : il ne se montra jamais l'ennemi de la civilisation romaine ; bien plus, il en comprit la grandeur, quoique déchue, et fit tout ce qui était en lui pour la relever, de même qu'il conservait et réparait les monuments romains... « Je veillerai sur les monuments, écrit-il, avec un zèle infatigable. » On a trouvé une tuile portant cette inscription : *Regnante domino Theodorico, felix Roma* (Sous Théodoric, Rome heureuse). Ces paroles ne sont point un mensonge... Il est curieux de voir prescrire par une loi de Théodoric un soin dont on ne s'est avisé que depuis mon voyage à Rome. Déjà le monarque Goth ordonnait d'abattre les arbustes qui, croissant sur les anciens édifices, pouvaient en hâter la destruction. J'ai pu regretter cette mesure au point de vue du pittoresque ; mais elle montre chez le roi barbare un désir de conserver les monuments romains qui étonne, et qu'on ne peut s'empêcher d'admirer. Il voulait même qu'on réparât les ruines : *Si quid autem senio procubuerit, pervigili charitate reparetur.*

« Il faut bien que les Barbares n'aient pas autant détruit qu'on le suppose d'ordinaire, car nous avons une statistique monumentale de Rome qui date du milieu du vi^e siècle (540)... A cette époque, Rome est loin encore d'être dépouillée; malgré plusieurs invasions, pas un monument important n'a péri...

« N'est-il pas étonnant de se représenter Rome encore si magnifique par ses monuments après qu'Alaric et Genséric y avaient passé? Et que ne donnerait pas un antiquaire pour vivre une journée dans cette Rome envahie plusieurs fois par les Barbares ? Ce témoignage si curieux n'est pas isolé, car Procope nous fait connaître qu'au vi^e siècle, « le Forum était rempli de statues de bronze... » Cassiodore parle encore sous Theodoric « d'un peuple très-abondant de statues. » Ces statues avaient donc échappé à ce qu'on appelle la rage des Barbares. D'autres ennemis plus civilisés et plus dangereux les attendaient. »

NOUS N'IRONS PAS A CANOSSA.

Cette parole, prononcée naguère par l'homme néfaste qui a osé proclamer que « la force prime le droit, » est vraiment satanique : c'est l'équivalent moderne du *Non serviam* jeté par l'ange rebelle et ses séides à la face de Dieu même. On sait ce qui advint de la révolte de Lucifer ; on peut donc prédire, sans être prophète ni fils de prophète, ce qui est réservé, dans un avenir plus ou moins lointain, à ceux qui prétendent ne pas aller à Canossa, c'est-à-dire, en d'autres termes, ne pas se soumettre à l'autorité de l'Église, cette vaillante enclume qui a déjà brisé et brisera encore tant de marteaux.

Le mot plein d'orgueil du chancelier du nouvel empire d'Allemagne est venu à son heure, pour rappeler ce que l'on oubliait ou même l'on méconnaissait trop parmi les catholiques de ces derniers temps, la grande mémoire du pape Grégoire VII, et les sublimes efforts qu'il tenta pour assurer à l'Église et à l'épiscopat catholiques la liberté par l'indépendance, c'est-à-dire la supériorité sur l'État,

Canossa fut le théâtre de l'épisode le plus remarquable de la lutte entreprise par Grégoire VII contre un empereur d'Allemagne, envahisseur sacrilége des domaines et des droits de l'Église, et par le fait même tyran de ses peuples, dont il prétendait asservir les âmes comme les corps et les biens.

L'histoire de Grégoire a été esquissée bien des fois ; mais, noyée dans de grands ouvrages historiques, elle attendait une étude toute particulière que la Providence même réservait, en ce siècle, à la plume d'un Allemand, et d'un Allemand protestant, esprit de bonne foi doublé d'un savant : on a déjà nommé J. Voigt, professeur à l'université de Hall (1).

Et d'abord, pour entrer immédiatement dans le vif de la question, il nous faut répondre aux griefs, trop passionnés pour être justes, qu'au siècle dernier notamment, les écrivains gallicans soulevèrent contre Grégoire VII à propos de ses soi-disant prétentions sur les affaires temporelles. « Sans doute, — comme le dit très-bien M. l'abbé Jager (2),—quand on voit Grégoire réclamer la suzeraineté non-seulement du midi de l'Italie, mais encore de l'Espagne, de l'île de Sardaigne, de la Hongrie, de la Dalmatie, etc., ses prétentions paraissent étranges et même ridicules. Mais Fleury, comme beaucoup d'autres, n'a pas compris l'histoire du xie siècle. Grégoire proteste dans ses écrits contre les motifs qu'on lui attribue. Comme la plupart des grands génies, il n'a qu'une seule pensée autour de laquelle tout vient se grouper comme accessoire ;

---

(1) Histoire du pape Grégoire VII, d'après les documents originaux.... traduite et augmentée d'une introduction et de pièces justificatives par l'abbé Jager (2 vol. in-18°, 1854, 4ᵉ édit.).
(2) Introduction, p. xxii.

il a un but fixe et invariable : la régénération de la société par le christianisme, et il cherche tous les moyens qui peuvent l'y conduire. S'il rallie donc autour du saint-siége les princes et les rois, c'est pour arriver plus promptement à son but. Les idées de gloire et d'ambition qu'on lui suppose ne sont jamais entrées dans son âme ? « Nous « aimons mieux, dit-il, la mort pour votre salut que « toute la gloire du monde pour votre perte; nous crai- « gnons Dieu, et nous méprisons l'orgueil et les vaines « jouissances du siècle (1). »

« Pour juger des prétentions de Grégoire, il faut mettre de côté nos idées actuelles, et prendre celles du siècle où il a vécu. Le droit que Grégoire réclame tient au régime féodal, et n'est autre que celui qu'exerçaient à cette époque tous les seigneurs et souverains. Et certes il serait aussi ridicule de faire un crime à Grégoire de réclamer la suzeraineté de la Hongrie et de la Dalmatie, etc., qu'il le serait d'en faire un à l'empereur d'Allemagne pour avoir prétendu à l'empire de la Bourgogne et de la Lorraine. L'un et l'autre ont les mêmes droits, qui sont ceux de l'époque. »

Avant que Grégoire ceignît la thiare, plusieurs souverains, voyant à Rome plus de sagesse, de justice et de lumière et en même temps une autorité tutélaire, avaient laissé, avant de mourir, leur royaume comme fief au saint-siége. Grégoire, selon les droits de l'époque, réclamait cette suzeraineté, parce qu'il en avait besoin pour l'exécution de ses plans. Et que l'on ne s'imagine pas que les seigneurs ou les souverains qui avaient fait ces dona-

(1) Magis enim pro vestra salute desidero mortem subire quam totius mundi gloriam ad vestrum interitum arripere. Deum enim timemus, et ideo superbiam et oblectamenta saeculi parvi pendamus. (Epist. VI, 1.)

tions, aient été conduits par le seul motif de la piété; non, leur intérêt y était aussi pour quelque chose. En se déclarant vassaux du saint-siége, ils s'assuraient à eux-mêmes et à leurs enfants une puissante protection contre l'usurpation de leurs voisins et contre la rébellion des peuples, qui devenaient plus dociles, ayant dans le saint-siége une garantie contre l'injustice de leurs souverains. Cette protection était d'une haute importance à cette époque; car l'autorité du saint-siége était alors la seule universellement reconnue et respectée même par les peuples les plus barbares. Chaque fois qu'un usurpateur voulait s'emparer d'un État vassal de Rome, le pape l'arrêtait à son entrée, et lui défendait de porter ses pas plus loin (1)....

Tel était le langage des papes; nous ne devons donc plus être étonnés de la libéralité des princes, elle était intéressée. Tout roi faible, mal affermi sur son trône, sollicitait la dépendance du saint-siége, et la recevait même comme une faveur. Ainsi Démétrius, roi des Russes, envoie son fils à Rome pour prier Grégoire, avec de vives instances, de recevoir son royaume comme fief de Saint-Pierre. C'est ce que nous voyons par une lettre de Grégoire à Démétrius (2); nous y trouvons les traces de la *recommandation* dont l'usage était si fréquent au moyen âge. Par cet acte on recommandait sa propriété à un seigneur plus puissant pour s'assurer sa protection. (3). Le propriétaire d'un domaine se présentait devant l'évêque

---

(1) Ep. VII, 4.
(2) Ep. II, 74.
(3) Cs. Guizot : *Essais sur l'histoire de France*, p. 124 (édit. Charpentier, 1841).

ou l'abbé, devant le seigneur ou le roi (1), lui cédait sa propriété libre, et la recevait aussitôt, à titre de bénéfice, avec faculté d'en jouir, de la transmettre à ses descendants ou à qui il voudrait. Dans ce nouvel état, il possédait un protecteur, un patron contre les envahisseurs, sans avoir rien perdu de sa propriété, sinon une petite redevance qu'il payait comme signe de sa dépendance. Ce que les particuliers ou les seigneurs faisaient à l'égard du roi, les princes mal affermis le faisaient à l'égard du pape; ils lui recommandaient leur royaume, pour lui assurer sa protection. De là vient sans aucun doute le *droit de suzeraineté* du saint-siége sur divers états de l'Europe, droit qui prouve la haute autorité des papes au moyen âge et la confiance qu'elle inspirait, car on ne se recommandait qu'à celui dont on pouvait attendre un puissant appui.

Donc, Grégoire avait des idées fixes et invariables, un plan mûri et arrêté; il voulait la régénération de la société chrétienne, et par conséquent l'indépendance de l'Église : idée vaste et féconde en résultats. Mais quels souverains, quels droits, quelles lois que ceux contre lesquels il avait à lutter! Pour Henri, le principal adversaire de Grégoire, c'est M. Voigt qui va se charger de nous le dépeindre. Henri, mal élevé, se livra fort jeune aux plaisirs et devint perfide et cruel, suite ordinaire de la volupté. « J'ai toujours vu, dit Jean-Jacques Rous-
« seau, que les jeunes gens corrompus de bonne heure,
« et livrés aux femmes et à la débauche, étaient inhu-
« mains et cruels; la fougue du tempérament les rendait

---

(1) Marculfe : *Formules*, lib. I, c. XIII. — Baluze, tome II, p. 383. Cf. la formule XXIV du même livre avec la lettre précitée de Grégoire VII.

« impatients, vindicatifs, furieux : leur imagination,
« pleine d'un seul objet, se refusait à tout le reste; ils ne
« connaissaient ni pitié, ni miséricorde ; ils auraient sa-
« crifié père, mère, et l'univers entier, au moindre de
« leurs plaisirs (1). »

Voilà le portrait de Henri, avec cette différence qu'il était au souverain pouvoir et qu'il avait la liberté de tout entreprendre et de tout oser. Aussi aucun crime ne lui coûta... « Il savait cacher sa colère, dit Fleury, et faire
« périr les gens, lorsqu'ils s'en défiaient le moins, et
« feindre d'être affligé de leur mort jusqu'à répandre des
« larmes (2). » Plus il avançait en âge, plus il devenait hypocrite, perfide et cruel. On redoutait son séjour et même son passage. Bientôt ce ne furent plus des particuliers qui souffrirent, ce furent des provinces entières, ce fut tout l'Empire. Personne n'était plus en sûreté, ni pour ses biens, ni pour sa femme, ni pour ses enfants, ni pour sa vie. Les Saxons, plus particulièrement opprimés, ne pouvaient plus supporter le joug, ils se révoltèrent et entraînèrent les Thuringiens. Une longue suite de calamités s'ouvrit par la brutalité d'un seul homme. Menacé ou vaincu, Henri était lâche; mais, vainqueur, il devenait un horrible tyran : le fer, le feu, le meurtre et tout ce qu'on peut imaginer de plus cruel était employé... Un nouveau Néron, — comme l'appelaient ses contemporains, — s'était révélé au monde épouvanté (3).

Celui qui méprisait ainsi les droits de l'humanité ne

---

(1) Émile, livre IV.
(2) Histoire ecclésiastique, lib. LXI, n° 31.
(3) Anselme de Cantorbéry l'appelle Néron, dans une lettre écrite à Valeraim, partisan de Henri. « Si certus essem prudentiam vestram non favere successori Neronis. » — Lib. d. fe mental.

7.

respectait pas plus ceux de l'Église (1). Grégoire, qui voyait depuis longtemps cet état de choses, gémissait en secret ; dans sa profonde douleur, il appelait son siècle *un siècle de fer*. Mais il n'en était pas moins attaché à son idée fixe et invariable, il voulait la réaliser et renverser tous les obstacles. Il se décida à ne pas s'écarter un instant de ses devoirs (2). Déjà, n'étant encore que diacre, il donnait à Henri quelques avertissements, l'exhortant, comme il l'atteste lui-même, *à mener une vie plus digne de sa naissance et de son rang* (3) ; mais inutilement, Henri n'écoutait que les conseils de ses flatteurs. Parvenu au souverain pontificat et le voyant dans un âge plus mûr, Grégoire espéra le ramener ; il y mit tous ses soins. L'affaire était importante, car Henri était alors le premier monarque de l'Europe, à la tête d'un vaste empire. La Bourgogne, la Lorraine, les Pays-Bas, la Hongrie, la Bohême, la Saxe, la Pologne, tout les États du Rhin, une grande partie de l'Italie, le reconnaissaient pour leur suzerain. Ainsi, en ramenant Henri, tout était gagné pour la chrétienté. Grégoire y épuisa l'affection de l'âme la plus tendre ; mais Henri était un homme sans cœur ; ses habitudes, de plus en plus criminelles, lui avaient flétri jusqu'à la dernière trace des instincts qui survivent, chez tous les autres êtres, à bien des naufrages et à bien des ruines..... Cependant, Grégoire ne désespère pas encore ; sachant que Henri était guerrier, il essaya de tenter son jeune cœur en lui proposant une croisade. Mais Henri n'y répondit pas, il semblait mieux

---

(1) Fleury : *Hist. ecclés*, livre LXI, n° 31.
(2) Ep. I, 11.
(3) Ep. IV, 1.

aimer se souiller du sang de ses sujets que de s'illustrer dans une guerre lointaine, utile à la civilisation, aux arts et au commerce (1).

Henri, une fois vainqueur des Saxons, ne connut plus de mesure. Il leva le masque en foulant aux pieds toutes les règles de l'Église. Il nomma aux siéges vacants selon ses caprices ou selon ses intérêts. Tous les jours un nouvel outrage était porté au saint-siége. Enfin, les princes saxons, gémissant sous la plus dure oppression, vaincus et retenus prisonniers contre la foi des traités, s'adressent au pape comme à leur seul sauveur. Ils lui exposent les plaintes les plus graves contre Henri, et le supplient de se servir de l'autorité qu'il a de constituer les rois (2), et de mettre un autre empereur à la place de celui qui s'est rendu si indigne du trône. Ils lui rappellent en même temps que l'Empire n'est qu'un fief de la Ville éternelle (3).

« La demande des Saxons présente un grand fait historique qui est digne de nos investigations. On voit qu'ils reconnaissent au pape le pouvoir de déposer un empereur et d'en nommer un autre à sa place... Au moyen âge, le pouvoir dont parlent les Saxons était exercé par les papes; il était reconnu des rois et des peuples, fondé sur la législation civile de l'Europe... Ces faits ne peuvent plus être révoqués en doute par ceux qui ont tant soit peu étudié les monuments du moyen âge, quelles que soient d'ailleurs leurs préventions.....

« La demande des Saxons nous fait voir que ce pouvoir

---

(1) Voigt : *Hist. de Grégoire VII*, tome I, p. 352.
(2) Oportere Romae jus suum in constituendis regibus reddi. (*Auctor vitae Henrici.*)
(3) Proponunt deinde imperium esse beneficium Urbis aeternae.(*Avent.*)

était attribué au saint-siége, non-seulement par les papes, mais encore par les peuples, et l'histoire vient nous attester qu'il était reconnu des souverains, lors même qu'ils avaient le plus grand intérêt à le contester (1). »

Grégoire VII est-il le fondateur de ce droit ? Non, il existait avant lui, et Fleury a raison de dire qu'au temps de Grégoire, on était « prévenu de ces maximes, et que « les papes avaient commencé plus de deux cents auparavant à vouloir régler par autorité les droits des cou« ronnes (2). »

En effet, les devoirs de la royauté ont été fixés et sanctionnés au temps de Charlemagne, et principalement sous son successeur, Louis le Débonnaire. « Le roi, disent les « Capitulaires, doit marcher droit ; son nom dérive de là. « S'il agit avec piété, avec justice et miséricorde, il mérite « le nom de roi, sinon il n'est plus roi, mais tyran... Le « devoir spécial de la royauté est de gouverner le peuple « de Dieu, mais de le gouverner avec équité et justice ; « car le roi est, avant tout, le défenseur des églises, des « serviteurs de Dieu, des veuves, des orphelins, des « autres pauvres et de tous les indigents (3). » Voilà les règles établies au temps de Charlemagne, et qui sont devenues générales et dominantes dans toute l'Europe au moyen âge. Le roi qui ne les observait pas était

---

(1) Jager : *Introd*, p. xxviii et xxix.
(2) Troisième discours; n° 18.
(3) Rex enim a recte agendo vocatur. Si enim pie et juste et misericorditer agit, merito rex appellatur. Si his caruerit, non rex, sed tyrannus est.... Regale ministerium specialiter est populum Dei gubernare et regere cum aequitate et justitia.... Ipse enim debet primo defensor esse ecclesiarum et servorum Dei, viduarum, orphanorum, caeterorumque pauperum, necnon et omnium indigentium. (Capitul. reg., addit. 2, c. xxiv et xxv. Baluze, tome I, p. 1146 et 1147.)

regardé comme indigne du trône et comme devant être déposé. Mais qui devenait juge? Les évêques, les conciles, et en dernier lieu le pape, chef de l'Église. Charlemagne, dans un capitulaire de Thionville, en 805, soumet tous les sujets de son empire, même ses propres fils, au jugement des évêques, en tout ce qui concerne leur ministère. S'ils n'obéissent pas, ils doivent être chassés de son palais, privés de leur dignité et de leurs biens, déclarés infâmes et envoyés en exil (1).

Hincmar, de Reins, d'ailleurs si fidèle aux souverains, regarde comme *peu chrétien, comme plein de blasphèmes et de l'esprit du démon*, le langage qui attribue aux rois l'impunité, qui dit qu'ils ne relèvent que de Dieu seul, sans être soumis au jugement de personne. « Quand on dit, « ajoute-t-il, que le roi n'est soumis aux lois ni au juge- « ment de personne, si ce n'est de Dieu seul, on dit vrai, « s'il est roi en effet, comme l'indique son nom. Il est dit « roi, parce qu'il régit, gouverne; s'il se gouverne lui- « même selon la volonté de Dieu, s'il dirige les bons dans « la voie droite, et corrige les méchants pour les ramener « de la mauvaise voie dans la bonne, alors il est roi; il « n'est soumis au jugement de personne, si ce n'est de « Dieu seul.... car les lois sont instituées non contre les « justes, mais contre les injustes.... Mais s'il est adultère, « homicide, inique, ravisseur, alors il doit être jugé, en « secret ou en public, par les évêques (2). » Hincmar parle d'après les Capitulaires, dont il emprunte la pensée et l'expression.

On trouve la même idée dans un concile de Calchyte,

(1) Baluze, tome I, p. 437.
(2) Hincmar : *Op. De divort. Loth.*, tome I, p. 693 695.

en Angleterre, convoqué, en 787, par le roi et sanctionné par lui (1), et dans une constitution établie par saint Édouard, publiée et confirmée par Guillaume le Conquérant. « Le roi, dit-elle, qui tient ici-bas la place du roi
« suprême, est établi pour gouverner le royaume terres-
« tre et le peuple du Seigneur, et surtout pour vénérer la
« sainte Église, pour la défendre contre ses ennemis, pour
« arracher de son sein, détruire et perdre entièrement
« les malfaiteurs. S'il ne le fait, le titre de roi ne lui
« reste pas, mais il le perd, comme l'atteste le pape
« Jean (2). »

Ainsi, gouverner le royaume terrestre, honorer la sainte Église, la défendre contre ses ennemis et arracher de son sein les malfaiteurs, c'était le premier devoir des rois, c'était la condition qu'on leur imposait dans toute l'Europe, qu'ils acceptaient le jour de leur sacre, comme l'atteste la même législation. « Le roi, dit-elle, en sa
« propre personne, mettant la main sur les Évangiles,
« devant les saintes reliques, en présence de l'assemblée
« générale du royaume, des prêtres, du clergé, fera ser-
« ment d'observer toutes ces choses, avant d'être cou-
« ronné par les archevêques et évêques du royaume (3). »

Même législation en Espagne. Le sixième concile de Tolède, en 638, assemblée mixte où se trouvaient les sci-

---

(1) Labbe, tome VI, p. 186.

(2) Rex autem, qui vicarius summi regis est, ad hoc est constitutus, ut regnum terrenum et populum Domini, et super omnia sanctam veneretur Ecclesiam ejus, et regat et ab injuriosis defendat et maleficos ab ea evellat et destruat et penitus disperdat. Quod nisi fecerit, nec *nomen regis* in eo constabit, verum, testante papa Joanna, *nomen regis perdit.* (Labbe : *Concil.*, tome IX, p. 1023. — Hardouin, tome VI, p. 988. Cf. Spelman : *Codex legum Angliae*, et Wilkius : *Leges anglo saxonicae*)

(3) *Ibid.*

gneurs avec les évêques, établit d'un commun accord
« qu'à l'avenir aucun roi, ne monterait sur le trône avant
« d'avoir promis avec serment, *entre autres conditions*,
« celle de ne pas laisser violer l'unité catholique (1). »

La même loi se trouve dans le code germanique. « Tout
« prince laïque, y est-il dit, qui ne punit point les héré-
« tiques, mais les défend et les protége, doit être excom-
« munié par le juge ecclésiastique, et s'il ne s'amende
« point dans l'année, l'évêque qui l'avait excommunié
« doit le dénoncer au pape et lui dire en même temps
« combien de temps il est resté en état d'excommunica-
« tion à cause de son crime. Après cela, *le pape doit pri-
« ver le prince de son emploi et de tous ses honneurs :* c'est
« ainsi qu'il faut juger les grands comme les pau-
« vres (2). »

Ainsi, on le voit, conserver et défendre l'unité catholique était le devoir constitutif des rois; nul ne pouvait
ceindre la couronne qu'après avoir contracté solennellement cet engagement. Cette unité était si fortement gra-
vée dans les esprits, qu'on ne croyait plus devoir des
égards à celui qui la déchirait. Abandonner la foi, porter
atteinte à l'unité catholique, entraînait la peine de la déposition. Fénelon était donc fondé à dire : « On voit peu à
« peu s'imprimer profondément dans l'esprit des peuples
« catholiques cette maxime : que la puissance suprême
« ne pouvait être confiée qu'à un prince orthodoxe,

---

(1) Quisquis succedentium temporum regni sortitus fuerit apicem, non ante conscendat regiam sedem quam inter reliqua conditionum sacramenta pollicitus fuerit non permissurum eos (subditos) violare fidem catholicam. (Labbe : *Concil.*, tome V, p. 1743. — Mariana : *Hist. d'Espagne*, livre I, n° 32.)

(2) Juris Alammanici seu Suevici, cap. 351.

« et qu'une des conditions apposées au contrat passé
« entre le peuple et le prince était que les peuples obéi-
« raient fidèlement au prince, pourvu que celui-ci fût
« soumis lui-même à la religion catholique. Cette loi
« établie, on pensait généralement que le lien du ser-
« ment qui attachait la nation au prince était rompu,
« aussitôt que celui-ci, au mépris de cette loi, se révol-
« tait ouvertement contre la religion catholique (1). »

Mais, pour être coupable d'hérésie ou d'apostasie, il n'était pas nécessaire de renoncer au christianisme, il suffisait de violer ses règles de morale et de discipline, ou de rester opiniâtrement sous le poids de l'excommunication. « Les princes, dit Fénelon, qui croupissaient
« avec opiniâtreté sous le lien de l'excommunication,
« étaient regardés comme coupables d'un mépris sacri-
« lège envers l'Église, et par conséquent d'*hérésie*; et le
« peuple, les regardant comme coupables de l'infrac-
« tion du contrat qu'ils avaient passé avec lui, secouait
« leur autorité (2). »

« Rien n'est plus juste, rien n'est mieux fondé en histoire que le sentiment de Fénelon. L'excommunication, déjà depuis longtemps, n'était plus réduite à ses effets purement spirituels; elle avait reçu une tout autre étendue, en vertu de l'alliance étroite entre l'empire et le sacerdoce. Celui qui en était frappé devenait inhabile à participer au droit commun; il était retranché de la société civile comme de la société religieuse. On ne pouvait plus avoir de rapports avec lui, et lorsqu'il ne s'était point corrigé au bout d'un certain temps fixé par les lois,

---

(1) Dissert. de autor. summi pontif, c XXXIX.
(2) *Ibid., ut sup.*

et qui était ordinairement celui d'un an pour les princes, il se trouvait privé de ses droits, de ses biens et de sa dignité. Ainsi, un roi excommunié, qui ne se réconciliait point avec l'Église, perdait son titre, son diadème, sa couronne et tout droit à l'obéissance de ses sujets ; tous les liens étaient rompus, toute obligation cessait envers lui (1). Voilà ce qui était connu au moyen âge, voilà ce qui était écrit dans toutes les constitutions (2). »

Le pape, qui était revêtu du pouvoir *de lier et de délier*, avait donc la faculté de déposer les princes ; il pouvait même invoquer, comme le fit Grégoire VII, le droit divin, puisque l'excommunication lui appartenait par ce droit (3), sans compter la force que donnaient à ce droit les lois humaines. Cependant le pouvoir du pape n'était pas arbitraire, une cause majeure était indispensable pour l'excommunication d'un prince : cette cause se trouvait ordinairement marquée dans la loi. « Le pape seul, dit la loi germanique, peut bannir (*excommunier*) l'empereur, et cela pour trois causes : l'une, si l'empereur doutait de la foi catholique ; l'autre, s'il quittait son épouse légitime ; la troisième, s'il détruisait les églises ou d'autres lieux saints (4). » Mais, une fois excommunié, il perdait son trône lorsqu'au bout d'un an, il n'était pas réconcilié avec l'Église. C'est ce que démontrent les faits les plus authentiques.

Aussi, lorsque Henri fut excommunié par Grégoire, les partisans du prince ne discutèrent pas les résultats de

---

(1) Cs. *Pouvoir du pape*, p. 69-120.
(2) Jager : *Introduct.*, p. xxxiv.
(3) Voigt : *Hist. de Grégoire VII*, tome II, p. 112.
(4) Juris Alamannici seu Suevici, c. xxix — Cf. *Pouvoir du pape*, p 179.

l'excommunication, que personne ne contestait; ils soutenaient seulement qu'on ne pouvait excommunier un souverain. Or, comme le fait observer Fleury, « il était « facile à Grégoire VII de montrer que la puissance de « lier et de délier a été donnée aux apôtres générale- « ment, sans distinction de personne, et comprend les « princes comme les autres (1). »

D'ailleurs ce droit se trouvait dans le code germanique. Tels étaient les effets de l'excommunication en vertu de la sanction des princes; les princes allemands les connaissaient, lorsque, après l'excommunication de Henri, ils se détachèrent successivement de son parti, et qu'à Tribur ils le retranchèrent de la société civile (2). Henri les connaissait lui-même lorsque, après avoir congédié ses troupes, il se retira à Spire avec sa femme et son enfant, vivant dans la solitude (3); il les connaissait aussi, lorsque, pendant les rigueurs de l'hiver, il se transporta en Italie (4). Il savait fort bien, comme le dit Paul Bernried, « que tout son salut consistait à se faire absou- « dre avant le jour anniversaire de l'excommunication (5); » car, ainsi que le dit un autre historien, « s'il n'avait « point été absous avant ce jour, il aurait été jugé indigne « de *l'honneur royal, selon les lois de l'empire* » (6).

---

(1) Troisième disc. sur l'hist. ecclés., et Voigt, tome II, p. 121.
(2) Voigt, tome II, p. 150.
(3) *Ibid.*, p. 151.
(4) *Ibid.*, p. 160.
(5) Rex certo sciens omnem suam in eo verti salutem, si ante anniversarium diem excommunicatione absolveretur. — (P. Bern., c. LXXXIII.)
(6) Ut si ante hanc diem excommunicatione absolveretur, deinceps, *juxta palatinas leges*, indignus regio honore habeatur. (Lamb., Schaffn. : *Hist. imperat. ap. script. rer. germ.*, tome II, p. 248, édit. Francf, 1613, in-fol.)

Tels étaient les effets de l'excommunication et le pouvoir du pape au moyen âge, et le pape avait un pouvoir spécial sur l'empire d'Allemagne, parce que l'empereur était le défenseur-né de l'Église : c'est à ce titre qu'il recevait la couronne, et qu'il la perdait lorsqu'il devenait l'ennemi de l'Église (1).

De l'ensemble et de la parfaite harmonie de tous ces témoignages authentiques et éclatants, résulte la preuve péremptoire du pouvoir pontifical, dont le poids servait alors d'équilibre à l'autorité souveraine, et de base à la liberté civile, empêchant la première de dégénérer en un despotisme tyrannique, et la seconde en une licence effrénée : « Le fondement de la liberté allemande, dit « M. Voigt, reposait sur l'autorité du pape et des princes, « qui, réunis, mettaient un frein à la puissance impé- « riale (2). Donc, le pouvoir des papes, stipulé par les peuples, reconnu et accepté par les souverains, faisait partie de la constitution des États, et ainsi jamais pouvoir ne fut plus légitime.

Grégoire, dit-on, a dépassé son pouvoir. Soit ; mais quel pouvoir n'est pas sorti de ses limites lorsque la patrie était en danger ? Et Henri n'avait-il pas été l'agresseur ? L'empereur voulait briser tout frein et poursuivre plus à son aise le cours de ses atroces forfaits ; le pape voulait protéger les peuples et les sauver de l'écrasement... De quel côté est l'honneur ?

« *La souveraine puissance des papes*, dit Michaud, *vint de* « *leur position et non de leur volonté...* Sans vouloir jus- « tifier leur domination, on peut dire qu'ils furent ame-

(1) Pouvoir du pape, p. 173-221.
(2) Voigt, tome II, p. 152.

« nés à s'emparer du pouvoir suprême par les circons-
« tances où se trouvait l'Europe dans les xie et xiie siècles.
« La société européenne, sans loi, plongée dans l'igno-
« rance et l'anarchie, *s'était jetée entre les bras des papes*,
« et croyait se mettre sous la protection du ciel. Comme
« les peuples n'avaient d'autre idée de la civilisation que
« celle qu'ils recevaient de la religion chrétienne, les
« souverains pontifes se trouvèrent naturellement les
« arbitres suprêmes des nations. Au milieu des ténèbres
« que la lumière de l'Évangile tendait sans cesse à dissi-
« per, leur autorité dut être la première établie et la
« première reconnue ; la puissance temporelle avait besoin
« de leur sanction ; les peuples et les rois imploraient
« leur appui, consultaient leurs lumières ; ils se crurent
« autorisés à exercer une dictature universelle. Cette
« dictature s'exerça souvent au profit de la morale
« publique et de l'ordre social ; souvent elle protégea le
« faible contre le fort, elle arrêta l'exécution de projets
« criminels, elle rétablit la paix entrs les États, *elle
« sauva la société naissante de l'excès de l'ambition, de la
« licence et de la barbarie* (1). »

Lors même que Grégoire n'aurait pas eu d'autre droit, il lui eût été permis d'agir, comme il a fait, en raison de sa position ; c'est ce que Michaud, que nous venons de citer, et, avant lui, Lingard ont dit avec une grande raison.

Cependant Grégoire, tout en déposant Henri, n'avait pas l'intention de le perdre ; il voulait seulement le faire rentrer en lui-même et le sauver. C'est ce qu'il dit aux

---

(1) Hist. des Croisades, tome IV, p. 97 ; tome VI, p. 230-234. — Voyez aussi le tome I, p. 101. Cf. Lingard : *Hist d'Angleterre*, tome III, adann. 1215, note.

princes d'Allemagne, qui recoururent à lui, pour le prier de les éclairer et de les consoler dans leurs malheurs (1). « Dieu nous est témoin, dit-il, que nous ne sommes animé « contre Henri ni par l'orgueil du siècle, ni par une vaine « ambition ; que la discipline et le soin des églises sont « les seuls motifs qui nous font agir ; nous vous deman- « dons donc, comme à des frères, de le recevoir avec « douceur, s'il revient à Dieu, et de le traiter, non avec « cette justice qui lui enlève l'empire, mais avec cette « miséricorde qui efface ses crimes (2). »

C'est ce qu'il fait voir encore lorsqu'il lui accorde l'absolution à Canossa ; car, si Grégoire avait eu de mauvaises intentions, il n'avait qu'à la refuser ou la différer, et Henri était déchu du trône, selon la déclaration de l'assemblée de Tribur. On parle beaucoup des troubles et des guerres qui ont suivi. Sans doute ils sont déplorables ; mais faut-il les attribuer à Grégoire, qui n'a jamais cherché que la paix ? Est-ce à lui qu'il faut attribuer si l'empereur rompt tous ses engagements, s'il viole les promesses les plus solennelles, s'il porte la désolation dans l'Allemagne et force les princes à élire un autre roi ? Est-ce à lui la faute si les princes ont été précipités dans leur choix ? s'ils n'ont pas attendu son arrivée en Allemagne, avant de procéder à l'élection du nouveau roi, comme il l'avait prescrit ? Est-ce à lui la faute si les électeurs se sont divisés ? Non... L'intention de Grégoire était de se transporter sur les lieux, de réunir les esprits par sa présence, d'enchaîner Henri par un traité solennel ou de le déposer d'un commun accord. D'ailleurs, toutes ces

(1) Quibus ut, vel per se vel per nuntium, genti pene perditae consolator adesset, suppliciter oraverunt. (*Bruno.*)
(2) Ep. IV, 3.

considérations mises pour un moment de côté, il est impossible de relever une société de sa ruine sans troubles, sans guerres, sans combats. « Les choses humaines ne « vont pas autrement, dit J. de Maistre. Jamais aucune « constitution ne s'est formée, jamais aucun amalgame « politique n'a pu s'opérer autrement que par le mélange « de différents éléments qui, s'étant d'abord choqués, « ont fini par se pénétrer et se tranquilliser (1). »

Ceci est surtout vrai pour Grégoire VII ; car, malgré tous les obstacles, malgré tous les efforts de la puissance impériale, il meurt vainqueur : seulement il ne jouit pas de sa victoire. Guibert, l'antipape, ne montera pas sur le trône pontifical, Henri ne mourra pas empereur, les investitures seront abolies, l'Église aura de dignes ministres, une nouvelle ère renaîtra : c'est le XIIe siècle, époque si remarquable dans l'histoire. Il est entièrement l'ouvrage de Grégoire, car, quand on compare le Xe siècle avec le XIIe, on voit le passage d'un grand homme. Ce grand homme, c'est Grégoire...

Maintenant, venons à l'épisode de Canossa, qui est, en quelque sorte, le résumé de la vie et de la profonde politique de Grégoire VII. Donc, en 1073, Hildebrand prenait possession du trône pontifical, au milieu de l'époque la plus troublée que jamais peut-être eût traversée le monde ; des désordres sans nombre faisaient alors de l'Europe une sorte de chaos anticipé, et rendaient indispensable l'influence du clergé dans l'ordre matériel.

Fils d'un charpentier de la ville de Soane, en Toscane, Hildebrand était entré de bonne heure dans l'ordre de Saint-Benoît, où il acquit par l'étude la réputation d'un

(1) Du pape, livre II, chap. VII.

des plus savants religieux de son temps; ses mérites devinrent tels, qu'il fut nommé sous-diacre de l'Église romaine par Léon IX; Victor II l'envoya, en qualité de légat, en France; Nicolas II avait su apprécier l'habileté, l'éloquence, l'érudition du moine de Soane, et le nomma cardinal en 1059. Enfin, à soixante ans, la tiare pontificale lui fut décernée à l'unanimité des suffrages, après la mort d'Alexandre II.

Une lettre de Grégoire VII à Hugues, abbé de Cluny, où il ouvre son cœur à son ami, et lui parle avec la plus entière confiance, mérite tout d'abord d'être citée ici, comme le programme, pour ainsi dire, de cette grande et belle existence, qui devait être si remplie et si agitée pour la vérité contre l'erreur, pour le droit contre l'injustice, pour la véritable liberté contre la plus effroyable tyrannie.

« Je voudrais, — dit Grégoire à Hugues, — pouvoir
« vous faire comprendre toute l'étendue des tribulations
« dont je suis assailli, des travaux sans cesse renaissants
« qui m'accablent et m'écrasent sous leurs poids, de
« jour en jour plus pesant. Maintes fois j'ai demandé
« au divin Sauveur de vouloir m'enlever de ce monde, ou
« de permettre que je devinsse utile à notre mère com-
« mune.... Parmi les princes séculiers, je n'en connais
« aucun qui préfère la gloire de Dieu à la sienne propre,
« et la justice à l'intérêt. Pour ceux au milieu desquels
« je vis, les Romains, les Lombards et les Normands, je
« leur représente souvent qu'ils sont pires que des juifs
« et des païens... »

La lutte qui devait remplir la vie de Grégoire VII commença d'abord entre lui et Henri, qui favorisait tous les désordres, et les soutenait de son exemple dans ses propres États; irrité des reproches du pape, il tenta de le faire assassiner à l'autel même et pendant le saint sacrifice; les excès auxquels se livrait le prince allemand prirent bientôt un tel caractère d'abomination que, de toutes parts, ses sujets, et surtout les grands, se révoltèrent contre lui. Grégoire assembla, en 1076, un concile qui prononça l'excommunication de ce prince avec toutes les conséquences terribles qu'elle entraînait à sa suite. Henri entra dans une grande fureur en apprenant que le concile avait proclamé sa déchéance et donnait son trône à Rodolphe, duc de Souabe, déjà créé roi de Germanie par les électeurs de l'Empire.

Sous le coup des menaces terribles d'Henri, et cédant aux instances de ses amis et du clergé, Grégoire VII se retira dans la forteresse de Canossa, appartenant à Mathilde, comtesse de Toscane. L'empereur, qui s'ennuyait de son inaction à Spire, las de cette situation humiliante, mais toujours fourbe et hypocrite, conçut la pensée de gagner le pape par une piété apparente, et de satisfaire à ses légitimes exigences par une courte humiliation : il annonça donc qu'il allait se rendre à Canossa. La comtesse Mathilde alla au-devant de lui avec Hugues, abbé de Cluny. Elle avait l'intention de rétablir la bonne intelligence entre le pape et l'empereur; celui-ci fit dire par ses envoyés qu'il demandait humblement au saint-Père de lever l'interdit et de lui rendre la communion de l'Église, qu'il était prêt à donner toute satisfaction qu'il plairait au pape d'exiger, et de s'en rapporter entièrement à la décision du chef de l'Église. La réconciliation eut lieu; mais à peine était-elle proclamée, que Henri essayait de se défaire du pontife en l'attirant dans un guet-apens; n'ayant pu réussir, il continua de persécuter le pontife, qu'il assiégea plusieurs fois dans Rome. Le pape, secouru par Robert Guiscard, fut délivré ; mais bientôt Henri reparut, et Grégoire se vit obligé de se retirer à Salerne. Il y mourut accablé de fatigues, de douleurs et d'infirmités, le 25 mai 1085, en prononçant ces paroles : « J'ai aimé la justice et haï l'iniquité, et c'est pour cela que je meurs dans l'exil. » Il avait gouverné pendant douze ans, en intrépide défenseur de la liberté ecclésiastique.

Voigt a jugé en ces termes Grégoire VII : « Quand, au sein de la prospérité, un homme se montre grand, noble, élevé, le monde l'honore, le vénère, l'admire ; et si son bonheur se soutient dans toute sa carrière jusqu'au moment de sa mort, son nom est transmis à la postérité. Quand même son ouvrage ne serait pas achevé, quand même il serait surpris par la mort au milieu de ses opérations, nous regardons sa carrière comme remplie, parce que notre imagination supplée à tout ce qui lui restait à faire. Mais quand un homme, jeté au milieu du tumulte et du désordre, exposé aux vicissitudes de la bonne et de la mauvaise fortune, résiste avec fermeté, et que, fort de sa conscience, animé par sa foi et ses convictions, il reste calme et de sang-froid, souffre avec résignation, s'appuie sur l'ancre que Dieu a placée dans son cœur au moment où tout l'univers est soulevé contre lui, *un tel homme devient la merveille de son siècle* (1). »

Voigt s'exprime ainsi dans son énergique conclusion : « Ceux-là mêmes qui se montrent les ennemis de Grégoire sont obligés d'avouer que l'idée dominante du pontife (l'indépendance de l'Église) était indispensable pour la

---

(1) Tome II, p. 369.

réforme de la société, et qu'à cet effet, il fallait rompre tous les liens qui avaient enchaîné l'Église à l'État, au grand détriment de la religion : l'Église devait être un ensemble, un tout, *une* en elle-même et par elle-même, une institution divine dont l'influence, salutaire à tous les hommes, ne devait être arrêtée par aucun prince de la terre (1). »

Et, alors même que l'on voudrait prêter à Grégoire VII des idées de conquêtes par l'Église sur l'État, on pourrait dire avec un autre protestant, le fameux Bayle : « Je suis persuadé que la conquête de l'Église a été un ouvrage où il n'a pas fallu moins de cœur et d'adresse qu'il n'en faut pour la conquête d'un empire.

« L'autorité où les papes sont parvenus est plus digne d'admiration que la vaste monarchie de l'ancienne Rome : de sorte qu'on peut assurer que la Providence avait destiné cette ville à être, en deux manières différentes, la source et le grand mobile des qualités les plus relevées qui soient nécessaires pour fonder un très-grand État... Que l'ancienne Rome, qui ne se piquait que de conquêtes ou de la vertu militaire, ait subjugué tant de peuples, cela est beau et glorieux selon le monde : mais on n'en est pas surpris quand on fait un peu de réflexion. C'est bien un autre sujet de surprise, quand on voit la nouvelle Rome acquérir une autorité sous laquelle les plus grands monarques ont été contraints de plier : car on peut dire qu'il n'y a presque point d'empereur qui ait tenu tête aux papes qui ne se soit enfin trouvé très-mal de sa résistance. Encore aujourd'hui, les démêlés des plus puissants princes avec la cour de Rome se terminent presque tou-

(1) Voigt, t. II, p. 407.

jours à leur confusion. Les exemples en sont si récents, qu'il n'est pas nécessaire de les marquer. »

Quand Bayle écrivait ces lignes, au dix-septième siècle, il était loin de connaître la grande victoire morale de Pie VII sur Napoléon Ier.

LA VÉRITÉ SUR LE TÉLÉMAQUE.

On a écrit en maints livres que le *Télémaque* de Fénelon était une sanglante satire de Louis XIV, de ses ministres et de son gouvernement; satire d'autant plus impitoyable, ajoute-t-on, qu'elle fut composée pendant la disgrâce de l'archevêque de Cambrai, et à l'heure même où tous les malheurs à la fois s'appesantissaient sur le monarque et sur la France. Saint-Simon et Voltaire ont accrédité, les premiers, cette erreur, bien vite devenue un mensonge. « Son fameux *Télémaque*, — dit Saint-Simon (1), — était les thèmes de son pupille (le duc de Bourgogne). » Et Voltaire (2) : « Fénelon ne fit cet ouvrage que lorsqu'il fut relégué dans son archevêché de Cambrai. » Il y a contradiction flagrante entre ces deux assertions, qui s'excluent, ainsi que nous allons le démontrer, comme aussi que Fénelon n'eut jamais la moindre idée

(1) *Mémoires* (édit. Garnier, in-12, 1853), tome XVII, p. 176.
(2) Siècle de Louis XIV, chapitre XXXII : Des beaux arts.

de faire la satire de personne, de Louis XIV surtout, encore moins que de qui que ce fût au monde (1).

L'infidélité d'un domestique, que Fénelon avait chargé de faire une copie de son manuscrit, fit connaître au public un ouvrage qui valut à son auteur une gloire qu'il n'avait pas ambitionnée et des malheurs qu'il ne méritait pas. Le copiste infidèle eut assez de goût pour apprécier les beautés d'un pareil ouvrage, et trop peu de délicatesse pour résister au désir d'en tirer avantage. Dès le mois d'octobre 1698 (2), il fit circuler avec beaucoup de mystère dans quelques sociétés une copie du manuscrit de Fénelon, sans en faire connaître l'auteur. Le charme du style, l'agrément des descriptions et l'intérêt que paraissait promettre un ouvrage où la grâce s'unissait à la sagesse et à la raison, suffisaient pour exciter la curiosité et pour en faire rechercher la lecture. Encouragé par ce succès, cet homme vendit son manuscrit à la veuve de Claude Barbin, imprimeur au Palais. Il n'eut garde de lui révéler la manière dont il se l'était procuré, et de lui confier que l'archevêque de Cambrai en était l'auteur. L'imprimeur se persuada que l'auteur, quel qu'il fût, n'avait ni l'intention ni l'ambition de se faire connaître. Il demanda et obtint facilement, sous son propre nom, un privilége, comme on était dans l'usage d'en accorder à des imprimeurs connus pour des ouvrages de littérature, qui n'offrent rien de contraire à la religion et aux bonnes mœurs. On commença donc à imprimer le *Télémaque* sous le titre de : *Suite du qua-*

---

(1) Nous empruntons les principaux éléments de ce travail à la troisième édition de l'excellente *Histoire de Fénelon,* par le cardinal de Bausset (1817), tome III, p. 12-65, passim.

(2) Manuscrit de Ledieu.

trième livre de *l'Odyssée, ou les Aventures de Télémaque. fils d'Ulysse*; à Paris, chez la veuve de Claude Barbin, au Palais, 1699 ; avec privilége du roi, daté du 6 avril 1699. On était déjà arrivé à l'impression de la page 208 du premier volume, lorsque la cour fut instruite que le *Télémaque* était de l'archevêque de Cambray. C'était à l'époque où son livre des *Maximes des saints* venait d'être condamné par le pape Innocent XII, et où l'on apportait une surveillance extrême à tous ses écrits et à toutes ses démarches. Les exemplaires des feuilles déjà imprimées furent saisis, et on usa, au nom de Louis XIV, des mesures les plus sévères pour anéantir l'ouvrage même ; mais il était trop tard ; quelques exemplaires avaient échappé à la vigilance de la police. Cette édition, tout imparfaite qu'elle était, se répandit avec rapidité ; excité par l'intérêt, l'imprimeur vendit, sous le plus grand secret, quelques copies manuscrites de la partie de l'ouvrage qui n'avait pas encore été imprimée : « Ce fut sur une de ces copies qu'Adrien Moëtjens, libraire à la Haye, fit imprimer, pour la première fois, avec toute la précipitation imaginable, la totalité de l'ouvrage, au mois de juin 1699 : et quoique ces éditions fussent pleines de fautes, à travers toutes ces taches, il était facile d'y reconnaître un grand maître ; ce fut le jugement qu'en portèrent Bernard (1) et Beauval (2), les deux plus fameux critiques qui existaient alors dans les pays étrangers (3). »

Le succès prodigieux du *Télémaque,* en France et en

---

(1) Jacques Bernard, ministre protestant, continuateur des *Nouvelles de la République des lettres,* de Bayle, depuis 1710 jusqu'à 1718.

(2) H. Basnage de Beauval, auteur du journal intitulé : *Histoire des ouvrages des savants.*

(3) Bibliothèque britannique, année 1743.

Europe, fut ce qui contribua le plus à aigrir Louis XIV contre son auteur : on s'était empressé de lui dénoncer cet ouvrage comme la satire la plus éclatante de ses principes de gouvernement et des événements de son règne (1).

Il était difficile que Louis XIV ne se crût pas personnellement attaqué, lorsqu'il voyait tout ce qui lui était le plus cher et qui avait plus eu de part à sa confiance se montrer encore plus sensible que lui-même à une pareille injure. Différentes circonstances contribuèrent encore à envenimer le cœur de ce monarque contre Fénelon et contre ses *Maximes*. L'admiration générale de toute l'Europe pour *Télémaque*; l'empressement de toutes les nations à le traduire dans leur langue (2); la persuasion où parurent être les puissances rivales de Louis XIV ou l'affectation qu'elles mirent à supposer que Fénelon avait voulu faire la censure de ce prince, achevèrent de le convaincre que l'auteur du *Télémaque* était un ennemi de sa gloire et de sa personne.

On nous dispensera de justifier Fénelon d'une imputation aussi odieuse que celle d'avoir voulu faire la satire du grand roi dans un ouvrage écrit pour son petit-fils. Le caractère et la vertu de Fénelon suffiraient pour repousser un pareil soupçon, quand même nous n'aurions pas les preuves les plus certaines qu'il n'a pu en avoir ni l'intention ni la pensée; les faits mêmes résistent à cette supposition.

(1) « M. de Noailles, qui ne voulait rien moins que toutes les places du duc de Beauvilliers, disait au roi et à qui voulait l'entendre qu'il fallait être ennemi de sa personne pour avoir composé le *Télémaque*. » — Saint-Simon *l. c. sup.*

(2) Sur les nombreuses éditions et traductions du *Télémaque*, Cs. le cardinal de Bausset : *Hist. de Fénelon*, tome III, pièces justificatives, p. 453-475.

Les rédacteurs de la *Bibliothèque britannique* ont observé, avec raison, qu'il n'avait pu composer son *Télémaque* qu'à une époque où il jouissait encore de la faveur et où il occupait à la cour la place la plus honorable, dans un temps où Louis XIV paraissait le distinguer par les témoignages d'estime les plus flatteurs et l'élevait aux plus hautes dignités de l'Eglise. Fénelon n'a cessé de professer, dans toutes les occasions, un véritable attachement pour ce prince ; et la veille même de sa mort, dans une lettre où il déposa l'expression de ses derniers sentiments, il proteste solennellement « *qu'il a toujours « eu pour la personne de Louis XIV et pour ses vertus une « estime et un respect profonds.* Sans doute, ajoutent les « rédacteurs de la *Bibliothèque britannique*, on doit croire « sur une déclaration de cette nature un évêque, un évê- « que comme M. de Cambray, et un évêque mourant. »

Mais c'est surtout dans les correspondances secrètes et intimes de l'amitié qu'il faut chercher encore plus, s'il est possible, à démêler les véritables expressions de la haine, de l'estime ou de l'affection. Or, nous retrouvons Fénelon toujours fidèle à la reconnaissance envers Louis XIV, dans ses lettres les plus confidentielles ; il n'eut donc jamais la pensée d'offenser la gloire d'un prince dont il honorait sincèrement les grandes qualités. On pourrait citer un grand nombre de ces lettres ; nous nous bornerons à transcrire celle qu'il écrivit à M. de Beauvilliers, le 26 août 1698, au plus fort de sa disgrâce et de celle de ses parents et de ses amis.

« Je ne puis m'empêcher de vous dire, mon bon duc, ce que j'ai sur le cœur. Je fus hier, fête de Saint-Louis, en dévotion de prier Dieu pour le roi. Si mes prières étaient bonnes, il le ressentirait ; car je priai de bon cœur. Je ne demandai point pour lui de prospérités temporelles, car il en a assez ; je demandai seulement qu'il en fît un bon usage, et qu'il fût parmi tant de succès aussi humble que s'il avait été profondément humilié. Je lui souhaitai, non-seulement d'être le père de ses peuples, mais encore l'arbitre de ses voisins, le modérateur de l'Europe entière, pour en assurer le repos ; enfin, le protecteur de l'Église. J'ai demandé non-seulement qu'il continuât de craindre Dieu et de respecter la religion, mais encore qu'il aimât Dieu et qu'il sentît combien son joug est doux et léger à ceux qui le portent moins par crainte que par amour. Jamais je ne me suis senti plus de zèle ni, si j'ose le dire, *plus de tendresse pour sa personne. Quoique je sois plein de reconnaissance, ce n'était pas le bien qu'il m'a fait dont j'étais alors touché ; loin de ressentir quelque peine de ma situation présente, je me serais offert avec joie à Dieu, pour mériter la satisfaction du roi. Je regardais même son zèle contre mon livre* (1) *comme un effet louable de sa religion et de sa juste horreur pour tout ce qui lui paraît nouveauté. Je le regardais comme un objet digne des grâces de Dieu. Je me rappelais son éducation sans instruction, les flatteries qui l'ont obsédé, les piéges qu'on lui a tendus pour exciter dans sa jeunesse toutes ses passions, les conseils profanes qu'on lui a donnés, enfin les périls de la grandeur et de tant d'affaires délicates : j'avoue qu'à la vue de toutes ces choses, nonobstant le grand respect qui lui est dû, j'avais une forte compassion pour une âme si exposée.* Je le trouvais à plaindre, et je lui souhaitais une plus abondante miséricorde pour le soutenir dans une si redoutable prospérité. Je priais de bon cœur saint Louis, afin qu'il

---

(1) Les Maximes des saints.

obtînt pour son petit-fils la grâce d'imiter ses vertus. Je me représentais avec joie le roi humble, recueilli, détaché de toutes choses, pénétré de l'amour de Dieu et trouvant sa consolation dans l'espérance d'une gloire et d'une couronne infiniment plus désirable que la sienne ; en un mot, je me le représentais comme un autre saint Louis. *En tout cela, je n'avais, ce me semble, aucune vue intéressée ; car j'étais prêt à demeurer toute ma vie privé de la consolation de voir le roi en cet état, pourvu qu'il y fût. Je consentirais à une perpétuelle disgrâce, pourvu que je susse que le roi serait entièrement selon la cause de Dieu. Je ne lui désire que des vertus solides et convenables à ses devoirs.*

« Voilà, mon bon duc, quelle a été mon occupation de la fête d'hier... »

Tels étaient les sentiments et les vœux de Fénelon pour Louis XIV. Il les déposait en secret dans le sein du plus cher, du plus fidèle, du plus respectable de ses amis. Ce n'était point pour s'en faire un mérite auprès de ce prince, ni pour les révéler au public, que Fénelon les confiait à M. de Beauvilliers. Jamais personne n'a eu connaissance de ces lettres tant que tous les trois ont vécu ; et cependant, lorsque Fénelon s'exprimait ainsi sur Louis XIV, il avait déjà composé son *Télémaque*.

Peut-on supposer qu'un homme tel que Fénelon, qui portait au fond de son cœur un attachement si vrai, qui en parlait à son ami avec un accent si touchant, avec un intérêt si pur, eût imaginé de faire la satire de ce même roi et qu'il eût adressé cette satire à son petit-fils, nourri et élevé dans l'habitude d'un respect profond et d'une soumission sans bornes pour un monarque justement vénéré ?...

Il est difficile de savoir à quelle époque Fénelon a composé le *Télémaque* : on a de lui une multitude de lettres et de mémoires écrits à ses amis longtemps après la publication de cet ouvrage ; il y parle avec une confiance et une liberté entière sur ses intérêts les plus chers et sur toutes les affaires générales ou particulières, et jamais il n'y est question du *Télémaque*.

Un mémoire écrit de la main de Fénelon lui-même nous offre des détails précieux au sujet du *Télémaque*. Ce mémoire paraît avoir été écrit en 1710 ou 1711, dans un temps où les amis qu'il avait encore à la cour se flattaient de pouvoir l'y faire rappeler. « Je ne doute point, — écri« vait Fénelon, — qu'on n'ait employé contre moi dans « l'esprit du roi la politique du *Télémaque* ; mais je dois « souffrir et me taire... Pour *Télémaque*, c'est une narra« tion fabuleuse en forme de poëme héroïque, comme « ceux d'Homère et de Virgile, où j'ai mis les principales « actions qui conviennent à un prince que sa naissance des« tine à régner. *Je l'ai fait dans un temps où j'étais charmé* « *des marques de confiance et de bonté dont le roi me com-* « *blait; il aurait fallu que j'eusse été non-seulement l'homme* « *le plus ingrat, mais encore le plus insensé, pour y vouloir* « *faire des portraits satyriques et insolents : j'ai horreur de* « *la seule pensée d'un tel dessein.* Il est vrai que j'ai mis « dans ces aventures toutes les vérités nécessaires pour « le gouvernement et tous les défauts qu'on peut avoir « dans la puissance souveraine ; *mais je n'en ai marqué* « *aucun avec une affectation qui tende à aucun portrait ni* « *caractère.* Plus on lira cet ouvrage, *plus on verra que* « *j'ai voulu dire tout sans peindre personne de suite;* c'est « même une narration faite à la hâte, à morceaux déta« chés, et par *diverses reprises : il y aurait beaucoup à cor-* « *riger; de plus, l'imprimé n'est pas conforme à mon original.*

« *J'ai mieux aimé le laisser paraître informe et défiguré* que
« de le donner tel que je *l'ai fait.* Je n'ai jamais songé qu'à
« amuser M. le duc de Bourgogne et à l'instruire en l'amu-
« sant, *sans vouloir jamais donner cet ouvrage au public.*
« Tout le monde voit qu'il ne m'a échappé que par l'in-
« fidélité d'un copiste ; enfin, tous les meilleurs serviteurs
« du roi qui me connaissent savent quels sont mes prin-
« cipes d'honneur et de religion sur le roi, sur l'État et
« sur la patrie; ils savent quelle est ma reconnaissance
« vive et tendre pour les bienfaits dont le roi m'a com-
« blé ; d'autres peuvent facilement être plus capables
« que moi, mais personne n'a plus de zèle sincère. »

Le duc de Bourgogne n'avait pas encore quinze ans, lorsque Fénelon fut éloigné de lui pour toujours. Il paraît vraisemblable qu'il avait composé le *Télémaque*, dans l'intention de le présenter à son élève, à l'époque de son mariage et au moment où son éducation aurait été entièrement finie.

S'il est permis de former quelque conjecture sur l'époque précise où Fénelon composa le *Télémaque*, on serait porté à croire que ce fut vers 1693 et 1694. Les progrès extraordinaires du duc de Bourgogne, les sentiments généreux et passionnés qui formaient déjà son caractère, permettaient à Fénelon de prévoir que son jeune élève, dont l'esprit et l'imagination se montraient si sensibles au charme du style et aux ingénieuses fictions de la mythologie, serait capable de saisir les grandes vérités présentées sous une forme si attrayante.

On apprend, par le témoignage de Bossuet lui même (1), que Fénelon lui avait communiqué la première partie

(1) Manuscrit de Ledieu.

manuscrite du *Télémaque*; il résulte de ce fait remarquable que Fénelon s'était occupé de la composition de cet ouvrage dès 1693 ou 1694, c'est-à-dire dans un temps où il montrait encore à Bossuet une confiance sans réserve; il en résulte encore qu'en 1693 et 1694, Fénelon ne pouvait pas seulement avoir la pensée de faire la satire de Louis XIV en écrivant son *Télémaque*. Il était alors, comme il le dit lui-même, comblé de témoignages d'estime et de bonté de ce prince; et la candeur même avec laquelle il communiqua cet ouvrage à Bossuet montre assez combien une telle pensée était loin de son cœur et de son esprit. Pourrait-on imaginer que, si Fénelon avait eu la moindre intention d'offenser la gloire de Louis XIV, d'une manière même indirecte, il eût associé Bossuet à une pareille confidence?

On sait avec quel enthousiasme fut accueilli le *Télémaque*; il est important et indispensable d'en expliquer les causes.

Lorsque les auteurs de la Réforme avaient voulu, au commencement du xvi siècle, renverser l'autorité de l'Église romaine, ils furent conduits, pour le succès de leurs innovations religieuses, à renverser l'autorité des rois, et à ébranler les principes de tous les gouvernements; ils lièrent leur système politique à leurs idées théologiques. Ce fut alors qu'on vit naître toutes ces théories turbulentes de la souveraineté du peuple, empruntées de quelques petites villes de la Grèce. On sait l'histoire des longues calamités qui se répandirent sur toute l'Europe, à la suite de ces doctrines anarchiques. Désabusées par une sanglante expérience, toutes les nations avaient renoncé à cette fatale chimère et avaient reconnu, par un aveu tacite ou formel, que le peuple est toujours le plus dangereux et le plus malhabile des souverains. Revenues à la raison après un long délire, elles n'avaient pu retrouver le repos et le bonheur qu'à l'ombre tutélaire d'un trône puissant et respecté. L'autorité des rois s'était accrue des efforts mêmes qu'on avait tentés pour la renverser ; et on peut dire que les protestants, en France, contribuèrent, par leurs mouvements séditieux, à élever la puissance de Louis XIII et de Louis XIV au point où l'histoire nous la représente. Tel est le résultat nécessaire et infaillible de toutes les convulsions politiques.

Tous les gouvernements de l'Europe respiraient en paix depuis cinquante ans, et aucune agitation intérieure n'en troublait l'harmonie.

Il est dans la nature de toutes les institutions humaines d'offrir toujours quelques abus, puisqu'elles sont dirigées par des hommes, et il est dans la nature des hommes d'être toujours plus frappés de ces abus que de l'impossibilité de créer un gouvernement qui en soit exempt ou du danger des remèdes qu'on voudrait y apporter.

Personne n'était tenté de renouveler les maximes séditieuses propagées en Europe par les réformateurs du XVIe siècle ; la leçon était encore récente. Fénelon était trop sage et trop éclairé pour abandonner au peuple le soin de son propre bonheur. Ce fut au cœur des rois qu'il crut devoir recommander la cause du peuple ; ce fut en associant la gloire et l'intérêt du souverain à la prospérité des sujets qu'il chercha à faire naître la félicité publique de l'autorité la plus absolue et la plus indépendante dans le monarque. Fénelon ne voulut pas même que les peuples fussent appelés à entendre les instructions qu'il adressait aux rois ; il craignait que les peuples, en entendant parler des devoirs des rois, n'oubliassent les devoirs des sujets. Les réformateurs du xvie siècle avaient excité la multitude à la révolte, en lui attribuant dans leurs écrits incendiaires des droits chimériques et en lui apprenant à raisonner l'obéissance ; ce fut à l'oreille seule des rois que Fénelon confia ses vœux et ses maximes. Il voulait que les sujets regardassent les rois comme les images de la Divinité, et que les rois se regardassent comme les pères de leurs peuples. Telle est en effet toute la politique du *Télémaque*.

Cette politique, si opposée aux maximes séditieuses qui avaient désolé l'Europe pendant un siècle et demi ; cette politique, également favorable aux rois et aux peuples, fut accueillie avec transport par toutes les nations. Telle fut l'impression universelle que produisit le *Télémaque* quand il parut. Il est vraisemblable que, si des inspirations perfides ou intéressées n'eussent pas représenté Fénelon à Louis XIV comme un censeur chagrin et sévère de son gouvernement, il ne serait peut-être venu à l'idée de personne de rechercher dans cet ouvrage des allusions bien éloignées de la pensée de l'auteur.

Fénelon n'avait destiné le *Télémaque* ni à ses contemporains ni à la postérité ; un vain désir de célébrité littéraire était au-dessous de lui. Fénelon avait la passion de la vertu et du bien public, sans en avoir l'ostentation. Cet ouvrage était un secret qui devait mourir entre le duc de Bourgogne et son précepteur. Sans l'infidélité du copiste, qui trahit la confiance de l'archevêque de Cambrai, *Télémaque* n'aurait jamais vu le jour, au moins du vivant de son auteur.

Les seules allusions que l'auteur du *Télémaque* s'était proposées, étaient celles qui devaient naturellement se présenter à l'esprit du duc de Bourgogne, et qui avaient pour objet de l'éclairer sur les défauts naturels de son caractère. Le maître connaissait toute la pénétration d'esprit de son élève, et il le forçait à se reconnaître lui-même dans la peinture des imprudences que Mentor reproche si souvent à Télémaque. Il connaissait aussi son goût et son attrait pour ces douces et brillantes fictions, dont l'imagination des anciens savait embellir la morale. Ce fut par cet heureux artifice qu'il sut donner aux leçons sévères de la vérité le charme et l'harmonie d'un style poétique, pour les insinuer plus facilement dans un cœur sensible et passionné. Les couleurs aimables et l'intérêt enchanteur que Fénelon a répandus sur son jeune héros, dans les moments mêmes où l'inexpérience de l'âge et l'emportement des passions lui font commettre de grandes fautes, servaient à fixer, avec moins de répugnance, les regards du duc de Bourgogne sur cette image fidèle de ses erreurs et de ses faiblesses.

Il est utile, il est indispensable d'insister sur ces observations, pour montrer combien on a été mal fondé à supposer à Fénelon l'intention d'avoir voulu faire la censure de Louis XIV.

Par la suite, Fénelon ajouta à son ouvrage quelques morceaux, en petit nombre, qu'il ne destinait pas à la publicité, et qui ne parurent en effet qu'après sa mort et celle de Louis XIV.

Parmi ces morceaux, on lit d'abord celui qui traite la question si délicate de l'influence des souverains dans les affaires de religion ; cette page est recommandable par sa précision et par les maximes sages, lumineuses et fécondes que Fénelon établit en si peu de mots.

« Idoménée, qui craignait le départ de Télémaque et

de Mentor, ne songeait qu'à le retarder. Il représenta à Mentor qu'il ne pouvait régler sans lui un différend qui s'était élevé entre Diophanes, prêtre de Jupiter Conservateur, et Héliodore, prêtre d'Apollon, vu les présages qu'on tire du vol des oiseaux et des entrailles des victimes. « Pourquoi, lui répondit Mentor, vous mêleriez-vous des choses sacrées? Laissez-en la décision aux Étruriens, qui ont la tradition des plus anciens oracles et qui sont inspirés pour être les interprètes des dieux. Employez seulement votre autorité pour étouffer ces disputes dès leur naissance ; ne montrez ni partialité ni prévention ; contentez vous d'appuyer la décision quand elle sera faite. Souvenez vous qu'un roi doit être soumis à la religion et qu'il ne doit jamais entreprendre de la régler. La religion vient des dieux ; elle est au-dessus des rois ; si les rois se mêlent de la religion, au lieu de la protéger, ils la mettront en servitude. Les rois sont si puissants et les autres hommes sont si faibles, que tout sera en péril d'être altéré au gré des rois, si on les fait entrer dans les questions qui regardent les choses sacrées. Laissez donc en pleine liberté la décision aux amis des dieux, et bornez-vous à réprimer ceux qui n'obéiraient pas à leur jugement, quand il aura été prononcé. »

Fénelon a paru tellement redouter toutes les allusions que la malignité aurait pu lui prêter, qu'il a cru devoir rayer lui même la phrase suivante, qui se laisse encore lire à travers les ratures de son manuscrit. « Si les rois montrent quelque prévention dans les questions qui regardent les choses divines, les prêtres les plus ardents peuvent les engager à soutenir leur cause ; ils doivent être suspects d'intrigues et d'artifices. » Fénelon craignait sans doute que cette réflexion, quelque générale qu'elle fût, ne rappelât le souvenir d'une controverse affligeante et ne parût respirer un sentiment d'amertume que son cœur était bien éloigné d'éprouver et de conserver.

Voici encore une addition très-intéressante sous un rapport honorable à la mémoire de Fénelon ; elle commence à ces mots du douzième livre : « Alors Télémaque ne put s'empêcher de témoigner à Mentor quelque surprise et même quelque mépris pour la conduite d'Idoménée, » et finit à ceux-ci : « Mentor fit sentir à Télémaque, par ce discours, combien il est dangereux d'être injuste, en se laissant aller à une critique rigoureuse contre les autres hommes, et surtout contre ceux qui sont chargés des embarras et des difficultés du gouvernement. »

Cette addition au livre douze, avons nous dit, est extrêmement remarquable ; elle offre en effet la plus forte et la plus magnifique apologie de Fénelon contre les lâches calomniateurs qui avaient prétendu transformer le *Télémaque* en une satire de Louis XIV ; c'est dans ce morceau que Fénelon prend la défense des rois, qu'on condamne si souvent avec autant d'injustice que d'amertume ; c'est là qu'il fait ressortir, avec les couleurs les plus touchantes, les grandes qualités de Louis XIV, sous le nom d'Idoménée ; c'est là qu'il excuse, avec autant de modération que d'équité, les erreurs et les faiblesses qui sont le partage de l'humanité, et dont les rois ne peuvent pas être plus exempts que les autres hommes.

« Êtes vous étonné, dit Mentor à Télémaque, de ce que les hommes les plus estimables sont encore hommes, et montrent encore quelques restes des faiblesses de l'humanité parmi les piéges innombrables de la royauté ? Idoménée, il est vrai, a été nourri dans des idées de faste et de hauteur ; *mais quel philosophe aurait pu se défendre de la flatterie s'il avait été en sa place ?* Il est vrai qu'il s'est trop laissé prévenir par ceux qui ont eu sa confiance ; mais les plus sages rois sont souvent trompés, quelques précautions qu'ils prennent pour ne l'être pas... Un roi connaît beaucoup moins que les particuliers les hommes qui l'environnent : on est toujours masqué auprès de lui ; on épuise toutes sortes d'artifices pour le tromper... *Tel critique aujourd'hui impitoyablement les rois, qui gouvernerait demain moins bien qu'eux, et qui ferait les mêmes fautes avec d'autres infiniment plus grandes, si on lui confiait la même puissance...* Le monde entier est occupé à observer un seul homme à toute heure et à le juger en toute rigueur. Ceux qui le jugent n'ont aucune expérience de l'état où il est ; ils n'en sentent point les difficultés ; ils ne veulent plus qu'il soit homme, tant ils exigent de perfection de lui. Un roi, quelque bon et sage qu'il soit, est encore homme ; son esprit a des bornes et sa vertu en a aussi... Telle est la condition des rois les plus éclairés et les plus vertueux : les plus longs et les meilleurs règnes sont trop courts et trop imparfaits pour réparer à la fois ce qu'on a gâté, sans le vouloir, dans les commencements. La royauté porte avec elle toutes ces misères... Il faut plaindre les rois et les excuser... Pour parler franchement, les hommes sont fort à plaindre d'avoir à être gouvernés par un roi, qui n'est qu'un homme semblable à eux : *car il faudrait des dieux pour redresser les hommes... J'avoue qu'Idoménée a fait de grandes fautes ; mais cherchez, dans la Grèce et dans tous les autres pays les mieux policés, un roi qui n'en ait point fait d'inexcusables... Malgré tout ce que j'ai repris en lui, Idoménée est naturellement sincère, droit, équitable, libéral, bienfaisant ; sa valeur est parfaite ;*

il déteste la fraude quand il la connaît et qu'il suit librement la véritable pente de son cœur; tous ses talents extérieurs sont grands et proportionnés à sa place... »

C'était ainsi que Fénelon s'exprimait sur Idoménée ou plutôt sur Louis XIV, dans le silence de son cabinet et dans le secret de son cœur; il ne tenait sans doute qu'à lui de donner à cette apologie de Louis XIV une publicité qui aurait hautement démenti l'imposture et la calomnie des accusateurs du *Télémaque*; les innombrables éditions de ce livre, qui couvrirent toute l'Europe du vivant même de l'auteur, lui en offraient un moyen bien facile; mais une juste délicatesse, peut être même une noble fierté, défendirent à Fénelon de descendre à se justifier; il aurait craint de paraître flatteur, tandis qu'il n'était que juste; il ne voulut point être soupçonné de rechercher la faveur en ne disant même que la vérité. Fénelon n'écrivit ce morceau que pour ceux qui devaient survivre à Fénelon et à Louis XIV, et ses intentions ont été remplies.

LES GUERRES DE RELIGION.

Presque à la veille de 1870, à l'ouverture prochaine d'une de ces grandes assises du catholicisme que l'on appelle un concile œcuménique, les souvenirs oblitérés de quelques publicistes, les reportant au seizième siècle et au concile de Trente, leur faisaient dire : « A quoi bon un concile de nos jours? Veut-on faire revivre les guerres de religion, qui ne sont plus de notre temps? » Et quelques mois à peine s'étaient écoulés qu'une épouvantable guerre éclatait contre la France, guerre de religion, celle-là, autant et plus encore peut-être que ses devancières, puisqu'elle partait de la patrie de Luther, et que, — selon un mot, un programme bien clair, — elle avait pour but l'anéantissement de la race latine dans la personne de notre très-chrétien pays.

Oui, ce fut une guerre de religion, dans toute l'étendue du mot, que celle de 1870-1871 ; et, si l'on en pouvait encore douter, la lutte terrible turco-russe, dont le dénoûment s'avance, n'est pas non plus autre chose : et ce sera toujours de même, comme par le passé, demain et sans cesse, tant que dans le monde la vérité et l'erreur seront en présence. Cela est non-seulement impossible autrement, nous disons mieux et davantage : c'est nécessaire, indispensable. A mesure que les événements se dérouleront sous nos yeux, nous comprendrons la raison des Croisades, si indignement méconnues il y a à peine encore vingt-cinq ans. Mais, sans remonter si haut, ou plutôt pour nous reporter par la pensée à l'origine même des guerres de religion, qui n'ont d'autre raison ou sujet que la lutte entre le bien et le mal, la vérité et l'erreur, Dieu et Satan, — la révolte de Lucifer contre Jéhovah est le premier anneau de cette longue chaîne de combats dont les annales de l'humanité gardent la tradition non interrompue.

Est-ce à dire que c'est la religion qui souffle la flamme de la guerre entre deux peuples? Non; le mot *religion* n'est ici qu'un prétexte et un non-sens dans la bouche des ennemis de la divine vérité, dont la religion est le rayonnement et la manifestation. L'erreur, qui se prétend la vérité, sème contre sa rivale le mensonge, dont les révolutions, et par suite les guerres, sont le fruit amer et tardif; tardif, car les amis de la vérité ne cessent de dire que, le droit ayant sa défense en lui-même, le temps lui fera assez justice, sans qu'il la poursuive lui-même et pour lui-même par la voie des armes. Erreur non moins funeste que toutes les autres qu'elle traîne à sa suite et qui, forçant les conséquences de telles prémisses, conduisent nécessairement à ces lamentables et sanglantes luttes qui s'appellent *les guerres de religion*.

Qui dit *religion* dit vérité et droit; or, l'erreur et le mensonge étant la violation et l'oblitération de la vérité et du droit, il s'ensuit nécessairement une révolte qui, si elle n'est pas arrêtée dans son principe, enfante ces terribles luttes, crises qui ébranlent profondément les assises de la société, quand elles ne les détruisent pas sans retour. C'est le livre sacré par excellence qui l'a dit, il y a bien des siècles : « La vie de l'homme est un combat. » L'homme, c'est la société, et ce combat, c'est la guerre, état permanent de l'existence d'ici-bas. En vain l'erreur veut-elle nier ce principe, en traitant de crime de lèse-humanité la cruelle nécessité qu'elle a sanctionnée par sa révolte et ses audaces ; en vain dit-elle : « Laissez faire, laissez passer ; la vérité est assez forte pour se défendre, et la raison finit toujours par avoir raison. » Au premier de ces deux sophismes, voici ce que répond Joseph de Maistre :

« Il n'avait malheureusement pas si tort, ce roi de Dahomey, dans l'intérieur de l'Afrique, qui disait, il n'y a pas longtemps, à un Anglais : « Dieu a fait ce monde » pour la guerre ; tous les royaumes, grands ou petits, » l'ont pratiquée dans tous les temps, quoique sur des » principes différents. »

« L'histoire prouve malheureusement que la guerre est l'état habituel du genre humain dans un certain sens; c'est-à-dire que le sang humain doit couler sans interruption sur le globe, ici ou là, et que la paix, pour chaque nation, n'est qu'un répit.

« Ce n'est point assez de considérer un point du temps et un point du globe ; il faut porter un coup d'œil rapide sur cette longue suite de massacres qui souillent toutes les pages de l'histoire. On verra sévir la guerre sans interruption, comme une fièvre continue marquée par d'effroyables redoublements.

« Qu'on remonte jusqu'au berceau des nations; qu'on descende jusqu'à nos jours; qu'on examine les peuples dans toutes les positions possibles, depuis l'état de barbarie jusqu'à celui de civilisation la plus raffinée: toujours on trouvera la guerre. Par cette cause, qui est la principale, et par toutes celles qui s'y joignent, l'effusion du sang n'est jamais suspendue dans l'univers. Tantôt elle est moins forte sur une plus grande surface, et tantôt plus abondante sur une surface moins étendue; en sorte qu'elle est à peu près constante. Mais, de temps en temps, il arrive des événements extraordinaires qui l'augmentent prodigieusement.

« Si l'on avait des tables de massacres comme on a des tables météorologiques, qui sait si l'on n'en découvrirait point la loi au bout de quelques siècles d'observation? Buffon a fort bien prouvé qu'une grande partie des animaux est destinée à mourir de mort violente. Il aurait pu, suivant les apparences, étendre sa démonstration à l'homme; mais on peut s'en rapporter aux faits.

« Il y a lieu de douter, au reste, que cette destruction violente soit, en général, un aussi grand mal qu'on le croit : du moins, c'est un de ces maux qui entrent dans un ordre de choses où tout est violent et *contre nature*, et qui produisent des compensations. D'abord, lorsque l'âme humaine a perdu son ressort par la mollesse, l'incrédulité et les vices gangréneux qui suivent l'excès de la civilisation, elle ne peut être retrempée que dans le sang. Il n'est pas aisé, à beaucoup près, d'expliquer pourquoi la guerre produit des effets différents, suivant les différentes circonstances. Ce qu'on voit assez clairement, c'est que le genre humain peut être considéré comme un arbre qu'une main invisible taille sans relâche, et qui gagne souvent à cette opération. A la vérité, si l'on touche le tronc ou si l'on coupe en tête de saule, l'arbre peut périr; mais qui connaît les limites pour l'arbre humain? Ce que nous savons, c'est que l'extrême carnage s'allie souvent avec l'extrême population, comme on l'a vu surtout dans les anciennes républiques grecques, et en Espagne sous la domination des Arabes. Les lieux communs sur la guerre ne signifient rien : il ne faut pas être fort habile pour savoir que plus on tue d'hommes moins il en reste sur l'arbre; mais ce sont les suites de l'opération qu'il faut considérer. Or, en suivant toujours la même comparaison, on peut observer que le jardinier habile dirige moins la taille à la végétation absolue qu'à la fructification de l'arbre : ce sont des fruits et non du bois et des feuilles qu'il demande à la plante. Or, les véritables fruits de la nature humaine, les arts, les sciences, les grandes entreprises, les hautes conceptions, les vertus mâles, tiennent surtout à l'état de guerre. On sait que les nations ne parviennent jamais au plus haut point de grandeur dont elles sont susceptibles qu'après de longues et sanglantes guerres. Ainsi, le point rayonnant pour les Grecs fut la guerre terrible du Péloponèse; le siècle d'Auguste suivit immédiatement la guerre civile et les proscriptions; le génie français fut dégrossi par la Ligue et poli par la Fronde...

« Je ne sais si l'on se comprend bien lorsqu'on dit que *les arts sont amis de la paix*. Il faudrait au moins s'expliquer et circonscrire la proposition; car je ne vois rien de moins pacifique que les siècles d'Alexandre et de Périclès, d'Auguste, de Léon X et de François Ier, de Louis XIV...

« Il n'y a qu'un moyen de comprimer le fléau de la

guerre : c'est de comprimer les désordres qui amènent cette terrible purification (1). »

Après Joseph de Maistre et, près de nous, écoutons la réponse profonde et éloquente que le plus chrétien des protestants, Alexandre Vinet, fait à l'incroyable sophisme, plaie de ce siècle, qui dit : « La vérité est assez forte pour se défendre elle-même. »

« Quiconque est d'avis de laisser la vérité faire toute seule ses affaires n'est pas son ami. On parle trop de l'inutilité des professions de foi, du raisonnement, des appels à la conscience. Je croirais bien plutôt qu'aucune parole de vérité ne demeure absolument sans effet et qu'aucun germe ne périt. L'irritation elle-même, la haine est un fruit amer, mais un fruit. Bien des faits importants, pour être invisibles, n'en sont pas moins réels ; et mille fois on a eu lieu d'admirer comment les vérités les plus contestées ont, au bout d'un certain temps, pris pied et gagné du terrain dans l'esprit, dans les mœurs du moins, des plus récalcitrants. Il leur serait dur de regimber trop longtemps contre un tel aiguillon. Le découragement serait donc déraisonnable et injuste ; mais, eût-il plus d'excuses qu'il n'en a, le devoir de qui possède la vérité, c'est de la dire avec ou sans espérance ; c'est de ne pas laisser aux seuls événements l'honneur de la démontrer et de l'imposer ; c'est de ne pas admettre, en ce qui la concerne, qu'introduite dans le monde par la nécessité comme par une sage-femme brutale, elle naisse morte au lieu de naître vivante (2). »

Maintenant, si nous reprenons notre proposition au

---

(1) Considérations sur la France.
(2) Essai sur la manifestation des convictions religieuses.

point où nous l'avons laissée à l'état de théorie, et si nous la faisons entrer par les souvenirs de l'histoire dans le domaine de la pratique, il nous sera facile d'établir — pour ne parler que du protestantisme, qui est le résumé, l'abrégé et la synthèse pour ainsi dire de toutes les hérésies qui l'ont précédé et enfanté, — que Luther et Calvin, l'un en Allemagne, l'autre en France, et tous deux dans l'Europe entière, ont abouti immédiatement à la formule du socialisme par le naturalisme, qui mène d'abord au philosophisme dans les idées, puis à la révolution dans les faits.

L'Église catholique, dans l'ancienne société, était la représentation solennelle et sacrée du droit ; le protestantisme en a été l'ennemi, la négation, l'ébranlement, et bientôt en serait la ruine immédiate, si Dieu n'y veillait par la papauté et l'épiscopat, ces surveillants-nés de tout ordre, de toute liberté, de toute propriété ; et cela remonte à l'époque même où, selon les hommes de l'erreur et du mensonge, se répétant à qui mieux mieux, l'Église est représentée comme une usurpatrice dont la tyrannie pèse comme un joug de fer sur tout le moyen âge.

Ici nous invoquerons, contre les dires du protestantisme, le témoignage et l'aveu d'écrivains protestants dont on ne saurait suspecter la sincérité.

« Depuis quelques siècles, — dit M. Guizot (1), — on parle à son aise des droits du pouvoir temporel ; mais, à l'époque qui nous occupe, le pouvoir temporel, c'était la force pure, un brigandage intraitable. L'Église était infiniment supérieure à un tel gouvernement temporel ; le

---

(1) Histoire de la civilisation, 5ᵉ leçon.

cri des peuples venait continuellement la presser de prendre sa place... Le pouvoir spirituel, se trouvant à la tête de toute l'activité de la pensée humaine, devait naturellement s'arroger le gouvernement général du monde. »

Au siècle dernier, Ancillon, ministre protestant, écrivait (1) :

« Dans le moyen âge, où il n'y avait pas d'ordre social, l'Europe fut sauvée de la barbarie par la Papauté, qui créa des rapports entre les nations les plus éloignées et qui fut un centre commun, un point de ralliement pour les États isolés, un tribunal suprême élevé au milieu de l'anarchie universelle, et dont les arrêts furent aussi respectables que respectés. La Papauté prévint et arrêta le despotisme des empereurs, remplaça ce défaut d'équilibre, et diminua les inconvénients du régime féodal. »

« Le pouvoir papal, — dit M. Ch. Coquerel (2), — disposant des couronnes, empêchait le despotisme de devenir atroce. Aussi, dans ce temps de ténèbres, ne voyons-nous aucun exemple de tyrannie comparable à celui des Domitien de Rome. Un Tibère était impossible, Rome l'aurait écrasé. Les grands despotismes arrivent quand ils se persuadent qu'il n'y a rien au-dessus d'eux. C'est alors que l'ivresse d'un pouvoir illimité enfante les plus atroces forfaits. »

« Rien d'étroit, rien de personnel, rien de barbare dans cette domination souveraine, — dit le *Quaterly Review*. Elle reculait les bornes du monde chrétien, s'opposait à l'établissement de l'islamisme, contre-balançait par un pouvoir intellectuel et moral le pouvoir brutal et san-

(1) Tableau des révolutions du système politique de l'Europe.
(2) Histoire du christianisme, p. 75.

glant des sceptres de fer et des lances d'airain. D'une main, la Papauté luttait contre le Croissant ; de l'autre, elle étouffait les restes du paganisme énergique du septentrion. Elle ralliait, comme autour d'un point central, les forces morales et spirituelles de l'espèce humaine. Elle était despote comme *le soleil, qui fait rouler le globe.*

« La barbarie et la férocité universelles tendaient à tout désorganiser ; la Papauté faisait tout revivre. Elle insultait, dites vous, les diadèmes des rois et le droit des nations ; elle posait son pied insolent sur le front des monarques ; rien n'existait sans le pouvoir de Rome.

« Sans doute, mais cette domination, présomptueuse selon vous, était un immense bienfait. La force d'esprit contraignait la force brute de plier devant elle. De tous les triomphes que l'intelligence a remportés sur la matière, c'est peut être le plus sublime.

« Qu'on se reporte au temps où la loi, muette, prosternée sous le glaive, rampait dans une boue ensanglantée. N'était ce pas chose admirable de voir un empereur allemand, dans la plénitude de la puissance, au moment même où il précipitait ses soldats pour étouffer le germe des républiques d'Italie, s'arrêter tout à coup et ne pouvoir passer outre; des tyrans couverts de leurs armures, environnés de leurs soldats, suspendre leur vengeance et se sentir frappés d'impuissance ?... A la voix de qui, je vous prie ?... A la voix d'un pauvre vieillard habitant une cité lointaine, avec deux bataillons de mauvaises troupes et possédant à peine quelques lieues d'un terrain contesté. N'était ce pas un spectacle fait pour élever l'âme ? une nouvelle plus étrange que toute celles dont la légende chrétienne est remplie ? »

Il est impossible de répondre en termes plus éloquents plus péremptoires surtout, à cette banale accusation, imputée au Catholicisme, d'avoir voulu asservir les peuples, et à cette mise en scène magique mais décevante de l'hérésie venant venger le droit, alors qu'en plein xvie siècle, les peuples qui ont cédé et se sont laissé séduire aux déclamations de Luther et de Calvin, voient leur révolte vouée au dernier des supplices par ceux-là mêmes qui s'étaient posés comme leurs champions contre le despotisme des empereurs et des rois.

A mesure que la thèse des guerres de religion se pose, déjà, de l'aveu même des protestants, l'arrêt de condamnation est dressé contre leurs ancêtres dans la prétendue foi nouvelle et les instituteurs de ce que l'on décore du nom de *droit des temps modernes.*

Le Protestantisme alla d'un bond, pour ainsi dire, au Socialisme et au Communisme, qu'il poussa immédiatement à leurs conséquences les plus extrêmes, les plus coupables, les plus dignes d'une prompte et énergique répression par la force et par les armes ; voilà d'où sortit ce que l'on s'obstine à appeler les guerres de religion, lorsqu'il ne s'agissait nullement de dogmes, mais d'erreurs subversives de tout ordre moral et matériel. Sous les premiers disciples de Luther, sous les yeux mêmes de ce prétendu réformateur du Catholicisme et des peuples, le Socialisme et le Communisme mirent alors toute l'Allemagne à feu et à sang par *la guerre des paysans,* suivie de celle des Anabaptistes, sous la conduite de Nicolas Storck, de Münzer et de Jean de Leyde. Voici comme en parle un écrivain protestant, O'Callaghan :
« Les premiers réformateurs proclamèrent le droit d'interpréter les Écritures selon le jugement particulier de

chacun ; les conséquences en furent terribles .. Le jugement particulier de Münzer découvrit dans l'Écriture que les titres de noblesse et les grandes propriétés sont une usurpation impie, et il invita ses sectateurs à examiner si telle n'était pas la vérité. Les sectateurs examinèrent la chose, louèrent Dieu, et procédèrent ensuite par le fer et le feu à l'extirpation des impies, et s'emparèrent de leurs propriétés. *A notre tour d'être les maîtres !* disaient les paysans à chaque noble devenu leur prisonnier. Le jugement privé crut aussi avoir découvert dans la Bible que les lois établies étaient une permanente restriction à la liberté chrétienne : et voilà que Jean de Leyde, jetant ses outils, se met à la tête d'une population fanatique, surprend la ville de Munster, se proclame lui même roi de Sion, et prend quatorze femmes à la fois, assurant que la polygamie est une des libertés chrétiennes, etc. »

Un des apôtres modernes du Socialisme et du Communisme, apôtre d'autant plus dangereux que tout semblerait porter à le croire convaincu, — M. Louis Blanc (1), tire en ces termes la conséquence logique et inévitable des prémisses posées par Luther : « La révolution, qui, préparée par les philosophes, continuée par la politique, ne s'accomplira que par le Socialisme, devait naturellement commencer par la théologie. L'usurpation flétrissait alors, sous le nom d'hérésie, ce que de nos jours elle a condamné sous le nom de révolte. Le xvie siècle fut le siècle de l'intelligence en révolte ; il prépara, en commençant par l'Église, la ruine de tous les anciens pouvoirs :

---

(1) Histoire de la Révolution française, tome I, p. 17, 19, 27, 35, 38, 39, 40, 57, 352, 577.

voilà ce qui le caractérise. Telles furent les primitives données du Protestantisme. Et quant à ses conséquences, ne les pressentez vous point déjà ? Ce pape qu'il s'agit de renverser, c'est un roi spirituel, mais enfin c'est un roi. Celui-là par terre, les autres suivraient. Car, c'en est fait du principe d'autorité, pour peu qu'on l'atteigne dans sa forme la plus respectée, dans son représentant le plus auguste ; et tout Luther religieux appelle invinciblement un Luther politique. L'autorité des Écritures n'était qu'un vain palliatif. Que servait d'affirmer l'infaillibilité des Écritures, quand on niait le droit de l'Église à en donner le sens ? Mis sans commentaire sous les yeux de la multitude, le texte saint pouvait-il ne pas ouvrir carrière à une lutte ardente, où chacun apporterait le témoignage et l'orgueil de sa raison ? Luther et Calvin manquèrent de logique et d'audace : ils avaient invoqué la souveraineté de la raison contre Rome, non contre les Écritures. Ils n'en manquèrent pas moins en politique et en application sociales. Le pape une fois abattu, Luther entendait-il pousser droit aux maîtres de la terre ? Le peuple souffrait par l'âme et par le corps, il était superstitieux et misérable : double servitude à détruire ! Luther entendait-il y porter la main ? Non ; car en ce révolutionnaire le moine resta. Dans son livre *de la Liberté chrétienne*, il traite principalement de la liberté spirituelle et intérieure, et semble prendre son parti de l'asservissement d'une moitié de l'homme, en laissant en dehors de sa révolte tout le côté matériel de l'humanité. Plus d'esclavage par le vice sans doute ; mais aussi plus d'esclavage par la pauvreté. Il ne faut pas que l'âme se souille ; mais les souffrances du corps valent qu'on en prenne souci. Il est probable que Luther, en commençant, n'était pas averti du redoutable caractère de son entreprise. Quand il entrevit tout ce que pouvait dévorer et contenir cette fosse qu'il creusait; quand les pressentiments de son génie lui montrèrent, dans le lointain, tous ces prélats, tous ces rois, tous ces princes, tous ces nobles, se tenant par la main, s'entraînant l'un l'autre, foule solidaire, et tombant enfin d'une chute commune... Luther recula d'épouvante. Voilà pourquoi il se hâtait de séparer l'âme du corps, ne désignant aux coups des peuples soulevés que les tyrannies spirituelles, et voulant que les tyrannies temporelles demeurassent inviolables... Mais on n'arrête pas la pensée en révolte et en marche. Réclamer la liberté du chrétien conduisait irrésistiblement à réclamer la liberté de l'homme. Luther, qu'il le voulût ou non, menait droit à Münzer. Le cri qu'il avait poussé contre Rome, des milliers de voix l'allaient pousser contre les rois, les princes, les contempteurs du peuple, les oppresseurs du pauvre : nous voici à la guerre des paysans, nous voici au prologue de la révolution française. Doctrine de la fraternité humaine proclamée dans le tumulte des camps et des places publiques, convictions saintes et pourtant farouches, dévouements sans bornes, scènes de terreur, supplices, grands hommes méconnus, principes de céleste origine renversés en vain dans le sang de leurs défenseurs : voilà par quels traits la révolution française s'annonce dans la guerre des paysans ; voilà par quelle trace enflammée nous avons à suivre dans l'histoire l'esprit de nos pères. »

C'est ainsi qu'à travers trois siècles, le Socialisme et le Protestantisme, Louis Blanc et Luther, se répondent.

La dernière partie de la tirade de Louis Blanc, voyant

dans la guerre des paysans le prologue de la révolution française, ne brille pas par la logique ; c'est un feu d'artifice de sophismes tiré avec une verve endiablée qui supprime les martyrs et la fraternité avant Luther, et ne fait dater le vrai progrès que du xvie siècle, ce qui est parfaitement faux.

Comme l'a très-bien dit M. Auguste Nicolas (1), répondant à cette bordée de sophismes, vraies bulles de savon : « La société ne s'est soutenue pendant ces trois siècles que grâce à deux causes : l'ascendant conservé encore par l'autorité catholique, et l'inconséquence du Protestantisme : l'un et l'autre au prix des luttes les plus affreuses, les plus longues et les plus multipliées qui aient jamais attristé l'histoire, et sans lesquelles la société aurait péri sous le marteau des démolisseurs. Si la barbarie qui nous menace n'a pas déjà englouti la société, c'est que, pour la repousser, pour la retarder, nos pères ont fait en religion ce que nous sommes obligés de faire aujourd'hui en politique et pour le salut social : ils ont agi violemment. Au fond, c'était la même guerre sociale sous le nom de guerre de religion ; seulement la révolte s'appelait Anabaptisme ou Protestantisme, au lieu de s'appeler Socialisme. Elle était à sa première phase, et passait quelquefois rapidement à sa dernière, parce que l'ordre religieux qu'elle attaquait impliquait alors étroitement l'ordre social. Ainsi, antérieurement, la secte des Albigeois en France, et ensuite celle des paysans en Allemagne, et celle des Indépendants en Angleterre, n'étaient pas moins dirigées contre la société civile que

---

(1) Du protestantisme et de toutes les hérésies dans leurs rapports avec le Socialisme, etc. (3e édit.), tome I, p. 173 et 174.)

contre la société religieuse, et attaquaient la propriété, la famille, tous les pouvoirs, tous les fondements de la société non moins que la religion. »

Il est sans doute facile et surtout commode, à trois siècles de distance et les pieds sur les chenets, de s'indigner des répressions exercées contre le Socialisme religieux de cette époque par les gouvernements catholiques et de s'apitoyer sur le sort de ses sectateurs, si impitoyables eux-mêmes lorsqu'on n'arrêtait pas leur fureur ; et encore, pour s'indigner et s'apitoyer ainsi, il faut ne pas se rappeler la terrible Commune de 1871, dont la répression a constitué une véritable guerre de religion entre Français, car on sait quels sacriléges, quels massacres de prêtres et de religieux ont marqué les trop longs jours de ce régime, qui fut un 93 porté à sa plus sauvage expression de haine contre la religion catholique, celle même de l'immense majorité du pays.

« Et, chose remarquable ! le Protestantisme faisait contre le Socialisme ce qu'on a reproché aux gouvernements catholiques d'avoir fait contre lui. Il exterminait les Anabaptistes ; et cependant qu'était-il lui-même, si ce n'est le père de ce dernier (1) ? »

Un apologiste déclaré de la Réforme était déjà allé plus loin, en avouant que la Révolution française fut le corollaire de la Réforme. « On retrouve, — dit Ch. Villers (2), — parmi quelques-unes des sectes *exagérées* qui sont nées de la Réformation, telles que celle des Anabaptistes, dans son principe, les mêmes prétentions à la liberté et à l'égalité absolues qui ont causé tous les excès

---

(1) A Nicolas, *ibid. ut sup.*, p. 175.
(2) Essai sur l'esprit et sur l'influence de la Réformation (5ᵉ édit.), p. 117.

des Jacobins de France. La loi agraire, le pillage des riches, faisaient déjà partie de leur programme, et sur leurs enseignes auraient déjà pu être inscrit : *Guerre aux châteaux, paix aux chaumières!* »

L'épithète *exagérées* semblerait vouloir établir qu'en dehors des Anabaptistes, tous les autres sectaires, issus du Protestantisme, furent modérés et même conservateurs ; or, il est facile de prouver surabondamment qu'au sein même de la Réforme, la prédication à haute voix du Socialisme portait de pareils fruits et les provoquait.

« L'instruction que les gens du peuple reçoivent de cet Évangile (*sic*) est de telle nature, disait, à l'origine de la Réforme, un des hommes qui inclina un moment vers elle, mais la répudia bien vite, — qu'ils ne s'occupent plus gère que d'une chose, du partage général des biens et des fortunes; et, de fait, si n'étaient la vigilance des magistrats et la crainte du châtiment, on verrait bientôt s'organiser un vaste pillage, comme cela s'est déjà vu ailleurs (1). »

« Les ministres — écrivait Mézeray, au commencement du siècle suivant (2), — avaient tellement l'humeur à l'indépendance de toute autorité, qu'ils avaient bien envie de faire davantage, s'ils eussent eu le dessus. Ils prêchaient partout que ceux qui se mettraient de leur religion ne payeraient aucun devoir aux gentilshommes, ni au roi aucunes tailles que ce qui leur serait ordonné par eux; que les rois n'avaient aucune puissance que celle qu'il plairait au peuple... De sorte que, quand les procureurs des gentilshommes leur demandaient leurs

---

(1) Wilibald Pirkeimer, ap. Murr's, *Journal zur Kuntsgeschichte und Litteratur*, partie X, p. 39-46.
(2) Histoire de France (1669), tome II, p. 73.

rentes, ils leur répondaient qu'ils les montrassent en la Bible... Quand on leur parlait du roi : « Quel roi? di-« saient-ils; nous sommes les rois ; celui que vous dites « est un enfant (1) : nous lui donnerons des verges et lui « apprendrons à gagner sa vie. »

Lorsque, plus d'un siècle auparavant, François Ier, s'opposant à l'introduction du Protestantisme en France, disait : « Que cette nouveauté tendait du tout (*entièrement*) au renversement de la monarchie divine et humaine, » il faisait preuve d'un grand sens et d'une sorte de divination.

Il est vrai qu'alors, et dès le début, les prétendus réformateurs semblaient n'invoquer que la liberté de penser; mais cette liberté, sans limites, c'était la licence, mère de toutes les révolutions dans l'ordre moral et dans l'ordre politique; avant Luther déjà, Jean Hus avait déchaîné toutes les passions, et, pendant seize ans, l'Allemagne fut un champ de massacres épouvantables, d'incendie, de pillage et d'horreurs inouïes, et cela pour une question en apparence bien futile, ce semble : il s'agissait en effet de savoir si le peuple communierait ou non, comme le clergé, sous les deux espèces. « Mais cette question, toute simple et futile qu'elle paraisse, était de toutes les questions la plus grande qui ait jamais été dressée au sein des sociétés : c'était la question de la barbarie ou de la civilisation, une question de vie ou de mort sociale, la même question qui nous épouvante aujourd'hui : le Socialisme, le Communisme.

« Quand les hordes barbares des Hussites se levèrent

---

(1) Né en 1638, Louis XIV était monté sur le trône en 1643, à l'âge de six ans.

en poussant le cri : La coupe au peuple ! ils demandaient que toute distinction entre le clergé et les fidèles fût supprimée, et que tous fussent admis à boire également à la même coupe. Ils inauguraient, sous la forme la plus sacrée, la sauvage devise d'*égalité* et de *fraternité* qui a ensanglanté nos derniers temps. Ils transformaient le dogme de la charité infinie de Dieu, la *Communion*, en *Communisme*... Fidèles héritiers des Gnostiques et devanciers des Socialistes, au cri : La coupe au peuple ! ils ajoutaient celui : La propriété au peuple ! qui s'ensuivait naturellement ; et les Socialistes modernes n'ont pas manqué de saluer en eux, avec transport, leurs *frères* et *amis* (1) ; » car les Socialistes modernes, ainsi que les Hussites, ont fait également, « contre la société, le serment d'Annibal, » ainsi que le proclamait, à la veille de 1848, M. Louis Blanc.

Les guerres dites *de religion* ont commencé au sein du Protestantisme divisé contre lui-même, et qui accusait cependant bien haut l'intention de faire cesser désormais tout prétexte de guerre, en proclamant et en inaugurant le règne de la tolérance, des lumières et des mœurs, comme si la tolérance, qui est la source de la licence, pouvait produire les *bonnes* mœurs, et comme si les *mauvaises* mœurs n'étaient pas les ferments de l'erreur, du mensonge et des ténèbres morales et intellectuelles !...

Ici encore une source de guerres inévitables, longues et sanglantes, jaillit de ce triple sophisme, car la première et la plus vive guerre, celle qui dure toute la vie de l'humanité et des peuples, doit être dirigée contre l'intolérance, l'erreur et l'immoralité. Ainsi, du Protestantisme,

---

(1) A. Nicolas, *ibid.*, p. 490 et 491.

encore et toujours, a éclaté le sujet d'une lutte et de combats qui dureront tant que le monde existera.

Le Protestantisme et l'intolérance! Quel assemblage de termes disparates et qui s'excluent profondément! Au joug salutaire et léger de l'autorité spirituelle, la Réforme a substitué le joug abrutissant et lourd de la tyrannie despotique de souverains tels qu'Henri VIII, Christian, Wasa, dont les Protestants eux-mêmes ont pu dire que c'étaient autant d'Antechrist.

« C'est ainsi, disait Wigand (1), que s'élève et se consolide la papauté des Césars, et que l'Antechrist religieux est remplacé par l'Antechrist politique. Nos gouvernants, malgré leur complète ignorance dans les matières religieuses, se présentent dans nos synodes avec bottes et éperons et tranchent les questions religieuses à coups de cravache. »

« O abomination! s'écrie un autre réformateur (2), les souverains s'arment aujourd'hui, comme l'Antechrist, de l'un et de l'autre glaive, quoiqu'ils sachent à peine faire usage de celui qui leur appartient en propre... Il en résulte qu'au lieu d'un seul Pape, nous en avons aujourd'hui mille, c'est-à-dire autant que de princes, de magistrats et de grands seigneurs, qui tous exercent maintenant à la fois, ou tour à tour, les fonctions ecclésiastiques et s'arment du sceptre, de l'épée et des foudres spirituelles pour nous dicter jusqu'aux doctrines que nous devons prêcher. »

La tolérance inaugurée par le Protestantisme a consisté à délier les consciences de l'autorité spirituelle de

---

(1) **De bonis et malis Germaniæ**.
(2) Flacius: *Basil.*, 1560, *a*, 5.

l'Église pour les river partout au joug des pouvoirs temporels, c'est-à-dire à la plus arbitraire tyrannie. Les princes, dit Luther, avec un effroyable cynisme (1), doivent me remercier et m'être favorables ; car ils savent bien que cette manière de comprendre la souveraineté temporelle était cachée sous le boisseau par la Papauté... Pendant les siècles catholiques, plus d'un prince, sous l'empire de ses idées religieuses, ou sous l'influence de son confesseur, avait horreur de signer de *nombreux arrêts de mort*; mais maintenant ils sont pleinement tranquillisés par la doctrine de Luther (2). »

Ce nouveau système, qui réunissait dans la personne du prince les deux pouvoirs et les affranchissait de tout contrôle, apporta une immense perturbation dans le monde. Un Anglais, lord Molesworth, fait cette remarque, en l'année 1692 : « Dans la religion catholique romaine, avec son chef suprême, qui est à Rome, il y a un principe d'opposition à un pouvoir politique illimité. Mais, dans le Nord, l'Église luthérienne est complétement soumise au pouvoir civil et réduite en servitude. *Tous les peuples des pays protestants ont perdu leur liberté*, depuis qu'ils ont changé leur religion pour une meilleure (3). »

Historiquement, dit un publiciste, il n'y a rien de plus faux que de soutenir que la Réforme a été une révolution en faveur de la liberté de conscience. C'est précisément le contraire qui est vrai. Sans doute les Luthériens et les Calvinistes ont demandé la liberté de conscience *pour eux-mêmes*; mais, ainsi que l'ont fait tous les révolutionnaires qui leur ont succédé, ç'a été pour mieux violenter

(1) Welch's Ausgabe, xiv, 520. xiv, 2287.
(2) Colloquia et meditationes Lutheri, ed. Rebenstock, i, 147.
(3) Geschichte von Rugen und Pommern, iv, 2, 294.

celle des autres ; c'était la liberté d'opprimer. Bayle observe que les réformateurs et leurs partisans se seraient trouvés dans un grand embarras si, en face de l'ancienne Église, ils avaient toujours réclamé la liberté de conscience, s'ils avaient déclaré criminelle la violence qu'on exerçait contre eux, alors qu'ils ne cessaient d'exhorter le souverain à opprimer toute religion différente de la leur.

Partout où le Protestantisme avait pu prendre le dessus, c'est-à-dire dans la grande moitié de l'Europe, il s'était montré tyrannique, niveleur, intolérant de toute liberté catholique. Il était la destruction même du Catholicisme. Et comme tous les rapports politiques et sociaux s'étaient formés et développés sur le Catholicisme, le Protestantisme portait une perturbation dans tous ces rapports, et bouleversait de fond en comble la condition des États et des sociétés. Soulevant les peuples contre les souverains, ou consacrant le despotisme des souverains envers les peuples, il substituait partout au principe d'autorité tempérée, sur lequel reposait le monde chrétien, un principe violent de licence ou de tyrannie qui dénaturait tout.

Telle fut la cause de ces guerres si terribles, sous les règnes de François II, de Charles IX et de Henri III. Les protestants, surtout les ministres, se montraient tellement acharnés à la guerre civile, que le duc de Rohan, l'un de leurs chefs, aux prises avec les fureurs d'une assemblée de ministres qu'il ne pouvait modérer, s'écria : « Vous n'êtes que des républicains, et j'aimerais mieux présider une assemblée de loups qu'une assemblée de ministres (1). »

(1) Weiss ; *Histoire des réfugiés protestants*, p. 52.

Et ce n'était pas seulement la guerre civile, c'était encore surtout l'appel à l'étranger, pour hâter leur triomphe sacrilége, que les protestants de France poursuivaient. « Les protestants de France, — dit Michel de Castelnau (1), — se mettant devant les yeux l'histoire de leurs voisins, c'est-à-dire des royaumes d'Angleterre, de Danemark, d'Écosse, de Suède, de Bohême, etc., où les Protestants *tiennent la souveraineté et ont ôté la messe*, à l'imitation des Protestants de l'Empire, *se voulaient rendre les plus forts*, pour avoir pleine liberté de leur religion ; comme aussi espéraient-ils et *pratiquaient leurs secours et appuis de ce côté-là*, disant que la cause était commune et inséparable. Les chefs du parti du roi n'étaient pas ignorants des guerres avenues pour le fait de la religion ès-lieux susdits ; mais les peuples, ignorants pour la plupart, n'en savaient rien, et beaucoup ne pouvaient croire qu'il y en eût une telle multitude en France, comme depuis elle se découvrit, ni que les Protestants *osassent ou pussent faire tête au roi et mettre sus une armée et avoir secours d'Allemagne comme ils eurent.* Aussi ne s'assemblaient-ils pas seulement pour l'exercice de leur religion, *mais aussi pour les affaires d'État et pour essayer tous les moyens de se défendre et assaillir, de fournir argent à leurs gens et faire des entreprises sur les villes et forteresses pour avoir quelques retraites.* »

« Quand on reproche aux catholiques romains, — dit un écrivain protestant (2), — les massacres de Paris sous Charles IX, ils répondent en gémissant que, si leurs ancêtres se sont portés à de telles extrémités, c'est qu'ils

---

(1) Livre II, chap. VII.
(2) Fitz Williams : *Lettres d'Atticus*, p. 115.

étaient *forcés de se défendre contre leurs ennemis, prêts à renverser leur religion et leur constitution.* N'ont-ils pas droit plutôt de reprocher aux Protestants l'acharnement odieux et le criminel enthousiasme d'un esprit vindicatif, intolérant et persécuteur? Les remontrances des parlements font frémir par le tableau des horreurs qu'elles présentent. Les deux conjurations d'Amboise et de Meaux ; cinq guerres civiles allumées; des places fortes livrées par trahison ; les églises et les monastères pillés et brûlés ; les prêtres, les moines et les religieux égorgés ; les simples fidèles même, dans l'exercice de leur culte et pendant une procession solennelle et sainte, cruellement massacrés dans les rues de Pamiers, Rodez, Valence, etc, sont les témoignages incontestables de la sanglante barbarie que les Huguenots ont exercée contre les catholiques romains, soit en paix, soit en guerre. Et cette accusation, je l'avoue, je n'ose pas essayer de la combattre, parce qu'elle n'est malheureusement que trop prouvée par les faits. »

Un historien célèbre, protestant et Anglais, Hume (1), ne peut retenir cet anathème : « Toute la France fut généralement indignée du traité du prince de Condé avec Élisabeth (qui livrait le Havre aux Anglais). Il était naturel que l'on fît la comparaison de la conduite de ce prince avec celle du duc de Guise. Celui-ci, après avoir chassé les Anglais du royaume, en avait interdit pour toujours l'accès à ces fiers et dangereux ennemis ; l'autre, par sa trahison, les rappelait dans sa patrie et leur en ouvrait l'entrée jusqu'au centre de l'Etat. »

Ajoutons avec Mezay que ce ne fut pas la politique

---

(1) Tome IV, p. 67.

mais bien le Protestantisme qui poussa à cet insigne trahison. « Du commencement, — dit cet historien (1), — les chefs eurent presque tous cette lâcheté en horreur; néanmoins, *les ministres les prêchèrent avec tant de véhémence,* qu'ils acceptèrent les offres. »

En voilà assez sur l'article de la tolérance du Protestantisme ; on comprend que de pareilles attaques contre la religion, le patriotisme et la nationalité même aient motivé ces terribles guerres dites *de religion,* parce qu'en effet elles avaient pour but, de la part des catholiques, de conserver leur foi, l'intégrité du territoire conquis au prix de tant de luttes séculaires, enfin la répulsion bien naturelle d'échanger leur titre de Français contre le joug odieux et pesant de l'étranger.

Nous ne pouvons pas cependant passer outre sans toucher à la fameuse question à l'abri de laquelle les Protestants ont, jusqu'à ce jour, placé comme dans un fort inexpugnable ce qu'ils appellent l'intolérance du catholicisme à leur égard, tactique bien faite pour adoucir le sombre tableau de leurs excès et des guerres civiles allumées, propagées et prolongées par eux, pendant plus d'un siècle, sur le sol déchiré de leur malheureuse patrie.

Nous avons déjà traité ailleurs (2) cette question de la *Révocation de l'Édit de Nantes;* mais c'est un sujet si complexe, et d'ailleurs nos adversaires (qui ne sont pas seulement les Protestants) y reviennent si souvent et y insistent tellement, qu'il nous faut bien y revenir et y insister nous-mêmes; ailleurs, nous avons montré quels

---

(1) Hist. de France, tome III, p. 82.
(2) Erreurs et mensonges historiques, deuxième série, p. 146-228.

avaient été les résultats réels de cet acte important du règne de Louis XIV; ici, nous exposerons avec plus de détails quels en furent les préliminaires et les motifs (1).

Quand le Protestantisme obtint l'Édit de Nantes, il n'était pas une simple société religieuse ; c'était une puissance politique et militaire, ayant ses capitaines, ses armées, ses places fortes, ses impôts, ses alliances au dedans et au dehors : féodale dans ses chefs, républicaine dans ses membres, vouée au renversement du catholicisme et de la monarchie. C'est avec cette puissance qu'Henri IV fut obligé de compter. Les Protestants lui arrachèrent cet édit et lui en firent la loi, jusqu'à mettre à ce prix le salut de la France, en lâchant le pied devant Amiens, au moment où l'Espagnol pénétrait par cette porte au cœur du royaume, et, malgré l'appel touchant que ce grand roi faisait à leur patriotisme : « Nous vous exhortons, adjurons, — leur écrivait-il, — par la charité et affection que vous avez à notre patrie, de penser premièrement et devant toutes choses à repousser l'étranger ; il y aura, après tout, du temps assez pour reprendre vos demandes. » Les Protestants furent sourds à cet appel. Il y a plus, ils envoyèrent des députés à la reine d'Angleterre, au prince Maurice de Nassau et aux États des Pays-Bas, pour faire rompre le traité qui se préparait entre la France et l'Espagne, reconnaissant bien les avantages que le projet d'édit leur concédait, mais déclarant vouloir plus encore. Enfin, Sully (2) nous fait

(1) Nous empruntons les détails qui suivent à l'excellent livre de M. A. Nicolas, tome II, p. 196-242, appendice au chap. II, Éclaircissement historique sur la révocation de l'édit de Nantes.
(2) Économies royales.

connaître que les Protestants firent jusqu'à la menace de se former, au sein de la France, en un État républicain et populaire, avec un protecteur étranger, menace que, du reste, ils tentèrent de réaliser plus tard.

L'Édit de Nantes ne mit donc pas un terme au mécontentement des Protestants ; et on le conçoit, puisque leur prétention n'allait pas moins qu'à être seuls maîtres, à l'instar de leurs coreligionnaires à l'étranger. Ils n'acceptèrent l'édit que sous la réserve de le violer dès qu'ils le pourraient. Dans ce début, ils conjurèrent sourdement sous Henri IV lui-même, qui mourut préoccupé des maux qu'ils préparaient à son héritier (1). Henri IV ne se trompait pas ; lui mort, la première déclaration des Protestants fut que « c'était le moment de se faire majeurs pendant la minorité du roi (2). » Et, en effet, ils se liguèrent, et, sous le faux prétexte qu'ils avaient à se garantir contre le retrait de l'Édit, ils le violèrent eux-mêmes les premiers, en exigeant des avantages plus considérables que ceux qu'il leur octroyait. « On nous opposera, je le sais, disait le duc de Rohan, l'un de leurs chefs, que nous demandons plus que nous ne possédions du temps du feu roi ; à cela je répondrai que c'est le dérangement des choses qui nous donne de l'appréhension (3). » En conséquence, ils relevèrent l'étendard de la guerre civile, et, auxiliaires empressés des entreprises de l'étranger, ils prirent, dans l'espace de douze ans, six fois les armes contre Louis XIII, en 1615, 1620, 1621, 1628 et 1629.

---

(1) Histoire de la mère et du fils ; Mémoires du cardinal de Richelieu, p. 156-157.
(2) Mém. du cardinal de Richelieu, p. 106.
(3) Cs. M. de Noailles : *Hist. de M*^{me}* de Maintenon*

Un historien protestant, M. Ch. Weiss (1), dit à ce sujet : « Pour subvenir aux frais de la guerre civile, leur assemblée ordonna de saisir tous les revenus ecclésiastiques et d'arrêter les deniers royaux provenant des tailles, des aides et des gabelles. Elle confirma dans leurs charges les seuls officiers de justice et de finances qui faisaient profession de religion, et assura le traitement des ministres sur le plus clair des ressources de l'Eglise. C'était proclamer ouvertement une république protestante à l'instar de celle des Provinces-Unies, élever la Rochelle au rang d'une nouvelle Amsterdam, et donner le signal d'une guerre fatale, qui pouvait amener le démembrement du royaume. »

« Le projet des Huguenots, dit le président Hénault, était de faire de la France une république. Ils la divisèrent même alors en huit cercles, dont ils comptaient donner le gouvernement à des seigneurs de leur parti. »

En 1625, Richelieu était parvenu à contenir les Huguenots, et il allait mettre à exécution le grand projet conçu par Henri IV, d'humilier la redoutable Autriche, qui cernait de plus en plus la France, lorsque les Protestants se révoltèrent de nouveau. Ils s'emparent à l'improviste des vaisseaux français dans le port du Blavet, pendant que le duc de Rohan cherche à soulever les provinces, et forcent Richelieu d'abandonner pour le moment sa glorieuse entreprise. Deux ans après, les Anglais sont appelés à la Rochelle par les Protestants, et toutes les forces de la France, commandées par le génie de Richelieu, parviennent, après des efforts inouïs, à forcer ce

(1) Hist. des réfugiés protestants de France, tome Ier, p. 13, 19, 21.

rempart et cet arsenal de l'hérésie, où elle appelait sans cesse l'ennemi du dehors.

Comprimés mais non abattus, et espérant toujours reprendre le dessus, les Protestants agissaient sourdement contre l'énergie de Louis XIV. Dix ans avant la révocation de l'Édit de Nantes, à la date de 1675, on lit, dans une lettre de l'intendant de Guyenne à Colbert (1) : « Les étrangers arrivés ici fomentent de leur côté le désordre, et je ne crois pas, monsieur, vous devoir taire qu'il s'est tenu des discours insolents sur l'ancienne domination des Anglais; et si le roi d'Angleterre voulait profiter de ces dispositions et faire une descente en Guyenne, où le parti des religionnaires est très-fort, il donnerait, dans la conjoncture présente, beaucoup de peine. » Michelet a écrit, avec raison : « A cette époque, il y avait une grande exaspération contre les Protestants. La France, bornée dans ses succès par la Hollande, sentait une autre Hollande en son sein, qui se réjouissait des succès de l'autre (2). »

« C'est par le souvenir de la conduite antinationale du Protestantisme français pendant près de deux siècles, dit la *Revue indépendante* (3), qu'il faut expliquer l'assentiment général donné à cet acte de la politique du grand roi (la révocation de l'édit de Nantes). On peut dire que la nation tout entière se fit complice de l'édit de 1684, et un philosophe du siècle dernier a parlé comme l'histoire, lorsqu'il a dit que le tort de Louis XIV fut de céder trop facilement au vœu général de la nation. »

(1) P. Clément : *Histoire de Colbert*, p. 365.
(2) Précis de l'histoire moderne, 5ᵉ édit,, p. 255.
(3) La France et le Protestantisme, nᵒ du 1ᵉʳ février 1865 de la *Revue indépendante*.

Après avoir montré, comme nous venons de le faire, les mains pleines de preuves, ce que le Protestantisme a entendu par le mot *tolérance*, et ce qu'il a commis de crimes sous ce nom, il semble superflu d'appliquer le même procédé d'investigation à ce que lui doivent les lumières, et surtout les mœurs. Pas de lumières et de mœurs réelles et pures sans la véritable tolérance, qui n'est autre chose que la charité, c'est-à-dire l'amour sincère, en paroles et en actions, du prochain : le manque de patriotisme des Protestants explique de soi, en l'indiquant d'avance, quelles lumières et quelles mœurs ont pu être celles de ces apôtres de haine et de colère. Nous pouvons dire maintenant, avec M. A. Nicolas lui-même (1) : « On ne peut nier que la Réforme n'ait été comme un déchaînement du mal sur la terre. Ce tableau n'est pas suspect ; car il est tracé par la main même des réformateurs. Leurs témoignages sur ce sujet sont si nombreux, que nous avons eu plus de peine à les écarter qu'à les recueillir, et qu'en faisant disparaître tous ceux que nous avons produits, nous pourrions composer le même tableau avec cent autres témoignages nouveaux aussi forts que ces derniers. »

(1) Tome II. p. 387.

LA RELIGION DE LA FONTAINE.

La Fontaine s'est rendu célèbre par ses *Fables* inimitables, qui l'ont fait proclamer un des plus grands poëtes du siècle de Louis XIV. Mais tout La Fontaine n'est pas là : sa carrière poétique s'était ouverte par diverses pièces de vers d'un sentiment profondément religieux, surtout par un poëme dont le sujet est tiré de la vie des Pères du désert, et qui est une œuvre vraiment hors ligne. Devenue excessivement rare, à peu près introuvable, cette pièce revit le jour en 1826, grâce aux soins de M. Walkenaer, qui la publia dans son excellente édition des œuvres de La Fontaine.

C'est en 1673 que, sous les auspices du cardinal de Bouillon, l'auteur des *Fables*, qui avait alors cinquante-deux ans, publiait cet opuscule, dont voici le titre : *La captivité de Saint-Malc* (1). La Fontaine était arrivé à l'apogée de son talent ; déjà il avait fait paraître les deux

(1) Tome V des Œuvres de La Fontaine (édit. Walkenaer), p. 295-324.

premiers livres de ses *Fables,* et la maturité de son existence, consacrée par une œuvre religieuse d'un beau caractère, promettait (ce qu'elle tint) pour sa vieillesse, et ses derniers jours surtout, de nouveaux accents à la lyre chrétienne.

On sait combien l'éducation de tous les hommes éminents du dix-septième siècle fut profondément chrétienne ; leurs œuvres et la fin de leur vie attestent hautement de la sincérité de leurs sentiments : une foi sincère et naïve avait toujours pour couronnement une retraite et une mort édifiantes. Leur dernier jour était l'écho d'une enfance vivement pénétrée des principes de religion qui font l'homme d'honneur et préparent la force et la consolation, le calme inaltérable de l'heure suprême.

Avant de faire connaître le poëme religieux de La Fontaine, remontons à sa première éducation, et il nous sera facile de comprendre la pensée qui lui a dicté ces mâles accents qui rappellent à la fois Malherbe et Corneille, les deux grandes admirations de sa vie comme les inspirateurs de sa jeunesse.

Né, le 8 juillet 1621, à Château-Thierry, d'une famille fort ancienne, La Fontaine reçut une éducation très-religieuse ; en 1641, c'est-à-dire à vingt ans, il fut reçu à l'institution de l'Oratoire, où son exemple attira presque immédiatement Claude, son frère. Mais, au bout d'un an environ (1), il quitta l'Oratoire et rentra dans le monde ; les impressions qu'il avait reçues de sa première éducation persistèrent cependant toujours, même à travers les fautes de sa vie, agitée par les passions et dominée par la paresse et l'insouciance.

(1) Adry, *Fables de La Fontaine,* éd. de Barbou, 1806, p. xxii, note 2.

Il avait atteint sa vingt-deuxième année, sans donner le moindre indice du penchant qui devait bientôt l'entraîner vers la poésie, lorsqu'un officier, qui se trouvait en quartier d'hiver à Château-Thierry, lut un jour devant lui l'ode de Malherbe sur la mort de Henri IV (1). Il écouta ces vers avec des transports de joie, d'admiration et d'étonnement, « semblable, dit un critique, à un homme qui, né avec le génie de la musique, aurait été nourri dans un désert, et qui entendrait tout à coup un instrument harmonieux, savamment touché, résonner à ses oreilles : telle fut l'impression que firent sur La Fontaine les vers de Malherbe (2). » Il se mit aussitôt à lire cet auteur ; il passa les nuits à l'apprendre par cœur, et il allait le jour déclamer ses odes dans les endroits solitaires.....

Le voilà donc voué à la poésie ; cependant il était parvenu à l'âge de trente-huit ans sans avoir encore rien produit de bien saillant : ses relations avec le surintendant Fouquet et le dévouement qu'il eut pour son infortuné protecteur, développèrent à la fois dans son âme l'idée du grandiose et cette sensibilité si précieuse qui, toutes deux, constituent l'essence même de la poésie vraiment digne de ce nom.

A cinquante ans, La Fontaine collabore à un recueil de poésies chrétiennes (1671) publié par le père de Brienne, à la sollicitation de sa pieuse mère ; quelques-unes des

---

(1) Cette ode commence ainsi :
> Que direz-vous, races futures,
> Si quelquefois un vrai discours
> Vous récite les aventures
> De nos abominables jours ?

(2) Walkenaer, *Histoire de la vie et des ouvrages de J. de La Fontaine* (3ᵉ édit., in-8°, 1824), p. 18 et 19.

fables y furent insérées, ainsi qu'une paraphrase du psaume xvii (1). En même temps, il traitait avec bonheur et talent un sujet très-délicat et hérissé de difficultés de toute nature : *La captivité de Saint-Malc*, tirée d'une épître de saint Jérôme. La Fontaine dédia ce poëme au cardinal de Bouillon, en des termes qui méritent d'être rapportés, tant ils peignent bien l'âme foncièrement religieuse du poëte :

« Votre Altesse Éminentissime ne refusera pas sa pro-
« tection au poëme que je lui dédie : tout ce qui porte le
« caractère de piété est auprès de vous d'une recomman-
« dation trop puissante. C'est pour moi un juste sujet
« d'espérer dans l'occasion qui s'offre aujourd'hui ; mais,
« si j'ose dire la vérité, mes souhaits ne se bornent point
« à cet avantage ; je voudrais que cette idylle, outre la
« sainteté du sujet, ne vous parût pas entièrement dé-
« nuée des beautés de la poésie. Vous ne les dédaignez
« pas ces beautés divines et les grâces de cette langue
« que parlait le peuple-prophète. La lecture des livres
« saints vous en a appris les principaux traits. C'est là
« que la sagesse divine rend ses oracles avec plus d'élé-
« vation, plus de majesté et plus de force que n'en ont
« les Virgile et les Homère... »

Le sujet traité par La Fontaine est un des plus heureux qui puissent se présenter sous la plume d'un poëte. Quoi de plus digne, en effet, des couleurs de la poésie, qu'un jeune homme et une jeune fille qui tous deux ont fait vœu de chasteté ; qui, tous deux d'un rang élevé, deviennent esclaves par le sort de la guerre ; qui sont envoyés

---

(1) *Diligam te, Domine*. — La Fontaine, *Odes*. 5, tome VI des OEuvres, p. 39.

dans un désert pour y garder les troupeaux, et qui, pour obéir à leurs vœux sacrés, résistent à leur mutuelle affection quand rien ne peut les distraire du sentiment qui les entraîne l'un vers l'autre, si ce n'est la crainte d'offenser Dieu? Mais ils se voient soumis à des épreuves plus difficiles encore; pour éviter la mort dont ils sont menacés, ils doivent feindre un mariage exigé par un maître avare et cruel. Alors tous deux, à genoux, lèvent au ciel leurs yeux baignés de pleurs, et reportent vers Dieu ces sentiments d'amour dont leurs cœurs sont embrasés. Cependant la nature, trop faible, succomberait à tant de tourments; ils fuient ensemble, sont poursuivis, s'élancent dans la caverne d'une lionne furieuse qui allaitait ses petits. Par un miracle inattendu, l'animal féroce les protége et met en pièces l'Arabe, dont le cimeterre, déjà levé sur eux, allait leur donner la mort. Enfin, après avoir échappé à mille dangers, ils arrivent à une bourgade chrétienne, se disent un éternel adieu; et, fidèles aux vœux qu'ils avaient formés, ils se renferment pour toujours dans des cloîtres différents, et demandent à Jésus-Christ, au pied des autels, la céleste récompense de leur sacrifice.

Dans l'invocation à la Vierge, qui ouvre le poëme, La Fontaine s'exprime ainsi:

> Reine des esprits purs, protectrice puissante,
> Qui des dons de ton fils rends l'âme jouissante,
> Et de qui la faveur se fait à tous sentir,
> Procurant l'innocence ou bien le repentir;
> Mère des bienheureux, Vierge, enfin, je t'implore.
> Fais que dans mes chansons aujourd'hui je t'honore;
> Bannis-en ces vains traits, criminelles douceurs,
> Que j'allais mendier jadis chez les neuf Sœurs.

Ces vers ont fait croire, avec raison, que La Fontaine a écrit ce poëme dans un accès de repentir. Tout porte à le penser; seulement l'heure de la pénitence définitive et finale n'avait pas encore sonné pour le poëte. Quoi qu'il en soit, poursuivons cet essai d'analyse de *l'idylle* (sic), que l'auteur des *Fables* consacra à un sujet où toutes les ressources de la poésie pouvaient être déployées et fournir au génie l'occasion d'un grand triomphe.

Constatons tout d'abord que La Fontaine a suivi pas à pas et très-exactement le texte de saint Jérôme; il s'est montré en vers historien scrupuleux, et n'a pas usé ici du privilége qu'Horace accorde aux poëtes d'employer toutes les fictions qui peuvent leur passer par la tête.

L'emploi de la journée de Malc et de sa jeune compagne est tracé par le poëte avec un sentiment très-vrai de la vie champêtre:

> Dès que l'aube empourprait les bords de l'horizon,
> Ils menaient leurs troupeaux loin de toutes approches,
> Malc aimait un ruisseau coulant entre des roches,
> Des cèdres le couvraient d'ombrages toujours verts,
> Ils défendaient ce lieu du chaud et des hivers.
> De degrés en degrés l'eau tombant sur des marbres,
> Mêlait son bruit aux vents engouffrés dans les arbres,
> Jamais désert ne fut moins connu des humains;
> A peine le soleil en savait les chemins.
> La bergère cherchait les plus vastes campagnes:
> Là ses seules brebis lui servaient de compagnes:
> Les vents en sa faveur leur offraient un air doux;
> Le ciel les préservait de la fureur des loups,
> Et, gardant leurs toisons exemptes de rapines,
> Ne leur laissait payer nul tribut aux épines.
> Dans les dédales verts que formaient les halliers,
> L'herbe tendre, le thym, les humbles violiers
> Présentaient aux troupeaux une pâture exquise.

Après ce tableau charmant et d'un dessin si sobre, qui esquisse les objets plutôt qu'il ne les fixe, on lira avec plaisir les naïves paroles que la jeune compagne de Malc adressait à son troupeau :

> Que vous êtes heureux, peuple doux ! — disait-elle ;
> — Vous passez sans pécher cette course mortelle.
> On loue, en vous voyant, Celui qui vous a faits :
> Et nous, de qui les cœurs sont enclins aux forfaits,
> Laissons languir sa gloire et d'un faible suffrage
> Ne daignons relever son nom ni son ouvrage.
> Chères brebis, paissez : cueillez l'herbe et les fleurs,
> Pour vous, l'aube nourrit la terre de ses pleurs.
> Vivez de leurs présents : inspirez-nous l'envie
> D'éviter les repas qui vous coûtent la vie.
> Misérables humains, semence de tyrans,
> En quoi différez-vous des monstres dévorants?

Encore une citation ; ce ne sera pas la moins intéressante. La Fontaine a éprouvé sans doute d'autant plus de charme à traduire en vers ce passage de saint Jérôme, qu'il y a là une de ces observations si ordinaires à la plume du Fabuliste, et qui ont fait du *bonhomme* le précurseur par intuition (si l'on peut ainsi dire) de Réaumur.

> Le saint couple, à la fin, se lasse du mensonge ;
> En de nouveaux ennuis l'un et l'autre se plonge.
> Toute feinte est sujet de scrupule à des saints :
> Et quel que soit le but où tendent leurs desseins,
> Si la candeur n'y règne ainsi que l'innocence,
> Ce qu'ils font pour un bien leur semble être une offense.
> Malc à ses sentiments donnait un jour des pleurs.
> Les larmes qu'il versait faisaient courber les fleurs.
> Il vit auprès d'un tronc des légions nombreuses
> De fourmis qui sortaient de leurs cavernes creuses.

L'une poussait un faix; l'autre prêtait son dos :
L'amour du bien public empêchait le repos.
Les chefs encourageaient chacun par leur exemple.
Un du peuple était mort, notre saint le contemple
En forme de convoi soigneusement porté
Hors les toits fourmillants de l'avare cité.
— Vous m'enseignez (dit-il) le chemin qu'il faut suivre.
Ce n'est pas pour soi seul qu'ici-bas on doit vivre ;
Vos greniers sont témoins que chacune de vous
Tâche à contribuer au commun bien de tous.
Dans mon premier désert j'en pouvais autant faire ;
Et, sans contrevenir aux vœux d'un solitaire,
L'exemple, le conseil et le travail des mains
Me pouvaient rendre utile à des troupes de saints :
Aujourd'hui je languis dans un lâche esclavage ;
Je sers pour conserver des jours de peu d'usage.
Le monde a bien besoin que Malc respire encor !
Vil esclave, tu mens pour éviter la mort !... »

Tel est ce poëme, ou plutôt cette *idylle*, comme le nomme La Fontaine ; ce ne fut pas sa dernière œuvre de poésie religieuse, loin de là : plus il avançait en âge, et plus les idées religieuses reprenaient d'empire sur lui.

C'est vers 1686 qu'il faut placer une anecdote rapportée par Racine le fils, qui prouve combien La Fontaine savait goûter la naïve et sublime simplicité des livres saints. Racine le mena un jour à ténèbres ; et, s'apercevant que l'office lui paraissait long, il lui donna pour l'occuper un volume de la Bible, qui contenait les petits prophètes. La Fontaine tomba sur la prière des Juifs dans Baruch, et, ne pouvant se lasser de l'admirer, il disait à Racine : « C'était un beau génie que ce Baruch ; qui était-il ? » Le lendemain et les jours suivants, lorsqu'il rencontrait dans la rue quelque personne de sa connaissance, après les compliments ordinaires, il élevait la voix pour dire : « Avez-vous lu Baruch ? C'était un grand génie (1). »

Notre poëte fut lié d'amitié avec plusieurs ecclésiastiques recommandables : le jésuite Commire, poëte latin distingué (2) ; le savant Huet, évêque d'Avranches (3) ; et Le Camus, évêque de Grenoble, hommes d'autant de goût que de piété (4).

Nous arrivons à l'époque de la vie de La Fontaine la plus remarquable au point de vue d'où nous envisageons cet homme si sympathique ; vers la fin de 1692, il fut attaqué d'une maladie qui fit craindre pour ses jours, et qui porta une irréparable atteinte à cette constitution vigoureuse dont la nature l'avait doué. Les idées religieuses, qui, dans sa plus tendre jeunesse, s'étaient emparées de lui au point de lui suggérer l'idée de se renfermer dans un cloître, revinrent de nouveau frapper son esprit. Les passions les avaient d'abord écartées ; lorsque celles-ci eurent disparu, elles les remplacèrent. Alors Mme de La Sablière, sa bienfaitrice, approchait de sa fin, et allait bientôt terminer une vie depuis longtemps consacrée à la religion et aux bonnes œuvres. Les exhortations d'une amie presque mourante, jointes à celles de Racine, firent sur La Fontaine la plus forte impression. Son âme aimante et sensible, affaissée par le poids de sa tristesse, éprouva vivement le besoin des consolations célestes.

---

(1) Louis Racine, Œuvres, tome V, p. 156.
(2) Opera posthuma, 1704, p. 211.
(3) Commentarius de rebus ad eum pertinentibus, 1718, p. 271, 362, 366 et 371 ; d'Olivet, notice sur Huet, en tête du Huetiana, 1722, p. 15.
(4) Dangeau, Nouveaux mémoires, à la date du 11 septembre 1686, dans l'Essai sur l'établissement monarchique de Louis XIV, par Lemontey, p. 23 ; de Subligny, Muse dauphine, à la date du 19 août 1666, p. 112 ; Œuvres de La Fontaine, 1823, in-8°, t. VI, p. 173, note 1.

On sait combien fut sincère son retour à la religion : rendu à la santé, il persévéra dans sa conversion ; il se soumit même, par pénitence, à des rigueurs que son confesseur ne lui avait ni prescrites ni conseillées, et que ses amis ignorèrent tant qu'il vécut : il portait sur lui un cilice que l'abbé d'Olivet vit entre les mains de Maucroix, qui le gardait comme un monument précieux de la mémoire de son ami (1), ce qui depuis inspira à Louis Racine ces beaux vers sur notre poëte :

> Vrai dans tous ses écrits, vrai dans tous ses discours,
> Vrai dans sa pénitence à la fin de ses jours,
> Du Maître qui s'approche il prévient la justice,
> Et l'auteur de *Joconde* est armé d'un cilice (2).

La première fois que La Fontaine se trouva en état de siéger à l'Académie, il y renouvela la déclaration qu'il avait faite en recevant le saint viatique, et il lut à l'Assemblée une paraphrase en vers français de la prose des morts : *Dies iræ*, dans laquelle, en s'adressant à Dieu, il lui dit :

> L'illustre pécheresse. . . . .
> Se fit tout pardonner par son amour extrême ;
> Le larron, te priant, fut écouté de toi.
> La prière et l'amour ont un charme suprême.
> Tu m'as fait espérer même grâce pour moi.
>
> . . . .
> Fais-moi persévérer dans ce juste remords :
> Je te laisse le soin de mon heure dernière,
> Ne m'abandonne pas quand j'irai chez les morts (3).

---

(1) D'Olivet, *Histoire de l'Académie française*, tome II, p. 313 ; de Maucroix, *Œuvres posthumes*, 1710, in-12. p. 349 et 366-368.
(2) Louis Racine, *Épître à Rousseau*, tome II, p. 92 de ses Œuvres, édit. in-8°.
(3) La Fontaine, *Odes*, 6, tome VI, p. 49.

Ces vers datent de l'année 1693.

Cependant, le mieux qu'avait éprouvé La Fontaine, à la suite de la grande maladie qui menaça de l'emporter, ne le trompait nullement sur l'approche de sa dernière heure : aussi, trois ans avant de quitter la vie, il écrivait (1692) ses *Stances sur la soumission que l'on doit à Dieu*.

Dès la première strophe, la confession du poëte se précise en termes d'une grande humilité :

> Heureux qui, se trouvant trop faible et trop tenté,
>   Du monde enfin se débarrasse !
>   Heureux qui, plein de charité,
> Pour servir son prochain y conserve sa place !
> Différents dans leurs vues, égaux en piété,
>   L'un espère tout de la grâce,
> L'autre appréhende tout de sa fragilité.

A cette époque, La Fontaine semble avoir été uniquement occupé du projet qu'il avait conçu de mettre en vers les hymnes de l'Église. On voit par un fragment d'une lettre à son ami Maucroix, — en date du 26 octobre 1694, — qu'il ne pouvait se passer du commerce des muses, dont il s'était fait une longue habitude. « J'espère (dit-il) que « nous attraperons tous deux les quatre-vingts ans, et que « j'aurai le temps d'achever mes hymnes. Je mourrais « d'ennui si je ne composais plus. Donne-moi tes avis « sur le *Dies iræ, dies illa*, que je t'ai envoyé. J'ai encore « un grand dessein où tu pourras m'aider. Je ne te dirai « pas ce que c'est que je ne l'aie avancé un peu davan- « tage (1). »

Nous ignorons quel était ce grand dessein de La Fon-

---

(1) La Fontaine, *Lettres à divers*, 33, tome VI, p. 627; OEuvres posthumes de F. de Maucroix, 1710, in-12, p. 348.

taine. Il ne nous reste rien non plus des hymnes ou psaumes qu'il avait traduits ou imités dans les derniers temps de sa vie ; cette perte est, à tous égards, regrettable. D'ailleurs, les souhaits qu'il exprimait dans la lettre que nous venons de citer se réalisèrent pour Maucroix, qui vécut jusqu'à quatre-vingt-dix ans, mais non pas pour lui, dont les forces diminuèrent de jour en jour. Il paraît qu'on croyait qu'il avait l'esprit frappé, et que ses amis considéraient les craintes qui l'agitaient comme chimériques, puisqu'il écrivit à Maucroix, le 1er février 1695, le billet suivant :

« Tu te trompes assurément, mon cher ami, s'il est
« bien vrai, comme M. de Soissons me l'a dit, que tu me
« crois plus malade d'esprit que de corps. Il me l'a dit
« pour tâcher de m'inspirer du courage, mais ce n'est
« pas de quoi je manque. Je t'assure que le meilleur de
« tes amis n'a plus à compter sur quinze jours de vie.
« Voilà deux mois que je ne sors point, si ce n'est pour
« aller à l'Académie, afin que cela m'amuse. Hier,
« comme j'en revenais, il me prit, au milieu de la rue du
« Chantre, une si grande faiblesse, que je crus véritablement mourir. O mon cher ! mourir n'est rien ; mais
« songe-tu que je vais comparaître devant Dieu ? Tu sais
« comme j'ai vécu. Avant que tu reçoives ce billet, les
« portes de l'éternité seront peut-être ouvertes pour
« moi (1). »

Il règne dans ce billet un tel mélange de fermeté philosophique, d'humilité chrétienne et de crainte religieuse, joint aux sentiments d'une amitié si vraie et si tendre, qu'il suffirait seul pour prouver que La Fontaine était

(1) La Fontaine, *Lettres à divers*, 34, tome VI, p. 628.

sincère dans sa foi et dans sa piété, et que l'âge ne lui avait rien fait perdre de la bonté et de la sensibilité de son cœur.

Maucroix, dans la réponse qu'il fit aussitôt (elle est datée du 14 février), dit à son ami :

« Mon cher ami, la douleur que ta dernière lettre me
« cause est telle que tu la dois imaginer. Mais en même
« temps je te dirai que j'ai bien de la consolation des
« dispositions chrétiennes où je te vois. Mon très-cher,
« les plus justes ont besoin de la miséricorde de Dieu.
« Prends-y donc une entière confiance, et souviens-toi
« qu'il s'appelle le Père des miséricordes et le Dieu de
« toute consolation. Invoque-le de tout ton cœur. Qu'est-
« ce qu'une véritable contrition ne peut obtenir de cette
« bonté infinie ? Si Dieu te fait la grâce de te renvoyer
« la santé, j'espère que tu viendras passer avec moi le
« reste de ta vie, et souvent nous parlerons ensemble
« des miséricordes de Dieu. Cependant, si tu n'as pas la
« force de m'écrire, prie M. Racine de me rendre office
« de charité, le plus grand qu'il me puisse jamais ren-
« dre. Adieu, mon bon, mon ancien et mon véritable ami ;
« que Dieu, par sa très-grande bonté, prenne soin de la
« santé de ton corps et de celle de ton âme (1) ! »

La Fontaine n'avait pas en vain pressenti sa fin prochaine. Ses forces diminuèrent rapidement, et il mourut le 13 avril 1695, âgé de soixante-treize ans neuf mois et cinq jours...

Le poëte chrétien n'est pas seulement dans le poëme de saint Malc ni dans les quelques pièces dont nous avons essayé de faire connaître l'esprit ; il est peut-être

---

(1) De Maucroix, dans les Œuvres de La Fontaine. Lettres à divers, 35, tome VI, p. 629.

plus encore et surtout dans la morale ou les préambules de ses immortelles *Fables*, où tous les traits de la sagesse brillent de leur plus vif éclat, en même temps qu'elles forment, pour ainsi dire, la profession de foi la plus entière et la plus naïve de ce génie si plein de bonhomie. Les *Fables* sont vraiment l'œuvre capitale de La Fontaine, celle qui résume et explique sa vie, où il s'est le mieux peint comme en une autobiographie dont rien ne peut un seul instant faire suspecter la franchise ; il s'est vraiment mis en scène dans cette ample *comédie à cent actes divers*, — ainsi qu'il l'appelait. — qui, de 1668 à 1694, a été la préoccupation à peu près constante de sa vie, de l'âge de quarante-sept ans à soixante-treize ans, pendant plus d'un quart de siècle.

Les citations suivantes formeront l'*esprit* de ce poëte si chrétien, et établiront, mieux que bien des dissertations, qu'à toutes les époques de sa vie, même les plus agitées, et par conséquent les moins occupées des pratiques religieuses, son âme et son esprit sont toujours restés profondément imprégnés des impressions de son enfance et de sa première jeunesse.

Les quatre vers dont se compose la fable de *l'Astrologue qui se laisse tomber dans un puits* sont le thème de beaux vers contre la superstition qui fait consulter le sort, et tenter ainsi la Providence :

> Cette aventure, en soi, sans aller plus avant,
> Peut servir de leçon à la plupart des hommes.
> Parmi ce que de gens sur la terre nous sommes,
>   Il en est peu qui, fort souvent,
>   Ne se plaisent d'entendre dire
> Qu'au livre du Destin les mortels peuvent lire.
> . . . .

> Qu'est-ce que le Hasard parmi l'antiquité
>   Et, parmi nous, la Providence?
>   Or, du hasard il n'est point de science,
>   S'il en était, on aurait tort
> De l'appeler hasard, ni fortune, ni sort;
>   Toutes choses très-incertaines.
>   Quant aux volontés souveraines
> De Celui qui fait tout, et rien qu'avec dessein,
> Qui les sait, que Lui seul? Comment lire en son sein?
> Aurait-il imprimé sur le front des étoiles
> Ce que la nuit des temps enferme dans ses voiles?
> A quelle utilité? Pour exercer l'esprit
> De ceux qui de la sphère et du globe ont écrit?
> Pour nous faire éviter des maux inévitables?
> Nous rendre, dans les biens, de plaisirs incapables?
> Et, causant du degoût pour ces biens prévenus,
> Les convertir en maux devant qu'ils soient venus?
> C'est erreur, ou plutôt, c'est crime de le croire.

La raison ne peut être plus éloquente qu'ici; le sentiment de la Providence et des éternelles lois divines domine tout ce morceau, où le vers, instrument toujours à la hauteur de la pensée, est sublime comme celui de Corneille à ses meilleurs instants.

Et si, en chemin faisant, nous voulions toucher un mot de la politique du bonhomme, comme nous y verrions ce même sens pratique, parce qu'il est empreint de l'idée chrétienne!

Mais revenons à la philosophie toute chrétienne de La Fontaine. Quoi de plus vrai, comme aussi de mieux exprimé, que cette pensée par laquelle débute la fable *la Mort et le Mourant :*

> La mort ne surprend pas le sage :
> Il est toujours prêt à partir,
> S'étant su lui-même avertir

> Du temps où l'on se doit résoudre à ce passage.
>   Ce temps, hélas ! embrasse tous les temps :
> Qu'on le partage en jours, en heures, en moments,
>   Il n'en est point qu'il ne comprenne
> Dans le fatal tribut ; tous sont de son domaine ;
> Et le premier instant où les enfants des rois
>   Ouvrent les yeux à la lumière
>   Est celui qui vient quelquefois
>   Fermer pour toujours leur paupière.
>   Défendez-vous par la grandeur ;
> Alléguez la beauté, la vertu, la jeunesse ;
>   La mort ravit tout sans pudeur :
> Un jour le monde entier accroîtra sa richesse.
>   Il n'est rien de moins ignoré ;
>   Et puisqu'il faut que je le dise,
>   Rien où l'on soit moins préparé.

Et quoi de plus beau que la fin de cet apologue, le dernier vers surtout, qui est vraiment sublime, et s'adresse aux vieillards se cramponnant à la vie :

> Le plus semblable aux morts meurt le plus à regret.

Arrêtons sur cette maxime si pratique cet essai d'étude sur la religion de La Fontaine considéré comme poëte et penseur chrétien. Si (le mot est de M. de Maistre) « l'homme ne vaut que par ce qu'il croît, » notre poëte tira sa plus grande valeur de l'esprit de foi qui ne s'altéra jamais en lui, et qui, dans les derniers jours de sa vie, jeta un si vif et si doux éclat, aurore de l'éternité qui allait s'ouvrir pour l'âme confiante de l'inimitable *bonhomme*.

LATUDE.

En 1834, l'affiche d'un des théâtres du boulevard, nommé sans doute par antiphrase *la Gaîté*, puisqu'on n'y jouait que des drames bien noirs, annonçait une grande pièce intitulée : *Latude, ou trente-cinq ans de captivité.* On sait quel succès infiniment trop prolongé d'émotions et de larmes ce fut parmi le populaire parisien. Latude, un nom si connu! Les crimes de l'ancien régime dévoilés!... Quoi de plus? Depuis, on s'est blasé sur ces évasions, dont on a abusé et tiré tant d'épreuves et de contre-épreuves que le cliché en semble épuisé. Épuisé! allons donc : est-ce que l'erreur doublée du mensonge se lasse si tôt? Aussi n'y eut-il pas lieu de s'étonner de voir, après le *Latude* du boulevard, paraître l'histoire mélodrame de M. Michelet, avec ces deux titres bien faits pour provoquer de douces larmes de la part des admirateurs des *Femmes de la Révolution*, — HÉROÏSME DE PITIÉ. — UNE FEMME A DÉTRUIT LA BASTILLE.

Ceci n'est autre chose que *le roman* de Latude; il est donc utile d'en faire la préface obligée de *l'histoire* du même personnage, d'après des faits que M. Michelet n'a pas connus ou n'a peut-être pas voulu connaître, car ils auraient furieusement entamé, par la base même, son roman, qui vaut bien le drame représenté en 1834, l'un ayant inspiré l'autre...

Écoutons donc M. Michelet :

« Nulle légende plus tragique que celle du prisonnier Latude; nulle plus sublime que celle de sa libératrice, Mme Legros.

« Il se trouva qu'en ce Latude, la vieille tyrannie imbécile avait enfermé l'homme le plus propre à la dénoncer, un homme ardent et terrible, que rien ne pouvait dompter, dont la voix ébranlait les murs, dont l'esprit, l'audace, étaient invincibles... Corps de fer indestructible qui devait user toutes les prisons, et la Bastille, et Vincennes, et Charenton, enfin l'horreur de Bicêtre, où tout autre aurait péri.....

« Il était sur son fumier, à Bicêtre, mangé des poux, *à la lettre*, logé sous terre, et souvent hurlant de faim. Il avait encore adressé un mémoire à je ne sais quel philanthrope, par un porte-clef ivre. Celui-ci heureusement le perd, une femme le ramasse. Elle le lit, elle frémit; elle ne pleure pas, celle-ci, mais elle agit à l'instant.

« Mme Legros était une pauvre petite mercière qui vivait de son travail. Elle ne craignit pas de s'embarquer dans cette terrible affaire. Elle vit, avec un ferme bon sens, ce que les autres ne voyaient, ou bien voulaient ne pas voir : que le malheureux n'était pas fou, mais victime d'une nécessité affreuse de ce gouvernement, obligé de cacher, de continuer l'infamie de ses vieilles fautes...

« Trois ans de suite, elle suivit son but avec une opiniâtreté inouïe dans le bien : tous les malheurs sur la route, et elle ne lâche pas prise. Son père meurt, sa mère meurt; elle perd son petit commerce; elle est blâmée de ses parents, vilainement soupçonnée. On lui demande si elle est la maîtresse de ce prisonnier auquel elle s'intéresse tant; la maîtresse de cette ombre, de ce cadavre dévoré par la gale et la vermine!...

« La police frémit, s'indigne. Mme Legros peut être enlevée d'un moment à l'autre, enfermée, perdue pour toujours; tout le monde l'en avertit. Le lieutenant de police la fait venir, la menace. Il la trouve immuable, ferme; c'est elle qui le fait trembler. »

Selon M. Michelet, Mme Legros ne réussit ni auprès de Marie-Antoinette, ni auprès du roi.

« Louis XVI aimait la Bastille, il ne voulait pas lui faire tort, la perdre de réputation... Il ne pouvait pas bien recevoir, en 1781, une requête qui compromettait la Bastille. Il repoussa celle que Rohan lui présentait pour Latude. Il répondit définitivement que c'était un homme dangereux; qu'il ne pouvait lui rendre la liberté *jamais*.

« Jamais! tout autre en fût resté là. Eh bien, ce qui ne se fait pas par le roi se fera malgré le roi. Mme Legros persiste. Elle est accueillie des Condé, toujours mécontents et grondeurs; accueillie du jeune duc d'Orléans, accueillie des philosophes, de M. le marquis de Condorcet, de Dupaty, de Villette, quasi-gendre de Voltaire, etc., etc...

« Latude s'obstine à vivre, et Mme Legros s'obstine à délivrer Latude. Breteuil permet à l'Académie de donner le prix de vertu à Mme Legros, de la couronner... à la condition singulière qu'on ne motive pas la couronne.

« Puis, 1784, on arrache à Louis XVI la délivrance de Latude.....

« Mme Legros ne vit pas la destruction de la Bastille. Elle mourut peu avant. Mais ce n'en est pas moins elle qui eut la gloire de la détruire. C'est elle qui saisit l'imagination populaire de haine et d'horreur pour la prison du *bon plaisir* qui avait enfermé tant de martyrs de la foi ou de la pensée. La faible main d'une pauvre femme isolée brisa, en réalité, la hautaine forteresse, en arracha les fortes pierres, les massives grilles de fer, en rasa les tours (1). »

Ainsi, ce n'est plus le peuple qui, le 14 juillet 1789, a *pris* et renversé la Bastille; c'est la petite mercière, Mme Legros, par dévouement pour Latude.

> Et voilà justement comme on écrit l'histoire!

disait Voltaire.

Ces pages de Michelet sont le roman de Latude; il est temps d'aborder l'histoire véritable de ce prisonnier trop exalté, et qui n'était, en somme, qu'un être assez médiocre, auquel on pourrait appliquer ce mot d'un homme d'esprit sur un folliculaire de l'opposition, en 1825 : « Il a plus de prison que de génie. » Sans doute, avoir été quelque trente ans embastillé, c'est un avantage; mais il ne faut pourtant pas en abuser, et c'est ce qu'on a fait pour Latude... (2).

---

(1) J. Michelet, *Les femmes de la Révolution* (2ᵉ édition, revue et corrigée, 1855, in-18), p. 14-20.

(2) Pour la biographie de Latude, nous suivons, — en y faisant de larges emprunts, — l'excellent travail de MM. E. Campardon et A. Longnon, publié en 1877, dans le tome III des Mémoires de la Société de l'Histoire de Paris et de l'Ile-de-France (p. 356-401), sous ce titre : *Latude et son*

Né le 23 mars 1725, à Montagnac, en Gascogne, Latude fut inscrit sur le registre paroissial sous le nom de Jean-Henri, illégitime, fils d'une servante (Jeanneton Aubrespy) et d'un père inconnu. Or, dans les mémoires rédigés par Thiéry (1787), on fait dire à Latude : « Je suis né au châ-
« teau de Craiseih, près de Montagnac, en Languedoc,
« dans une terre appartenant au marquis de Latude,
« mon père, chevalier de l'ordre royal et militaire de
« Saint-Louis, lieutenant-colonel du régiment d'Orléans-
« dragons, mort, depuis, lieutenant de roi à Sedan. Mon
« éducation fut celle d'un gentilhomme destiné à servir
« sa patrie et son roi (1). »

On le voit, Latude, dont la constante préoccupation fut de se donner pour noble, a trouvé trop brutal le registre paroissial, et voilà *le père inconnu* tout trouvé.

Ce qu'il y a de certain, c'est que Jeanneton, qui avait une trentaine d'années, était domestique au susdit château, où elle devint mère, à la date précitée.

M. de Latude, le père du futur prisonnier de la Bastille, se maria quatre ans seulement après la naissance

---

évasion. Documents inédits recueillis aux Archives nationales. Ces documents sont au nombre de sept pièces : 1° Déclaration de Chevalier, major de la Bastille, au sujet de l'évasion de Latude et de Dallègre (26 février 1756) ; 2° Interrogatoire de Chevalier, Marin, Fongarnaud, bas officiers des Invalides, et de Darragon, porte-clefs au château de la Bastille, touchant l'évasion de Latude et de Dallègre (27 février 1756); 3° Constatation des instruments qui ont servi à l'évasion de Latude et de Dallègre (28 février 1756) ; 4° Interrogatoire de Bernard Rouil, tailleur, accusé d'avoir favorisé la fuite de Latude (15 avril 1756); 5° Procès-verbal de recherche de la personne de Latude (13 juillet 1777) ; 6° Examen des papiers trouvés sur Latude lors de son arrestation à Saint-Bris et interrogatoire du même (19 juillet 1786); 7° Plainte portée par Latude contre le sieur de Villeneuve, huissier-priseur, qui l'a publiquement signalé comme un coquin (22 novembre 1788).

(1) P. 3 de l'édit. de 1790.

de *Jean-Henri,* avec Anne de la Garde, fille et héritière du baron de Mureau, dont il eut six fils qui parvinrent à l'âge d'homme. Il ne crut pas devoir avouer comme sien le fils de Jeanneton, « car, c'est M. Jal qui nous l'apprend (1), la mention d'un acte de reconnaissance n'est point en marge de l'acte de baptême, où elle aurait été inscrite suivant la coutume et aux termes des édits royaux; » mais il ne l'abandonna pas cependant, prit quelque soin de son éducation, et le destina à l'état militaire. Comme Jean-Henri montrait du goût pour les sciences exactes, son père eut l'idée de le faire entrer dans le corps du génie, et l'adressa, en 1747, à son ami Dumai, alors ingénieur en chef à Berg-op-Zoom. A la reddition de cette place à la Hollande, un an après, Jean-Henri vint chercher fortune à Paris : il avait vingt-trois ans.

« Chercher fortune à Paris est le mot exact, dit M. Longnon (2), car Jean-Henri ne pensa pas un moment à s'élever par le travail. Il fallait mieux à ce fils illégitime du lieutenant-colonel d'Orléans-dragons ! Doué d'un certain esprit d'intrigue et peu scrupuleux sur les moyens à employer, il résolut de se concilier la faveur de Mme de Pompadour, toute-puissante dès lors, en usant d'un stratagème.

« La ruse dont il se servit pour atteindre ce but fut, malheureusement pour lui, percée à jour. Il imagina de se rendre à Versailles près de la favorite, pour l'avertir qu'un complot se tramait contre sa vie. Deux hommes dont il avait surpris la conversation venaient, disait-il, de mettre à la poste une boîte contenant un poison sub-

(1) Dictionnaire critique.
(2) L. c. sup., p. 358 et 359.

til; c'est pourquoi il la conjurait de se tenir sur ses gardes. Mme de Pompadour, touchée de l'attention du jeune homme, le pria de lui laisser son nom et son adresse. La boîte arriva : c'était le prétendu dénonciateur lui-même qui l'avait envoyée; la poudre qu'elle contenait était complétement inoffensive, ce que prouva clairement l'expérience qu'on en fit sur des animaux. Mais la favorite, furieuse d'avoir été prise pour dupe, fit jeter Jean-Henri à la Bastille. »

Telle est du moins la version donnée par Latude lui-même dans ses mémoires. Cependant M. Jal (1) raconte que, la marquise n'ayant pas voulu recevoir Jean-Henri, celui-ci « récita son roman tragique au valet de chambre « de cette dame, » et, c'est très-probablement la vérité. Par deux fois, en effet, dans son *Mémoire adressé à la marquise de Pompadour*, Jean-Henri, qui ne peut alors songer à déguiser la nature de ses rapports avec la favorite, ne dit pas autre chose : « Je vous ai envoyé un « paquet, il est vrai, Madame, mais il n'y avait rien « dedans de nuisible, cela a été prouvé par des expé- « riences; de plus, je vous ai avertie d'avance de son « arrivée par Gourbillon, votre valet de chambre (2). »

La note d'écrou de Latude sur les registres de la prison de Vincennes offre une différence plus notable avec le récit du prisonnier, mais cette différence ne roule que sur un détail de la supercherie imaginée par Jean Henri : selon cette note, Latude aurait envoyé à la marquise une boîte qu'on ne pouvait ouvrir sans faire partir une sorte de petit pétard fulminant, d'ailleurs fort inoffensif.

---

(1) Dictionn. crit., p. 746.
(2) P. 8; voyez aussi p. 16.

Peut-être la vérité est-elle là, car ce qu'il dit dans le passage précité du *Mémoire de madame de Pompadour* n'y vient pas contredire; mais alors la ruse de Latude était si naïve, que plus tard son amour-propre en aura rougi, et qu'il aura cru convenable de créer et de mettre en circulation la variante que l'on sait (1). »

« Jean-Henri fut mis à la Bastille le 1er mai 1749, et fut écroué sous le nom de *Danry*. « Il était d'usage, — « dit-il dans ses Mémoires, — de baptiser ainsi à leur « entrée ceux des prisonniers qui pouvaient avoir des « protections, pour qu'on pût répondre à ceux qui solli- « citaient leur liberté que l'on ne connaissait à la Bas- « tille personne qui portât le nom que l'on citait. »

« Allégation ridicule et mensongère, » riposte M. Jal, qui rappelle nombre de personnages importants du XVIIe et du XVIIIe siècle bien autrement en état de trouver des protecteurs que Jean-Henri, et qui, pourtant, furent écroués sous leur véritable nom, « tout aussi bien, — ajoute-t-il, — que Allègre, le compagnon d'évasion du prétendu Jean Danry. »

« Et, — dit M. Longnon, — nous sommes porté à croire, avec l'auteur du *Dictionnaire critique*, que l'origine du nom Danry se lie à l'illégitimité de la naissance du prisonnier, que celui-ci n'a garde d'avouer dans les Mémoires rédigés sous son inspiration, à une époque où il se faisait appeler Henri Masers de Latude (2). »

Suivant M. Jal, Jean Danry serait une altération produite par une audition mauvaise du nom Jean Henri, que le jeune intrigant aurait décliné à son entrée à la Bas-

---

(1) Longnon, p. 359, note 1, au bas de la page.
 P. 359.

tille, désirant ainsi, tout en ne prenant pas le nom de son père naturel, cacher le nom de sa mère (Aubrespy), qu'il pouvait seul porter. Danry est désormais, et pour longtemps, le seul nom qui lui est conservé. Pourtant, en 1762, un mémoire qu'il adresse au roi est signé *Henri Masers d'Aubrespy*, et un autre : *Danry, ou Masers d'Aubrespy, prisonnier à la Bastille*; tout en prenant le nom de sa mère, à cette époque, la vanité de Latude ne pouvait résister au désir de l'orner de la particule nobiliaire.

Mais pourquoi et d'où vient ce nom de *Masers?* Masers, — selon M. Jal, — était le nom d'une terre qui appartenait à M. de Fontes, chef de la branche aînée de la famille de Latude. Quoi qu'il en soit, un jugement rendu en 1834, à la requête des amis survivants de Latude, c'est-à-dire des enfants de Mme Legros, ordonna la rectification de l'acte de décès du prisonnier d'État, qui avait été prénommé Jean-Henri Masers, au lieu de Jean-Henri seulement. »

Il ne prit le nom de Latude qu'après le décès de son père, qui eut lieu en 1761. Il faut y joindre ce fait curieux, que Latude demanda, en 1792, à l'un des fils légitimes de son père, de le reconnaître pour son frère naturel, — prétention qui fut repoussée.

« Se faire passer pour gentilhomme était une des préoccupations les plus constantes de Latude, qui prétend, dans ses Mémoires, avoir reçu *l'éducation d'un gentilhomme destiné à servir sa patrie et son roi* ; et c'est sous cette influence qu'il fit insérer dans les écrits publiés sous son nom des pièces évidemment créées par lui ou avec son assentiment. Rien n'est plus entaché de faux qu'une lettre que la mère de Latude aurait adressée, le

17 juin 1758, à Mme de Pompadour, et où on lit ces mots :
« La mort me fermera bientôt les yeux : n'attendez pas
« que je sois au tombeau pour faire grâce à mon fils ; je
« n'ai que cet enfant, *l'unique rejeton de sa tige, l'unique*
« *reste de la maison*, l'unique espérance de ma vieil-
« lesse (1). »

Comment, en 1758, date de cette prétendue lettre de la mère de Jean-Henri, celui-ci pouvait-il être qualifié *l'unique rejeton de sa tige* et *l'unique reste de la maison*, puisque vivait encore son père, M. de Latude, qui ne devait mourir qu'en 1761, laissant six fils légitimes qui parvinrent tous à l'âge d'homme ?...

Quoi qu'il en soit, une fois, dans le cours de ses Mémoires (2), Jean-Henri paraît avoir voulu faire une allusion indirecte à sa naissance illégitime. C'est à propos de sa mise en liberté, en 1777, et du désir qu'il avait de ne pas aller habiter Montagnac, selon l'ordre qu'il en avait reçu : « J'étais sans fortune, sans ressources, et je
« devais moins me flatter d'en rencontrer là que partout
« ailleurs. Ce mot va paraître une énigme à mes lecteurs ;
« mais qu'ils me permettent de le couvrir d'un voile reli-
« gieux ; les premiers, les plus sacrés de tous les devoirs
« m'en imposent l'obligation. Je leur ai confié toutes mes
« idées, tous mes sentiments ; je dois renfermer celui-ci
« dans mon cœur ; il s'y éteindra avec moi. »

Ce curieux passage a été supprimé dans l'édition de 1793, il eût été une mauvaise note à l'égard du *civisme* du citoyen Latude (*sic*). Quel pathos ! C'est un échantillon du style des lettres de ce personnage, que M. Michelet qua-

(1) Mémoires, édit. de 1793. tome I, p. 177.
(2) Edit. de 1790, tome II. p. 146.

lifie d'*admirables* (1), et dont il regrette qu'un si petit nombre ait vu le jour de la publicité.

Mais revenons à la Bastille, où nous avons laissé notre prisonnier, qui n'y resta que quatre mois; puis il fut conduit à Vincennes, où le lieutenant de police, Berryer, lui adoucit le plus possible la captivité, en lui donnant la meilleure chambre du donjon et deux heures de promenade, chaque jour, dans le jardin. Latude s'empresse de reconnaître les bontés de Berryer en enfermant le porte-clefs et en prenant la fuite. C'est au mieux, et le voilà libre, n'est-ce pas? Oui; mais, se trouvant à bout de ressources, il fait parvenir un mémoire au roi pour implorer son pardon, et met... bonnement son adresse à la fin dudit mémoire; immédiatement, la police appréhende de nouveau au corps le trop ingénu évadé, et le réintègre à la Bastille, au bout de six jours de grand air. Il est mis au cachot; le lieutenant de police, — le meilleur homme du monde, — s'apitoie encore sur son sort pourtant bien mérité, lui fait conserver la nourriture des chambres, et permet que des livres, du papier, de l'encre et des plumes soient mis à sa disposition.

Latude rêve une nouvelle évasion, cela se conçoit; si bienveillant que puisse être le lieutenant de police à son égard, une prison est toujours une prison, mais la faute, à qui? Le captif a pu s'évader une première fois, et il a la sottise de donner l'indication de sa retraite pour se faire reprendre et remettre entre quatre murs! Avec la meilleure volonté du monde, il n'y a pas moyen de plaindre un pareil sot... Six mois se passent ainsi, et Latude ne

(1) Les femmes de la Révolution, p. 19, note 1. Delort a publié un petit nombre de ces lettres *admirables* de Latude. (Histoire de la détention... des philosophes et gens de lettres à la Bastille... (1829.)

profite de l'encre et des plumes qu'on lui a laissées que pour composer, contre la marquise de Pompadour, cette médiocre rimaille, qu'il confie à la marge d'un des livres qu'on veut bien lui prêter :

>Sans esprit et sans agréments,
>Sans être ni belle ni neuve,
>En France on peut avoir le premier des amants :
>La Pompadour en est la preuve.

L'épigramme fut dénoncée à la marquise elle-même, et l'auteur paya ses mauvais vers d'un an de cachot; enfin, M. Berryer, pris de pitié pour cet imbécile (car on ne peut guère donner un autre nom à Latude), lui fit donner une chambre et l'autorisa à avoir un domestique ; ce dernier tombe bientôt malade et quitte la prison, où il est remplacé, auprès de son maître, par un jeune homme nommé Dallègre, écervelé qui avait voulu s'ériger en censeur et avait écrit à Mme de Pompadour une épitre virulente.

Le lieutenant de police, ému de pitié pour ces deux hommes, intercède en leur faveur, mais sans résultat : c'est alors que Latude et Dallègre complotent et réalisent le plan d'évasion que le drame de la Gaîté a popularisé, avec l'échelle de corde et les outils que leur avait fait inventer l'industrie inspirée par la soif de la liberté.

Le 25 février 1756, les deux amis s'évadent de la Bastille; un mois après, ils avaient passé la frontière. Dallègre arrive le premier à Bruxelles, mais là il commet une nouvelle naïveté, qui permet à la police de retrouver sa trace et celle de son compagnon : il écrit d'abord à Latude pour lui apprendre l'heureux succès de son voyage, et décharge ensuite son cœur dans une autre épitre qu'il envoie à Mme de Pompadour. On le voit, comme finesse et comme ruse, Dallègre était à la hauteur de Latude, qui est repris à Amsterdam le 1er juin 1756. Moins de quinze jours après, il rentre à la Bastille ; quant à Dallègre, il ne le retrouva que vingt ans après, à Charenton, où le malheureux, devenu fou furieux, se croyait Dieu (1).

L'esprit enfin mûri par le malheur dont il avait assumé la plus large part, grâce à ses imprudences, Latude songe, cette fois, à mériter sa liberté en étudiant des projets d'utilité publique, et surtout de réforme militaire (1758). En 1761, époque où le sort du prisonnier était déjà quelque peu adouci, la Bastille change de gouverneur : le nouveau titulaire, M. de Jumilhac, s'intéresse à Latude et lui procure une audience de M. de Sartines, récemment nommé lieutenant de police. Celui-ci accueille le prisonnier avec une sincère sympathie, lui fait espérer la liberté, une récompense pour ses travaux, et lui accorde la faveur d'une promenade quotidienne de deux heures sur la plate-forme de la forteresse. « Mais, par malheur, l'humeur vantarde de Latude, quelques réponses maladroites aux propositions que lui transmet le lieutenant de police, paralysent les bonnes dispositions qu'on lui a montrées tout d'abord, et il est réduit à fonder tout son espoir sur la compassion qu'il peut inspirer à Mme de Pompadour (2). »

Depuis le 27 mai 1758, Jean Henri adressait de longues et fréquentes lettres à la marquise ; l'une d'elles, en date du 10 juin 1762, a *cent pages*. Un mois plus tard

---

(1) Suivant les Mémoires de Latude, Dallègre existait encore, en 1793, à Charenton, où il était alors renfermé depuis vingt-six ans (édit. de 1793, tome I, p. 264).

(2) Longnon, p. 364.

(14 juillet), il écrivait la soixante-septième de ces épîtres, où il oublie presque toujours le ton qui convient à un suppliant.

Ces lettres furent-elles reçues et lues par Mme de Pompadour? — M. Jal ne le croit pas; il prétend qu'elles étaient déposées au greffe de la Bastille, où on les retrouva toutes, quelques-unes cachetées encore, après le 14 juillet 1789 (1). « Il paraît cependant, — dit M. Longnon, — si l'on ajoute foi aux publications de Latude, que les lettres écrites par le prisonnier durant sa première détention à la Bastille sortirent de la forteresse, ou du moins qu'elles furent examinées et corrigées par le lieutenant de police, qui les renvoyait, avec des ratures, à Jean Henry, en lui faisant savoir que *le barré était à son préjudice et contre ses véritables intérêts.* »

On ne sait assez ce que l'on doit le plus admirer, de la patience du lieutenant de police à lire un tel fatras et de sa bonté à corriger les bévues de Latude, ou de la persistance de ce dernier dans son incurable vanité.

Enfin, le prisonnier finit par apprendre la nouvelle de la mort de Mme de Pompadour (15 avril 1764), que lui annoncent, au moyen d'un grand écriteau, deux ouvrières de la rue Saint-Antoine avec lesquelles il avait trouvé moyen de nouer des intelligences, pendant ses promenades quotidiennes sur la plate-forme.

Dès lors, Latude, se croyant assuré d'une prochaine liberté, en écrit à M. de Sartines, qui lui promet tout son concours, à condition qu'il lui révélera comment il a appris la mort de la marquise. C'est à ce moment, et pendant que le lieutenant de police songe efficacement à lui, que

(1) Jal, p. 746, col. 1.

Latude gâte sa propre cause, en écrivant à son protecteur une lettre injurieuse que suivent d'autres pleines de menaces. M. de Sartines, à qui tout porte à croire que le prisonnier est un fou furieux, le fait mettre au cachot au pain et à l'eau (27 juillet 1764). Le 14 août suivant, Jean-Henri est transporté à Vincennes, où l'humanité du gouverneur lui fait donner une chambre et deux heures de promenade chaque jour. Latude reconnaît ces bontés en s'évadant une troisième fois (23 novembre 1765). Par suite de la même stupidité qui préside à chacun de ses essais de liberté, Latude se réfugie à l'ombre même de la Bastille, chez les deux ouvrières qui lui avaient appris la mort de Mme de Pompadour, et il se livre de nouveau lui-même, en écrivant à M. de Sartines, à M. de Choiseul, auquel il demande une audience; il est arrêté, le 18 décembre, à Fontainebleau, dans l'antichambre même du ministre.

Écroué de nouveau à Vincennes et mis au cachot, il reste dans ce donjon près de dix années, — jusqu'après la mort de Louis XV. Malesherbes s'intéresse au sort de Latude; mais persuadé, d'après les rapports qu'on lui fait de la conduite passée du prisonnier, il en conclut à sa folie et le fait conduire, le 27 septembre 1775, à Charenton. Cependant, on reconnaît que le détenu jouit de sa raison et, le 5 mai 1777, la liberté lui est enfin rendue, à la condition qu'il se retirera à Montagnac, sa ville natale, et qu'il n'en sortira pas. Sur son refus d'obéir à cette injonction, et fatigué de ses récriminations incessantes contre chacun et surtout contre M. de Sartines, le 15 juillet suivant, Latude fut mis au petit Châtelet d'abord, puis transféré à Bicêtre. Il y était depuis quatre ans, lorsqu'un mémoire que lui avait demandé M. de Gourgues, président au parlement, vivement touché de sa situation, tomba aux mains de Mme Legros, qui, après avoir lu ce document, se dévoua à la cause de son auteur. Mme Legros se heurta pendant longtemps à un obstacle insurmontable : le prisonnier auquel elle s'intéressait (ainsi que son mari) était, leur disait-on, un fou dangereux, et l'on parlait sincèrement. Enfin un ordre du baron de Breteuil rendit définitivement la liberté à Latude, le 18 mars 1784. Mme Legros se porta garante du prisonnier, qu'elle recueillit chez elle et qu'elle entoura de soins si touchants, que l'Académie française décerna à cette compatissante femme l'un des prix de vertu que M. de Montyon venait de fonder.

En 1787, Latude publia ses Mémoires sous le titre d'*Histoire d'une détention de trente-neuf ans dans les prisons d'État, faite par le prisonnier lui-même*; cet écrit donna lieu à plusieurs brochures, dans l'une desquelles (*A un ami, à l'occasion du mémoire de M. Masers de Latude, ou Histoire de l'abbé de Buquoit*) le récit de l'évasion de Jean-Henri, révoqué en doute, était présenté comme une imitation de l'histoire du comte-abbé de Bucquoy, qui s'échappa de la Bastille le 5 mai 1709. Vraiment, c'était jouer de malheur ! Se voir retirer le bénéfice d'une si longue captivité !...

Toujours processif, le 22 novembre 1788, Latude se prit de querelle avec un huissier-priseur du nom de Villeneuve, à la vente, après décès, des meubles d'une grande dame anglaise, la duchesse de Kingston, dont il se disait le légataire. Latude était, paraît-il, l'objet d'imputations calomnieuses de la part de ce Villeneuve, qui prétendait avoir reçu un faux louis d'or de l'ex-prisonnier.

Voici ce document, qui a pour titre : *Plainte portée par Latude contre le sieur de Villeneuve, qui l'a publiquement signalé comme un coquin.*

Le commissaire Delaporte relate, dans son procès-verbal en date du 22 novembre 1788, que Latude lui a dit « qu'il est légataire de ladite de Kingston. Qu'en conséquence, le comparant a assisté à toutes les vacations de la vente des meubles et effets de ladite dame. Que même il a fait différentes acquisitions; que le jour d'hier après midi, avant le commencement de la vacation, le frotteur de ladite défunte a dit au comparant qu'il avait des ordres exprès de ne pas le laisser entrer, ce qui a fort étonné le comparant, et lui a donné lieu de soupçonner que ledit sieur de Villeneuve voulait lui faire quelques affronts, le comparant n'ayant jamais donné lieu à une interdiction de cette espèce; qu'il y a environ trois quarts d'heure, le comparant, ayant fait acquisition de divers objets, il a donné un louis à changer au crieur, en lui disant de prendre garde qu'il lui donnait de bon or, attendu qu'il était revenu au comparant que ledit sieur de Villeneuve se plaignait d'avoir reçu du comparant un louis qui n'était pas de valeur; qu'alors ledit sieur de Villeneuve a fait voir à toutes les personnes qui étaient à la vente un louis qu'il a dit être faux et lui avoir été donné par le comparant, tantôt hier, tantôt un autre jour, a-t-il dit; que le comparant ayant levé la voix pour se défendre de pareille inculpation attentatoire à son honneur et à sa réputation, ledit sieur de Villeneuve a dit au comparant qu'il allait le faire mettre à la porte; que le comparant ayant observé que l'on mettait à la porte un coquin et non un gentilhomme, ledit sieur de Villeneuve a envoyé cherché la garde à cheval, par laquelle il a fait mettre le comparant ignominieusement dehors, en continuant ses invectives, le traitant de coquin, et soutenant toujours qu'il lui avait donné un faux louis. Et comme le comparant entend se pourvoir contre ledit sieur de Villeneuve, pour avoir une réparation aussi authentique que la diffamation a été publique, il nous a requis acte de la présente plainte.

« Signé : Delatude (*sic*), Delaporte. »

Le commissaire-priseur et Latude avaient tort tous les deux : le premier, de soupçonner l'honnêteté du comparant ; et le second, de faire tant de bruit au lieu de s'expliquer avec calme, et sans revendiquer si haut cette qualité de gentilhomme à laquelle on sait surabondamment, à l'heure qu'il est, qu'il n'avait pas le droit de prétendre.

Après avoir vu nier son évasion et sa loyauté d'honnête homme, la découverte, au 16 juillet 1789, de son échelle de corde qui, des archives de la Bastille, passa d'abord au Louvre, où elle fut exposée à l'entrée du Salon, ne réussit pas encore à convaincre tous les incrédules, qui prétendaient que cette échelle avait été fabriquée par Bucquoy.

Quant à Latude, une des choses qu'il regrettait le plus, c'était de n'avoir pu emporter de la Bastille, en 1756, cette échelle de corde et les accessoires qui avaient servi à son évasion ; il éprouva une grande satisfaction lors de sa visite à la Bastille, le surlendemain de la prise de la fameuse forteresse.

« Le 16 juillet 1789, lendemain du jour de la prise de
« la Bastille, — dit Latude, — je m'y suis présenté. J'y ai
« retrouvé, avec un plaisir que l'on ne peut exprimer, mon
« échelle de corde, celle de bois, et une grande partie
« des autres objets dont j'ai parlé ; ils étaient renfermés

« sous une espèce de trape. On les avait conservés comme
« une chose précieuse et faite pour inspirer une sorte
« d'étonnement et d'admiration ; on y avait joint un pro-
« cès-verbal signé, le 27 février 1756, par le nommé Che-
« valier, major de la Bastille, et le commissaire Roche-
« brune, qui constate tous les faits que j'ai rapportés. J'y
« ai trouvé aussi des lettres de ministres et d'autres piè-
« ces qui me concernent, dont j'aurai à parler dans la
« suite de ces Mémoires.

« Tous ces objets furent portés à l'assemblée de la
« Commune, qui ordonna que le tout me serait rendu,
« comme une propriété qui m'était acquise à bien des
« titres. Depuis, ils ont été exposés au dernier Salon, où
« ils ont fixé tous les regards, et, à ce moment, l'échelle
« de corde est entre les mains d'un particulier qui se pro-
« pose de la montrer dans les principales villes de
« France et d'Angleterre, comme un des trophées les plus
« glorieux élevés à la Liberté (1). »

(1) Les principaux documents biographiques sur Latude sont contenus dans les Mémoires publiés sous son nom, après sa sortie de captivité. Il fit paraître d'abord l'*Histoire d'une détention de trente-neuf ans* (lisez 35) *dans les prisons d'État, écrite par le prisonnier lui-même.* « A Amsterdam. Il se trouve chez les principaux libraires de l'Europe, 1787, » in-8° de 138 pages, dont une autre édition fut donnée, presque en même temps, sous le titre : *Le donjon de Vincennes, la Bastille et Bicêtre, mémoire de M. Masers de Latude, gentilhomme languedocien, détenu dans les prisons d'État pendant trente-neuf ans; avec la lettre du marquis de Beaupoil à M. de Bergasse sur l'histoire de M. de Latude et sur les ordres arbitraires*, 1787, in-8° de 139 pages. Cette version fut désavouée par l'ancien prisonnier, qui confia à un nommé Thiéry la rédaction d'un récit beaucoup plus détaillé, publié pour la première fois en 1790 et intitulé : *Le despotisme dévoilé ou Mémoires de M. Masers de Latude, détenu pendant 35 ans dans diverses prisons d'État,* « rédigé sur les pièces « originales, par M. Thiéry, avocat, membre de plusieurs académies, dédié « à M. de La Fayette. A Paris. Imprimé aux frais de M. de Latude. Se « vend chez lui, rue Betizy, n° 1, au coin de celle de la Monnoie, 1790, » 3 vol. in-8°. La seconde édition fut donnée en 1793, sous le titre suivant :

En 1791, on retrouve Latude sollicitant de l'Assemblée nationale une indemnité; on venait de conclure à une somme de 10,000 livres en faveur du vétéran des prisons, lorsqu'à la suite des objections du député Voidal, qui qualifia de lâcheté l'intrigue qui avait amené l'incarcération du demandeur, les 10,000 livres furent refusées à Latude; il ne se rebuta pas, car c'était bien le plus entêté solliciteur que la Gascogne eût peut-être jamais produit, et, l'année suivante, une nouvelle pétition lui faisait obtenir un secours de 3,000 francs. On était loin des 10,000 livres. Enfin, en 1793, en pleine Terreur et sous le régime des assignats, Latude forma contre les héritiers de la fameuse marquise et du ministre Amelot une demande en dommages et intérêts, qu'un jugement du 11 février régla à 60,000 francs, dont il ne toucha, dit-on, que la sixième partie.

Latude mourut onze ans après, le 2 février 1805, à l'âge de quatre-vingts ans.

Depuis, l'échelle de corde et autres reliques — plus ou moins authentiques — de Latude devinrent la propriété du colonel Maurin, qui habita Versailles, et, lors d'une reprise du drame de *Latude*, prêta, pour être exposés dans le foyer du théâtre, ces divers objets curieux : nous ne savons ce qu'ils sont devenus depuis.

Mémoires de Henri Masers de Latude, ancien ingénieur, prisonnier pendant trente-cinq années à la Bastille et à Vincennes, sous le nom de Daury (sic), *à Charenton, sous celui de Danger, et à Bicêtre, sous celui de Jedor,* « nouvelle édition, revue et corrigée par le citoyen Thiéry. » Latude demeurait alors « rue de Grenelle, à l'abbaye de Panthemont. » Cs. aussi le *Mémoire adressé à M*me *la marquise de Pompadour par M. Danry, prisonnier à la Bastille, et trouvé au greffe de cette prison d'État, le lendemain de sa prise par les Parisiens,* suivi des 65, 66 et 67e lettres du même prisonnier à M. de Sartine, et de quatre autres à MM. Quenay et Duval. (Paris, 1789, in-8º.)

CERVANTÈS, LIBRE PENSEUR.

Il existe en France, depuis le dix-huitième siècle, une déplorable manie de la part de certaine critique : c'est de vouloir ériger en indifférents, en sceptiques, en libres penseurs, des hommes d'un génie original et prime-sautier, tels que Montaigne, et par suite Cervantès ; il semble à ces extracteurs de quintessence, qui se disent *critiques*, c'est-à-dire *juges*, que l'incrédulité soit l'apanage de l'esprit et du talent.

Nous avons déjà montré dans quelle erreur, à cet égard, on était tombé par rapport à Montaigne, au siècle dernier ; et voilà qu'aujourd'hui il nous faut, pour Cervantès, faire le même travail de réhabilitation.

Donc, vers la fin du siècle dernier, le sévère et parfois acerbe Geoffroy, rendant compte, dans l'*Année littéraire* (1), du roman de *Galatée*, de Florian, releva certain passage de la notice préliminaire sur Cervantès, d'une

(1) 1783, n° 37.

façon qui lui attira une réponse assez verte de Florian même : « Je ne puis m'empêcher, — lui dit le chevalier (1), — de vous témoigner de ma surprise sur la manière dont vous interprétez un passage de la vie de Cervantes : *Ils m'ont donné hier l'extrême-onction,* vous semble signifier : *Par complaisance pour ceux qui m'environnent, je me suis laissé donner l'extrême-onction.* Vous croyez, ajoutez-vous, *qu'on pourrait parier à coup sûr que Cervantes, en parlant de l'extrême-onction, ne s'est pas servi d'un tour aussi leste et aussi familier,* etc. Ne pariez pas, Monsieur ; voici les mots de Cervantes : *Ayer,* hier, *me dieron,* ils m'ont donné, *la extrema uncion,* l'extrême-onction...

« Je serais tenté de croire, après y avoir mûrement réfléchi, que ces mots : *Ils m'ont donné hier l'extrême-onction* n'ont paru à Cervantes, à ses amis, à toute l'Espagne, et peut-être à beaucoup de mes lecteurs, signifier autre chose sinon que Cervantes avait reçu l'extrême-onction la veille. Vous y voyez une intention maligne ; je me hâte de vous assurer, Monsieur, que celui de nous deux à qui l'idée en est venue n'est pas moi. Je n'écrirai jamais rien qui ne puisse être approuvé par l'inquisition d'Espagne, qui a approuvé ce passage. Comme vous êtes plus sévère que l'inquisition d'Espagne, je n'ose pas me flatter de ne jamais vous alarmer... »

Geoffroy ne se tint pas pour battu, et, quelques jours après (2), il répondait à Florian :

« Si j'ai commis une injustice, l'honneur m'ordonne

---

(1) 17 décembre 1783.
(2) 22 décembre 1783. — La lettre de Florian et celle de Geoffroy ont été publiées dans le tome XIII des Œuvres de Florian. (Paris, 1824, in-8) p. 355-362.

de la réparer. Je suis tout prêt à insérer dans *l'Année littéraire* le passage de Cervantès à côté de votre traduction. Je reconnaîtrai très-volontiers que vous ne vous êtes permis aucune liberté dans la traduction de ce passage ; mais je ne pourrai me dispenser d'ajouter que votre traduction, très-littérale, est en même temps une traduction très-infidèle. »

La remarque de Geoffroy porte sur la trop grande familiarité (en français) de *ils*, au lieu de *on*; puis, le *ils*, pour des esprits philosophiques comme ceux de l'époque de Florian, laissait soupçonner aux simples, et plus particulièrement encore aux malintentionnés, que Cervantès, ainsi que Voltaire (pardon du rapprochement), traitait presque aussi cavalièrement la réception du dernier sacrement que le patriarche de Ferney ses communions. Or, il y a un abîme entre les sacriléges prémédités de Voltaire et la foi profonde de Cervantès, et c'est ce qui ressort de la biographie même de ce dernier, dont voici l'esquisse, surtout au point de vue des sentiments religieux de l'illustre contemporain de sainte Thérèse et de saint Ignace de Loyola..... (1).

Né à Alcala de Henarès, Cervantès y fut baptisé, à l'église paroissiale de Sainte-Marie-Majeure, le 9 octobre 1547. Sa famille comptait parmi les familles de gentilshommes qu'on appelait *hidalgos*. Dès le treizième siècle, le nom de Cervantès était honorablement cité dans les annales espagnoles. Il y avait eu des guer-

(1) Nos guides ont été MM. Viardot et Chasles : le premier, dans la notice qui ouvre son excellente traduction de *Don Quichotte* (Paris, 1838); le second, dans son beau livre intitulé : *Michel de Cervantès, sa vie, son temps, son œuvre politique et littéraire* (Paris, 1866, 1 vol. in-8). Nous y avons joint les citations de quelques passages les plus importants des divers et nombreux ouvrages de Cervantès même.

riers de ce nom lors des grandes conquêtes de saint Ferdinand. D'autres Cervantès se trouvèrent parmi les conquérants du Nouveau-Monde. L'auteur de *Don Qnichotte* était le plus jeune enfant d'une famille pauvre autant qu'honorable.

On a peu de détails sur la jeunesse de Cervantès; il eut pour premier maître un vieux prêtre qui habitait Madrid, et avait nom Juan Lopez de Hoyos; cet humaniste assez distingué cultivait la rhétorique, aimait les allégories et possédait à sa manière le feu sacré. Sa gloire était de faire éclore les jeunes talents, qu'il exerçait à de petites compositions poétiques et qu'il encourageait avec amour. Quand mourut la reine Isabelle de Valois, il mit au concours l'éloge de la défunte, et parmi les pièces qu'il publia à ce sujet, en 1569, il cita avec complaisance les six variantes composées par *son cher et bien-aimé disciple Michel de Cervantès.* « Il le signalait à l'avenir, il le devinait, comme le professeur de Brienne a deviné Bonaparte enfant. Les vers sont médiocres; mais il faut oublier la faiblesse de l'élève pour admirer la ferveur du maître, un de ces hommes modestes et excellents qui accomplissent dans l'obscurité, avec passion et sans récompense, la tâche difficile d'élever les esprits... Ce sont des bienfaiteurs, et Cervantès, qui a parlé avec une admiration émue d'une simple classe de petits enfants qu'il avait un jour visitée (1), Cervantès, à coup sûr, appréciait le modeste professeur, et dut se souvenir toujours de Hoyos (2). »

Dès lors, le jeune poëte se révéla comme un ami fervent des armes. « Vivent, dit-il, ceux qui, emportés

(1) Coloquios de los perros.
(2) E. Chasles, p. 29.

« comme sur des ailes par le désir de bien mériter de
« leur foi, de leur nation et de leur roi, s'élancent intré-
« pidement au milieu de mille morts qui les attendent en
« face (1) ! »

A vingt ans, quand il voulut choisir une carrière, il se trouva deux natures et deux vocations. Son génie précoce et l'élévation de son âme, éprise de poésie, le poussaient vers les lettres ; son origine et les traditions de sa famille l'entraînaient vers les armes. Naître gentilhomme, c'était naître soldat.

En 1568, le nonce du pape Pie V à Madrid, le cardinal Acquaviva, prit en affection le jeune Cervantès, et, touché de sa détresse non moins que de ses talents naissants, il consentit à l'admettre dans ce qu'on appelait alors la *famille* d'un grand seigneur. Ce fut en accompagnant son nouveau maître, lorsque celui-ci retournait à Rome, que Cervantès traversa, chemin faisant, Valence et Barcelone, ainsi que les provinces méridionales de France. Malgré la douce oisiveté que pouvait lui offrir le palais du prélat et l'occasion, plus douce encore, de se livrer à ses goûts de poëte, Cervantès ne resta pas longtemps inactif. Dès l'année suivante (1569), il s'enrôla parmi les troupes espagnoles qui occupaient une portion de l'Italie. Le moment était bien choisi pour un homme de cœur. Une grande querelle, qui venait de s'allumer, allait mettre aux prises la chrétienté et l'islamisme. Sélim II, violant les traités, envahit en pleine paix l'île de Chypre, qui appartenait aux Vénitiens. Ceux-ci implorèrent le secours du pape Pie V, qui fit aussitôt réunir ses galères et celles d'Espagne, sous les ordres de Marc Antoine-Colona, aux

---

(1) Don Quichotte, nouvelle du *Curieux indiscret*.

galères de Venise. Cette flotte combinée partit, au commencement de l'été de 1570, pour les mers du Levant, dans le dessein d'arrêter les progrès de l'ennemi commun.

Cervantès assista à la bataille de Lépante, dont il fut un des héros. A la veille de cette grande affaire, le jeune soldat était atteint d'une fièvre intermittente; aux approches du combat, son capitaine et ses camarades l'engagèrent avec instance à se retirer dans l'entrepont de la galère. Mais le généreux descendant des vainqueurs de Séville, quoique affaibli par la maladie, loin de se rendre à ce timide conseil, supplia son capitaine de lui désigner le poste le plus périlleux. Il fut placé auprès de la chaloupe, parmi douze soldats d'élite. Sa galère fut une de celles qui se distinguèrent le plus dans l'action; elle aborda la capitane d'Alexandrie, y tua près de 500 Turcs, avec leur commandant, et prit l'étendard royal d'Égypte. Au milieu de cette sanglante mêlée, Cervantès reçut trois coups d'arquebuse, deux à la poitrine, et l'autre à la main gauche, qui fut brisée, et dont il resta estropié toute sa vie. Justement fier d'avoir pris une si belle part à ce combat mémorable, Cervantès ne regretta jamais la perte de sa main; il répéta souvent qu'il s'applaudissait d'avoir payé de ce prix la gloire de se compter parmi les soldats de Lépante, et, pour témoignage de sa valeur, qu'il appréciait beaucoup plus que son esprit, il aimait à montrer ses blessures, « comme reçues (disait-il) dans la plus « éclatante occasion qu'aient vue les siècles passés et pré- « sents, et qu'espèrent voir les siècles à venir... et « comme des étoiles qui doivent guider les autres au ciel « de l'honneur (1). »

(1) Don Quichotte, prologue de la 2e partie.

A cette bataille à jamais mémorable, les Turcs perdirent 30,000 hommes, et abandonnèrent les 15,000 esclaves qui ramaient sur les galères. Quand ces prisonniers « recouvrèrent leur liberté si désirée, » quand on les vit sortir du flanc des vaisseaux ennemis, il sembla aux vainqueurs que l'affranchissement de la chrétienté était désormais accompli.

« Quand la trompette (dit Cervantès) fit retentir dans
« l'air transparent les accents du triomphe et annonça la
« victoire des armes chrétiennes, dans ce moment si
« doux, moi, triste, je tenais une main sur mon épée, de
« l'autre s'échappaient des flots de sang; je sentais ma
« poitrine atteinte d'une blessure profonde et ma main
« gauche brisée de part en part; mais telle fut la joie
« souveraine qui remplit mon âme, quand je vis abattre
« par les chrétiens le peuple féroce des infidèles, que je
« ne voyais pas ma blessure... Et pourtant ma souffrance
« mortelle m'ôtait parfois le sentiment (1). »

Cervantès fut transporté à Messine, où il passa l'hiver dans un hôpital. Au printemps, il se trouva assez fort pour reprendre le service. La campagne qui suivit celle de Lépante, fut loin de répondre aux grands résultats qu'on en attendait. Pie V, l'âme de la *ligue*, venait de mourir; l'Espagne se trouva presque seule engagée contre les Turcs. Cervantès raconte longuement, dans l'histoire du *Capitaine captif*, les détails de l'infructueuse campagne de 1572, à laquelle il avait pris part.

Les expéditions des Espagnols à la Goulette excitèrent l'attention de toute l'Europe, et le désastre qui les termina les rendit à jamais célèbres. 3,000 hommes y fu-

---

(1) Lettre de Cervantès à Mateo Vasquez.

rent enveloppés et massacrés par les hordes innombrables du désert. Leur mort héroïque est rappelée avec une pitié fidèle par Cervantès, qui alla à la Goulette avec eux, mais qu'on ramena en Italie avant la chute du fort.

« Du milieu de cette terre stérile, bouleversée, du mi-
« lieu de ces bastions en débris qui jonchaient le sol, les
« âmes saintes de 3,000 soldats sont montées vivantes à
« un séjour meilleur. Ils luttèrent d'abord, exerçant sans
« espoir la force de leurs bras courageux, et enfin le pe-
« tit nombre, la fatigue, livrèrent leur vie à l'épée. Voilà
« le sol qui s'est couvert, dans le passé et le présent, de
« mille souvenirs lamentables; mais jamais il ne se porta
« de coups plus vaillants, jamais il ne vit sortir de son
« âpre sein et s'élever dans la clarté des cieux des âmes
« plus pures. »

Cervantès demanda alors (1575) à don Juan d'Autriche un congé pour retourner en Espagne, dont il était éloigné depuis sept ans : il avait vingt-huit ans. Estropié, affaibli par les fatigues de trois campagnes, il obtint de son général plus qu'un simple congé. Don Juan lui donna des lettres pour le roi, son frère, dans lesquelles, faisant l'éloge du blessé de Lépante, il priait instamment Philippe de lui confier le commandement de l'une des compagnies qu'on levait en Espagne pour l'Italie ou la Flandre. Le vice-roi de Sicile, don Carlos d'Aragon, duc de Sesa, recommandait aussi à la bienveillance du roi et des ministres un soldat jusque-là négligé, qui avait captivé, par sa valeur, son esprit, sa conduite exemplaire, l'estime de ses camarades et de ses chefs.

Muni de recommandations si puissantes, qui promettaient une heureuse issue à son voyage, Cervantès s'embarqua à Naples sur la galère espagnole *le Soleil*, avec son frère aîné, Rodrigo, soldat comme lui, et plusieurs autres militaires de distinction qui retournaient également dans leur patrie. Mais d'autres épreuves l'attendaient ; le 26 septembre 1575, la galère espagnole fut enveloppée par une escadre algérienne, aux ordres de l'Arnauta Mami. Après un combat aussi opiniâtre qu'inégal, où Cervantès montra sa bravoure accoutumée, la galère, obligée d'amener pavillon, fut conduite en triomphe au port d'Alger. Deux ans plus tard, l'héroïque captif écrivait à un ami (1) :

« Sur la galère *le Soleil*, dont le nom éclatant avait
« pour ombre ma destinée, je luttai en vain contre la
« ruine qui nous accable tous. Nous montrâmes du cou-
« rage et de l'ardeur ; mais bientôt nous fîmes l'amère
« expérience de l'inutilité de nos efforts. Je sentis le poids
« affreux du joug d'autrui, et voici deux années qu'entre
« les mains de ces mécréants, ma douleur se prolonge.
« Mes fautes sans nombre, je le sais, et le peu de convic-
« tion que mon cœur en éprouvait, me retiennent parmi
« ces faux Ismaélites... »

« Le pays des Ismaélites, dit M. E. Chasles, — fut longuement observé par Cervantès. Ce fut pour lui un spectacle inattendu, nouveau et révélateur. — Il faut pénétrer avec Cervantès dans Alger, si nous voulons comprendre ses œuvres, dont une partie est née de ses impressions d'alors (2). »

Après un tableau saisissant de ce repaire de brigands, dont l'organisation était un chef-d'œuvre de monstruosité morale, M. E. Chasles poursuit en ces termes :

(1) Lettre à Mateo Vasquez.
(2) P. 74.

« D'une autre part, le christianisme se défend sur cette rive inhospitalière. Une corporation s'est organisée, celle des Pères rédempteurs, qui s'efforcent, non-seulement de racheter les chrétiens et de répandre des aumônes, mais encore de soutenir les courages faibles et de préserver contre la tentation les femmes et les enfants, les pauvres gens livrés sans espoir aux angoisses du corps et de l'esprit.

« Cervantès regarde d'un œil attendri cette lutte, dont il comprend la gravité terrible. Il voit avec indignation combien gagne de terrain Mahomet, qui bientôt possédera dans le monde cent millions d'âmes, et sur la mer espagnole un pouvoir indestructible. Il conçoit alors la pensée, qui ne le quittera plus jusqu'à la fin de sa vie, de réveiller le cœur de son pays et de lui faire mesurer les progrès de l'ennemi. Il commence sa croisade à Alger, où (s'il ne peut rien par la force) il agira du moins par l'exemple et par la parole. Non-seulement il retient ceux qui éprouvent la tentation de renier Jésus-Christ, mais il recherche avec une pitié généreuse les malheureux qui manquent de repos, de nourriture et de secours moral. Il partage avec eux le peu qu'il a, il aborde les petits enfants avec des encouragements. Son cœur saignait à voir la cruauté des Turcs (1). »

---

(1) P. 81. — « Rachetez ! Ah ! que l'aumône est bien employée qui
« rachète des enfants ! Dans leur âme, la foi n'a pas encore jeté des racines
« assez fortes. Puissent les cœurs chrétiens redevenir charitables et être
« moins avares de leurs secours ! Tirer de prison le chrétien captif, l'en-
« fant surtout, dont la volonté est faible encore, c'est l'œuvre sainte,
« excellente, qui renferme en elle seule toutes les œuvres, car elle sauve
« du même coup l'âme et le corps. Celui que vous rachetez, vous l'arra-
« chez à la tentation, vous le ramenez de la terre d'exil dans sa patrie,
« vous le dérobez aux mille hasards qui le circonviennent, aux tortures de

Cruellement persécuté lui-même par l'impitoyable corsaire dont il était devenu l'esclave, Cervantès, dans cette lutte contre les souffrances de toutes les heures, montra un héroïsme plus rare et plus grand sans doute que celui du courage, — l'héroïsme de la patience. Loin de céder, loin de fléchir, il conçut dès lors le projet, tant de fois hasardé par lui, de recouvrer la liberté à force d'audace et d'industrie. Il voulait aussi la rendre à tous ses compagnons, dont il devint bientôt l'âme et le guide, par la supériorité de son esprit et de son caractère. Tout le monde venait à lui. Cervantès, — dit un témoin oculaire (1), — « était en relations continuelles avec les chrétiens les plus distingués, prêtres, religieux, lettrés, cabaleros, capitaines ; sa conversation élevée, pure et joyeuse, le faisait rechercher, et les Pères rédempteurs l'admettaient dans leur confiance comme à leur table. »

Trahis plusieurs fois par des renégats, Cervantès et ses amis, au moment de recouvrer la liberté par la fuite, retombèrent dans une plus cruelle captivité qu'auparavant ; traité comme le chef et l'âme de ces divers complots, Cervantès se déclara toujours seul coupable, se sacrifiant ainsi héroïquement pour ses frères d'esclavage, puis, avec un courage indomptable, il reprenait ses projets d'évasion ; que dis-je ? il formait un vaste plan : soulever d'un seul coup les captifs, concerter leur insurrection avec une descente de Philippe à Alger et rétablir sur cette côte la domination espagnole : tel était son rêve.

« la soif, à la perversion des conseils qu'on lui donne... O secte infâme
« de Mahomet, que tu triomphes aisément des cœurs simples ! » —
Cervantès : *El trato de Argel*.

(1) Alonzo Aragones.

Cervantès voulait la destruction d'Alger, ce nid de pirates, ou la conquête de la côte; selon lui, l'action réunie de la flotte de Philippe, de la garnison espagnole d'Oran et des captifs devait assurer le résultat de l'entreprise. Il y avait à Alger quinze mille captifs au moins. L'idée de les réunir sous sa conduite et de préparer lui-même, par son activité, le succès de son plan le transporta d'enthousiasme. « Tels furent son héroïsme et son industrie, — écrit un contemporain, — que, si la fortune y eût répondu, il aurait rendu au roi Philippe la ville d'Alger (1). »

A la nouvelle ou plutôt au bruit d'un projet d'attaque contre Alger par le roi d'Espagne, Hassan, le nouveau maître de Cervantès, le fit mettre aux fers. « Lorsque mon estropié Espagnol est sous bonne garde, disait Hassan, je suis sûr de la ville, des prisonniers et du port (2). »

De 1577 à 1580, Cervantès tenta quatre fois une évasion dont il avait conçu le plan, dirigé l'exécution, et dont il voulait partager le bienfait avec un grand nombre de ses compagnons d'infortune.

Cependant il ne sortait pas d'esclavage. Sa famille et ses amis essayèrent en vain de le racheter. Son vieux père mourut à la tâche. Son fils Rodrigo, sa femme Léonor et sa fille Andrea réunirent leurs efforts pour mener à bonne fin l'entreprise. Le frère Gil, supérieur des Rédempteurs, acheva cette œuvre si laborieuse; il fit une quête parmi les marchands, prit sur l'argent de la Merci, et enfin arracha Cervantès d'Alger. Plein de grati-

(1) Rodrigo Mendez de Silva. — Ascendencia de Nuño Alphonso, f. 60. Voir Navarrete, p. 367 et 574.
(2) Haédo.

tude pour les Pères rédempteurs, le noble cœur se promit de leur rendre un jour un public témoignage de son respect, et il tint parole (1).

Rentré dans sa famille vers la fin de 1580, il en fut bientôt chassé par la misère ; après l'esclavage le plus dur à Alger, la pauvreté la plus irrémédiable l'attendait en Espagne. Il alla rejoindre en Portugal son frère Rodrigo, qui avait pris du service dans l'armée du duc d'Albe, et se remit au métier des armes, lui mutilé et estropié. De 1580 à 1583, il fit la guerre avec bravoure. Sorti de l'armée, après tant de brillants services, simple soldat comme il y était entré, Cervantès, — qui venait de se marier, — obligé d'augmenter par son travail un revenu trop modique, revint aux premiers rêves, aux premières occupations de sa jeunesse. Pendant les quatre années qui suivirent immédiatement son mariage, de 1584 à 1588, Cervantès, redevenu homme de lettres, chercha mais en vain dans cette carrière quelques ressources lucratives. Arrivé à plus de quarante ans sans patrimoine, sans récompense pour ses vingt années de services et de misères, il avait à supporter le fardeau d'une famille augmentée de ses deux sœurs. En 1588, il obtint enfin un emploi de commis aux vivres, mince ressource ! car, en 1590, il demandait au roi quelque emploi de payeur dans la Nouvelle-Grenade ou de corégidor dans une petite ville de Guatemala ; il voulait passer en Amérique, qu'il appelle lui-même le *refuge des désespérés d'Espagne* (2). Heureusement pour la postérité que sa requête s'arrêta dans les cartons du conseil des Indes !

---

(1) Voir la nouvelle de l'*Espagnole anglaise*.
(2) Voyez la nouvelle du *Jaloux estramadurien*.

Depuis sa nomination de commis aux vivres, Cervantès habitait Séville, où son séjour fut de longue durée; sauf quelques excursions dans l'Andalousie et un seul voyage à Madrid, il y resta au moins dix années consécutives. Vers 1593 ou 1594, ayant perdu sa place de commis aux vivres, il se fit agent d'affaires, et vécut plusieurs années de commissions que lui confièrent des municipalités, des corporations et de riches particuliers; au milieu de ces occupations passablement prosaïques, Cervantès entretenait soigneusement le feu de son génie.

Ce fut pendant son séjour à Séville qu'il écrivit la plupart de ses *Nouvelles*, dont le recueil, successivement grossi, ne parut que beaucoup plus tard, entre les deux parties du *Don Quichotte*. Jusqu'à Cervantès, et depuis les guerres de Charles-Quint, qui leur ouvrirent la connaissance de la littérature italienne, les Espagnols s'étaient bornés à traduire les contes licencieux du *Décaméron* et les imitateurs de Boccace. Cervantès put dire, dans son prologue :

« Tu chercheras en vain dans ces *Nouvelles* de quoi flatter les passions : elles sont de nature à n'inspirer aucun mauvais penchant, ni aux lecteurs indulgents, ni aux lecteurs trop scrupuleux. Je leur ai donné le nom de *Nouvelles morales* (1), et tu pourras remarquer qu'il n'y en a aucune dont on ne puisse tirer quelques leçons utiles. Si je ne craignais de t'ennuyer, je te montrerais que toutes ensemble, et chacune en particulier, ont un but moral.

« Mon intention a été de présenter un amusement agréable dont chacun pût se servir, suivant son carac-

---

(1) Nouvelles exemplaires (*Novelas ejemplares*).

« tère et son état, sans craindre aucun danger. Les dis-
« tractions honnêtes, loin de corrompre les hommes, le
« rendent meilleurs. On n'est pas toujours à l'église, on
« ne s'occupe pas toujours de lectures pieuses ; les
« affaires, quelque importantes qu'elles soient, ne retien-
« nent pas sans cesse. Il y a des heures où l'esprit hu-
« main a besoin de se délasser de ses fatigues et de ses
« peines. C'est pour cela qu'on plante des promenades,
« qu'on élève d'agréables fontaines, qu'on donne aux
« collines une pente douce et qu'on orne les jardins des
« plus belles fleurs.

« Si je prévoyais que mes Nouvelles pussent inspirer
« quelque penchant vicieux, je me couperais plutôt la
« main qui me reste que de les publier. Ce n'est pas à
« mon âge qu'il convient de s'exposer à ce danger. »

Ce jugement de Cervantès sur ses *Nouvelles* était celui
même qu'en portaient ses contemporains les plus éminents et les plus vertueux ; on doit à l'archevêque de
Séville, Guevarra, la conservation de *la Fausse Tante*, un
chef-d'œuvre à l'égal de *Tartuffe*, dont une copie était
gardée dans la bibliothèque des Jésuites du collège de
Saint-Hermenegilde (1).

« Les *Nouvelles* sont, après le *Don Quichotte*, le plus
beau titre de Cervantès à l'immortalité. Là se révèlent
aussi, sous mille formes variées, la fécondité de son imagination, la bonté de son cœur aimant, la verve de son
esprit railleur sans causticité, les ressources d'un style
qui se plie à tous les sujets (2). »

Enfin, la première partie du *Don Quichotte* était prête à

(1) E. Chasles, p. 4 et 5.
(2) Viardot, notice, p. xxxiii.

paraître dans l'automne de 1604; toujours pauvre, l'auteur avait besoin de trouver un Mécène qui acceptât la dédicace de l'œuvre nouvelle, et en même temps fît honneur à la lettre de change dont l'acceptation devait relever Cervantès. Le Mécène fut trouvé, mais ce fut tout.

Il n'entre pas dans le plan de cette rapide étude de la religion de Cervantès de faire l'analyse même la plus sommaire du *Don Quichotte*; nous renvoyons à l'excellent et sagace livre de M. E. Chasles (1), qui a tout dit, sans pourtant épuiser la matière, tant ce chef-d'œuvre est profond et garde encore de révélations au philosophe chrétien, sous sa forme romanesque et satirique. Nous ne pouvons cependant résister au désir de faire quelques citations vraiment caractéristiques.

Au moment où Sancho devient gouverneur de Barataria, Don Quichotte l'appelle dans sa chambre, l'enferme avec lui, et lui trace ce plan de gouvernement plein de paternelle sagesse s'inspirant du sentiment religieux le plus pratique:

« Premièrement, ô mon fils, garde la crainte de Dieu;
« car dans cette crainte est la sagesse, et, si tu es sage,
« tu ne tomberas jamais dans l'erreur.

« Secondement, porte toujours les yeux sur qui tu es,
« et fais tous les efforts possibles pour te connaître toi-
« même : c'est là la plus difficile connaissance qui se
« puisse acquérir. Tu ne dois porter nulle envie à ceux
« qui ont pour ancêtres des princes et des grands sei-
« gneurs; car le sang s'hérite et la vertu s'acquiert, et
« la vertu vaut par elle seule ce que le sang ne peut
« valoir.

(1) P. 287-346. *passim*.

« Ne te guide jamais par la loi du bon plaisir.

« Ne rends pas beaucoup de pragmatiques et d'ordon-
« nances; si tu en fais, tâche qu'elles soient bonnes, et
« surtout qu'on les observe et qu'on les exécute.

« Que les larmes du pauvre trouvent chez toi plus de
« compassion, mais non plus de justice que les requêtes
« du riche.

« Visite les prisons, les boucheries, les marchés; la
« présence du gouverneur dans ces endroits est d'une
« haute importance. Console les prisonniers qui atten-
« dent la prompte expédition de leurs affaires. Sois un
« épouvantail pour les bouchers et pour les revendeurs,
« afin qu'ils donnent le juste poids. Aie toujours le
« dessein et fais un ferme propos de chercher le juste et
« le vrai dans toutes les affaires qui se présenteront; le
« ciel favorise toujours les intentions droites. »

« Celui qui donne ces conseils est Cervantès lui-même, on le sent. Chevalier errant du vrai et du bien, il croit que chacun peut apporter sa part de progrès et de noble exemple... Ces passages (et que d'autres il faudrait y joindre!) sont un programme de réforme dont chaque trait a son application pratique (1). »

Les dernières années de la vie de Cervantès furent adoucies par la protection de deux grands personnages, amis des lettres, — le comte de Lémos et l'archevêque de Tolède.

« Oui, vive le grand comte de Lémos, dont la vertu
« chrétienne et la libéralité bien connue me maintien-
« nent contre tous les coups de ma mauvaise fortune, et
« vive la suprême charité de l'illustrissime archevêque

---

(1) E. Chasles, p. 437.

« de Tolède, don Bernardo de Sandoval y Rojas... Ces
« deux princes, sans que mon adulation, sans qu'aucune
« autre espèce d'éloge les sollicite, et par seule bonté
« d'âme, ont pris à leur charge le soin de venir généreu-
« sement à mon aide : en cela, je me tiens pour plus heu-
« reux et plus riche que si la fortune, par une voie ordi-
« naire, m'eût conduit à son faîte. L'honneur peut rester
« au pauvre, mais non au pervers ; la pauvreté peut couvrir
« d'un nuage la noblesse, mais non l'obscurcir entière-
« ment. Pourvu que la vertu jette quelque lumière, ne se-
« rait-ce que par les fentes de la détresse, elle finit par
« être estimée des hauts et nobles esprits, et par consé-
« quent favorisé (1). »

La fille de Cervantès s'était faite religieuse. Lui-même il fut compté parmi les membres d'une confrérie, dès le mois d'avril 1609. « Les seigneurs de la terre sont bien
« différents de celui du ciel ; ceux-là, pour recevoir un
« serviteur, épluchent sa naissance, examinent son ha-
« bileté, contrôlent son maintien et veulent savoir jus-
« qu'aux habits qu'il a. Mais, pour entrer au service de
« Dieu, le plus pauvre est le plus riche (2). »

« Ces lignes de Cervantès expliquent comment le spectacle même de la cour et l'agitation sociale qu'il observait, le rejetèrent dans la pensée du recours à Dieu. Il apportait à la société de son temps le spectacle solennel et simple que lui offraient sainte Thérèse et Loyola, fondateurs d'ordres nouveaux... (3). »

Cervantès croyait que l'influence morale de sainte Thérèse serait un des événements graves de son temps. Il

(1) Don Quichotte, prologue de la 2e partie.
(2) Coloquio de los perros.
(3) E. Chasles, p. 428.

lui prédisait à cette *vierge féconde* une longue prospérité spirituelle. Quand on mit au concours une ode sur la canonisation de sainte Thérèse, en 1615, il écrivit des vers en son honneur. Voici la première strophe :

« Toi dont le cœur eut des fils, toi qui, les nourrissant de ta force, les élevas par la vertu jusqu'à la voûte d'or de cette région douce et merveilleuse, où la gloire de Dieu se déploie, vierge féconde, vierge bienheureuse ! Toi qui as acquis dans l'univers un nom et un rang unique et qui, maintenant prosternée devant ton Dieu, t'occupes à prier pour tes enfants, ou à méditer des choses dignes de la pensée sainte, écoute ma voix qui se brise... Donne, ô mère, l'énergie au poëte défaillant ! »

Cervantès avait alors soixante-sept ans.

Puis, racontant la vie de la sainte et son œuvre, le poëte s'écrie :

« Tu grandis, et avec toi grandissait ton œuvre ; tu en mesurais le progrès aux faveurs dont te comblait la main céleste, faveurs sans égales dont Dieu orna joyeusement le printemps de tes jours, si humble et si tendre. Ainsi a-t-il gouverné ton existence, que peu à peu tu montas au-dessus du nuage épais de la vie mortelle, tes pieds ne touchaient plus la terre, ton corps se soulevait vers le ciel. Devenu aérien, il portait ton âme vers les régions saintes, et cette grâce, extraordinaire comme ta vertu, te tenait en suspens... »

En 1616, Cervantès fit profession dans le tiers ordre de Saint-François, où il était entré en 1613. Ces actes et ces écrits, que leur date même rassemble, éclairent d'un jour nouveau les deux ouvrages que Cervantès achevait à cette époque, — la seconde partie de *Don Quichotte* et celle de *Persilès*. « Dans l'un et dans l'autre, on trouve l'accent de la résignation bienveillante et de la bonté universelle, et en mille endroits des vues morales et religieuses (1). »

C'est lui qui dit naïvement, par la bouche d'un personnage du *Casamiento* : « Je me suis livré à la rage et au « désespoir, mais mon ange gardien vint me dire au « cœur : « Rappelle-toi que tu es chrétien et que le « péché le plus grave est de s'abandonner à la rage dé- « sespérée. »

Et ici, nous devons, avant de terminer cette brève étude, résumer la doctrine de Cervantès par l'analyse d'une de ses œuvres de théâtre, peut-être la plus étonnante, et à coup sûr sublime, qu'ait produite son génie digne de celui de Calderon.

« Judas est moins coupable d'avoir vendu le Christ que « de s'être tué lui-même. » Ces paroles, adressées par un prêtre à une femme qui meurt de désespoir, sont tirées d'un *auto* ou drame religieux écrit par Cervantès : *El Rufian dichoso* (2).

Ce débauché, prédestiné à devenir un saint, s'appelle Cristoval ; il mène une vie effrénée, il va enfin se faire voleur de grand chemin, quand, frappé de la grâce, il entre dans un cloître. On le retrouve au Mexique, sous le nom du père de la Croix, plongé dans les austérités. Du fond de l'enfer, les démons ressentent l'influence de son exemple, qui leur ravit des âmes ; ils viennent le tenter. Une musique délicieuse se fait entendre, et dans les airs on murmure un chant voluptueux, auquel le père de la Croix répond d'une voix grave :

(1) E. Chasles, p. 429 et 430.
(2) Voyez E. Chasles, p. 422-428

> Sans la croix rien ne plaît : sur la terre flétrie,
> Un sentier, entre tous rude et des plus étroits,
> Mène l'homme au bonheur et l'âme à sa patrie.
> Le signe qui le marque est une simple croix.
> Venez, vous qui cherchez! sortez de votre route,
> Voisine de l'abîme et proche du tombeau ;
> Marchez, en regardant, forts et libres du doute,
> La croix! car il n'est rien au monde de plus beau,

Les démons disparaissent, et l'ascète se remet en prière. Mais on l'appelle pour assister une femme qui va mourir, dona Ana, mondaine sceptique et blasée.

« Il n'y a point de miséricorde pour moi sur la terre ni au ciel, répond Ana aux exhortations d'un prêtre que l'on est allé chercher.

— *Deus, cui proprium est parcere...* dit le prêtre. Judas est moins coupable d'avoir vendu le Christ que de s'être tué lui-même. »

C'est alors que le père de la Croix entre dans le salon.

« Que voulez-vous, père, vous qui arrivez avec tant de majesté? Il paraît que vous ne me connaissez pas : pour moi, il n'y a pas de Dieu. Il n'y a pas de Dieu, vous dis-je... Ma méchanceté est telle, qu'elle a séparé en Dieu la Miséricorde, qui se voile le visage, de la Justice, qui ne se voilera pas.

— *Dixit insipiens in corde suo* : *Non est Deus*, répond le père de la Croix... Les âmes, ajoute-t-il, doivent être blanches comme la blanche hermine, pour entrer dans le séjour de la vie, qui ne finira pas. Noires, elles habitent avec les spectres damnés. Où voulez-vous que se rende votre âme? Choisissez pour elle une patrie.

— La justice de Dieu me tient hors de lui. S'il est juste, il ne doit pas me pardonner.

— Dans la vie, le doute marche à côté de l'espérance ;

dans la mort, on doit avoir d'autres pensées. Douter et craindre quand on est placé dans le champ clos, en face de l'ennemi, c'est se tromper. Réunir son courage, c'est préluder à la victoire. Vous êtes sur le champ de bataille, madame, et le combat est pour ce soir.

— Je suis sans armes dans ce pas terrible.

— Ayez confiance dans le père, dans le juge, dans mon Dieu.

— Laissez-moi. Mon âme est telle que, si Dieu veut mon pardon, je n'en veux pas. Je meurs désespérée.

— Écoutez ce que je vais vous dire.

— Parlez.

— Un religieux qui a été longtemps esclave de sa règle, qui a le cœur pur, qui a fait une telle pénitence, que cent fois le prieur lui a ordonné de se modérer; dont les jeûnes continus, les prières, l'humilité, cherchaient les chemins les plus âpres et les plus rigoureux; qui a la terre pour lit, qui boit ses larmes, qui mange des aliments assaisonnés par la flamme divine, qui frappe sa poitrine avec plus de dureté que si elle était de diamant, qui pour dompter sa chair porte un cilice, qui marche pieds nus, qui a renoncé à tout mal, qui n'est animé que de l'amour de Dieu et du bien, sans une pensée d'intérêt...

— Eh bien, père, que veux-tu dire?

— Croyez-vous, Madame, qu'un tel homme, à l'heure étroite de la mort, puisse se sauver? »

Le père de la Croix propose à cette femme, qui n'a à présenter à Dieu que des œuvres de mort, d'échanger avec elle ce qu'il a fait de bien contre ce qu'elle a fait de mal. Le marché est conclu. Dona Ana, touchée et surprise, se rend enfin. Aussitôt le corps du saint est couvert d'une lèpre symbolique; les démons lui livrent une nouvelle bataille, et tandis que l'âme de dona Ana leur échappe, ils exigent comme une proie légitime l'âme même du père de la Croix. Celui-ci triomphe une dernière fois, et meurt sauvé. La foule se dispute les reliques du débauché bienheureux, qui n'a désespéré ni de lui-même ni des autres coupables.

M. E. Chasles suppose que Cervantès écrivit ce drame à la Caldéron, dans les dernières années de sa vie. Peut-être le composait-il pour l'offrir au cardinal-archevêque Bernard de Sandoval, un de ses bienfaiteurs. Quoi qu'il en soit, la pensée religieuse prit chez lui, entre 1606 et 1616, un empire décisif.

Il avait alors soixante-huit ans et était attaqué, sans remède, de la maladie qui l'emporta bientôt après. Espérant, à l'entrée de la belle saison, trouver quelque soulagement dans l'air de la campagne, il partit le 2 avril 1616 pour le bourg d'Esquivias, où demeuraient les parents de sa femme. Mais, au bout de quelques jours, son état empirant, il fut contraint de revenir à Madrid, accompagné de deux amis qui le soignaient en chemin. Son état fit d'effrayants progrès; il s'alita, et reçut l'extrême-onction le 18 avril. On annonçait alors le retour prochain du comte de Lemos, qui passait de la vice-royauté de Naples à la présidence du conseil. La dernière pensée de Cervantès fut un sentiment de gratitude, un tendre souvenir à son protecteur. Presque mourant, il dicta la lettre suivante :

« Ces anciens couplets, qui furent célèbres en leur
« temps, et qui commencent ainsi : *Le pied déjà dans*
« *l'étrier*, je voudrais qu'ils ne vinssent pas si à propos
« dans cette mienne épître. Car, presque avec les mêmes
« paroles, je puis commencer en disant :

Le pied déjà dans l'étrier, avec les angoisses de la mort, grand seigneur, je t'écris celle-ci...

« Hier on m'a donné l'extrême-onction, et aujourd'hui
« je vous écris ce billet. Le temps est court, l'angoisse
« s'accroît, l'espérance diminue, et avec tout cela je porte
« la vie sur le désir que j'ai de vivre; et je voudrais y
« mettre une borne, jusqu'à ce que je baise les pieds de
« Votre Excellence. Peut-être que la joie de vous revoir
« bien portant en Espagne serait si grande, qu'elle me
« rendrait la vie. Mais, s'il est décrété que je dois la per-
« dre, que la volonté des cieux s'accomplisse. Que du
« moins Votre Excellence connaisse ce mien désir, et sa-
« che qu'elle eut en moi un serviteur si désireux de la
« servir, qu'il voulut aller même au delà de la mort pour
« montrer son attachement. Avec tout cela, comme en
« prophétie, je m'applaudis du retour de Votre Excel-
« lence; je me réjouis de vous voir partout montrer au
« doigt, et me réjouis plus encore de ce que se sont ac-
« complies mes espérances, établies sur la renommée de
« vos vertus... »

Cette lettre prouve quelle parfaite sérénité d'âme Cervantès conserva jusqu'au dernier moment. Atteint bientôt d'une longue défaillance, il expira le samedi 23 avril 1616.

Par son testament, Cervantès avait ordonné qu'on l'enterrât dans un couvent de religieuses trinitaires, fondé depuis quatre ans dans la rue *del Humilladero*, et où sa fille dona Isabel de Saavedra avait fait récemment ses vœux. En 1633, les religieuses *del Humilladero* passèrent à un nouveau couvent de la rue *de Cantaranas*, et l'on ignore ce que devinrent les restes de Cervantès, dont nul tombeau, nulle pierre, nulle inscription n'ont pu faire découvrir la place.

LA POLITIQUE ET L'INDÉPENDANCE DE CLOVIS.

Rien ne se fait au hasard ni par le hasard dans les choses de ce monde, surtout en politique. Le hasard, — qui est la providence des sots, des fous et des révolutionnaires, — est né de l'anarchie des idées et n'a jamais produit que des ruines.

A l'origine des sociétés, une ligne de conduite a toujours été adoptée par le chef d'une nation, et cette ligne a dû être suivie par ses successeurs, sous peine, — en cas de déviation, — d'amener infailliblement des désordres dans l'organisme politique. Mais, s'il a toujours existé un système politique chez tous les peuples, ce système n'a pu fonctionner cependant qu'à la condition essentielle de l'indépendance de celui ou de ceux qui étaient appelés à le diriger. Car, sans indépendance, pas de liberté, et sans liberté dans les mouvements, pas d'ordre et de suite logique dans les idées d'où dépendent la vie et l'avenir d'un peuple.

Ceci est surtout vrai de la France, dès son origine même, et telle est la double et importante thèse que nous désirons et qu'il importe ici, — une bonne fois pour toutes, — d'établir et de prouver victorieusement, les faits et les témoignages en main.

Et d'abord la politique de nos premiers rois, Clovis en tête : Clovis, le fondateur de la France et de cette monarchie la plus vieille du monde, celle qui s'est distinguée entre toutes les autres par un rare esprit de suite, une puissante logique dans les idées, — esprit et logique qui ont fait sa force, sa grandeur, sa prospérité et sa gloire pendant tant de siècles, à travers mille épreuves et mille dangers où tout autre pays eût succombé, mais dont le nôtre s'est toujours relevé, chaque fois qu'il est revenu à sa première politique.

I

La politique remonte aux premiers âges du monde, et on la trouve au berceau de toutes les sociétés ; d'abord simple en ses rouages, c'est une machine qui, par la suite, se complique plus ou moins, mais dont le fonctionnement régulier constitue l'ordre et la vie d'un peuple, comme l'hygiène est la première et essentielle garantie de la santé.

Au siècle dernier on croyait assez généralement, pour ce qui regarde l'histoire de nos annales, que la politique était née à peine un siècle auparavant. « Nous regardons, — écrivait en 1746 le duc de Nivernois (1), — nous

---

(1) Mémoire sur la politique de Clovis, dans les Mémoires de l'Académie des inscriptions, tome XXXIII de l'édit. in-12, p. 259.

regardons communément la politique comme un art nouveau parmi nous ; et il semble que, flattée de sa bravoure, notre nation aime à penser que cette qualité lui a suffi seule, et lui a tenu lieu longtemps de toutes les autres. Peut-être est-ce en partant de cette illusion que les entreprises de nos premiers chefs nous paraissent dictées par une certaine inquiétude ambitieuse qui ressemble à l'héroïsme, et conduites par les seuls efforts d'un courage infatigable et invincible. En effet, on ne s'est pas avisé jusqu'à présent de les regarder comme formées par des génies profonds, qui méditaient leurs projets, qui concertaient leurs plans, et qui savaient en préparer et en assurer l'exécution par toutes les combinaisons que la politique peut employer. C'est pourtant par de tels ressorts que s'est établie notre puissance. »

Telle est la thèse que se proposait alors ce savant, et qu'il développa avec un succès tel, qu'après lui il ne reste plus rien de nouveau à dire sur un sujet aussi important, et peut être plus actuel sans doute à l'heure qu'il est (1878) que jamais, en présence de l'ébranlement de toutes les lois et de ce que l'on appelait naguère *l'équilibre européen*.

Par rapport à la France et à l'Europe, telles qu'étaient l'une et l'autre à cette époque lointaine, on peut dire que ce fut Clovis, — à la fois grand conquérant et grand législateur, — qui présida à l'établissement de l'état de choses dont notre pays était dès lors et resta longtemps l'arbitre.

La domination qu'établit Clovis dans les Gaules, par la défaite de Syagrius, était bornée du côté de l'orient par le royaume de Bourgogne, qui s'étendait depuis le duché de ce nom jusqu'à la Provence ; du côté du midi par le royaume des Visigoths, qui comprenait une partie de la Provence, les trois Aquitaines et le Languedoc; du côté de l'occident par les Arboriques ou Armoriques, qui possédaient la Normandie et la Bretagne; et du côté du nord par plusieurs petits États gouvernés par des rois dont quelques-uns étaient du même sang que Clovis : voilà les puissances avec lesquelles ce prince avait à se ménager. Il avait le dessein de les dépouiller et de s'enrichir de leurs dépouilles; mais ce dessein ne pouvait s'exécuter qu'en le cachant. Il ne fallait pas s'exposer à occasionner une ligue entre tous ces peuples; il fallait même se servir successivement des uns pour combattre les autres et les faire concourir tour à tour, sans qu'ils s'en aperçussent, au projet qu'on avait de les affaiblir pour les abattre. Cela demandait des vues bien étendues et des combinaisons bien multipliées; il fallait certainement de la politique, et précisément de celle que Ferdinand le Catholique et Charles-Quint ont fait revivre depuis avec tant de succès. Clovis se conduisit dans cette position délicate avec une dextérité infinie : il commença par se lier avec Gondebaud, roi de Bourgogne; c'était leur intérêt commun, parce qu'ils avaient également pour voisin Alaric, roi des Visigoths, plus puissant que chacun d'eux. Clovis avait souvent des ambassadeurs auprès du roi de Bourgogne, et bientôt il prit la résolution de resserrer encore cette liaison par les nœuds d'une alliance, en épousant Clotilde, nièce de Gondebaud.

Cet arrangement, très-convenable aux intérêts de Clovis, ne laissait pourtant pas de souffrir quelque difficulté. Gondebaud avait eu trois frères qui devaient partager avec lui la succession de Gunderic, leur père commun; mais un seul, nommé Godésigile, avait échappé à la

14.

cruauté ambitieuse de Gondebaud, qui avait fait périr les deux autres, — Gondemar et Chilpéric. Clotilde était fille de ce dernier, et cette princesse, désireuse de venger son père, était dangereuse à donner en mariage à un voisin puissant, chez qui elle porterait des droits de vengeance et des motifs de haine contre la Bourgogne. C'était bien là ce que désirait Clovis, qui ne cherchait que des prétextes à son ambition ; et c'est dans cette vue qu'il souhaitait l'alliance de Bourgogne : mais, par les mêmes raisons, Gondebaud ne devait pas s'y prêter. De plus, Clotilde était chrétienne, et Clovis païen, obstacle qui paraissait devoir éloigner respectivement les deux partis. Mais Clovis, plus attaché aux intérêts de son État qu'à ceux de sa fausse religion, pensait bien différemment : il se voyait à la tête d'une nation païenne, mais entouré de nations chrétiennes. Les Gaulois, au sein desquels il avait établi sa puissance et qu'il avait incorporés à ses sujets, ne l'étaient pas à sa religion ; ils étaient tous chrétiens, et le joug de la domination païenne ne pouvait leur être qu'odieux.

Il n'y avait pas d'apparence que Clovis pût détruire dans les Gaules une religion sainte, pour y introduire son culte superstitieux. Ce que toute la puissance des Césars n'avait pu faire, un roi à peine établi ne devait pas songer à l'entreprendre. Aussi ne s'abandonna-t-il pas à cette chimère, et il se borna à captiver le plus qu'il pouvait le cœur des chrétiens, en prenant une femme dont la présence leur ferait naître l'espoir de voir un jour le roi converti par elle, ou du moins leur offrirait une médiation assurée et puissante dans les affaires de religion qui pourraient subvenir. Nous ne doutons pas même que, dans le fond de son âme, Clovis ne pensât dès lors à quitter son culte frivole, dont peut-être il avait déjà reconnu l'absurdité, et dont il envisageait du moins les inconvénients. Il est assez apparent qu'il fit entrevoir cette disposition à Gondebaud, et qu'il s'en prévalut pour obtenir Clotilde ; et ce qui peut confirmer cette conjecture, c'est qu'il fit choix, pour traiter cette affaire délicate en Bourgogne, d'un nommé Aurélien, Gaulois romanisé (1), et chrétien par conséquent. Aurélien réussit, et Gondebaud accorda sa nièce. Clovis, qui peut-être avait pris exprès son temps, fut bien servi dans cette occasion par l'absence du principal ministre de Gondebaud, nommé Aredius, homme sage et éclairé, qui n'aurait pas manqué de s'opposer à une alliance que la politique défendait au roi de Bourgogne. Ce ministre était alors en ambassade à Constantinople auprès de l'empereur ; mais il était près de revenir, et Clotilde, qui prévoyait l'obstacle qu'il apporterait à son mariage, partit précipitamment avec Aurélien dès que le traité fut conclu, et se hâta de se rendre dans les États de Clovis, où son arrivée causa parmi les Gaulois une joie universelle, qui apprit au roi le prix de l'acquisition qu'il venait de faire, et le fit sans doute s'applaudir de la sagesse de sa politique : il continua sur le même plan, et s'en trouva bien.

On ne peut pas douter qu'il n'eût de grands ménagements pour les chrétiens, puisque, dans la conquête qu'il fit des provinces situées entre la Somme, la Seine et l'Aisne, le saint évêque Remi s'empressa volontairement de se soumettre, et engagea les peuples de la cité de Reims à se donner au roi. Cette expédition se fit après le

---

(1) Aurelianum quemdam ex Romanis. — Cap. XVIII, Histor. Franc. epitom. (col. 557 de l'édit. de Grégoire de Tours, donnée par dom Ruinart). Cet abrégé de la chronique de G. de Tours est de Frédégaire.

mariage du roi, dans la même année (493), et au milieu des premiers transports de joie que causaient aux Gaulois la présence d'une reine chrétienne et la naissance de deux princes élevés dans la même religion.

Cette complaisance de Clovis pour sa femme, répétée à la naissance de Clodomir, quoique Ingomer l'aîné fût mort peu de temps après avoir reçu le baptême, est une preuve que, si Clovis n'était pas dès lors disposé à devenir chrétien, du moins il n'était pas fort attaché au paganisme, et qu'il préférait les conseils de la politique aux intérêts de la superstition. Heureusement la politique exigeait qu'il se rendît tôt ou tard à la connaissance du vrai Dieu ; et il était trop éclairé pour ne pas sentir combien sa conversion favoriserait et assurerait ses progrès dans les Gaules : aussi n'attendait-il qu'une occasion éclatante qui le justifiât aux yeux des Francs idolâtres, et qui leur donnât lieu de suivre son exemple. Mais cette occasion était nécessaire : sans cela, Clovis, en se pressant de changer de religion, aurait perdu le cœur des Francs par la même démarche qui lui aurait gagné les Gaulois, et l'échange n'aurait pas été avantageux. « Je vous écouterai volontiers, — disait Clovis à Clotilde et à l'évêque saint Remi, qui le pressaient de se convertir ; — mais il y a une chose fort importante à considérer, c'est que je suis chef d'une nation qui ne souffre pas qu'on abandonne ses dieux (1). »

Tel était alors le caractère des Français ; plus de mille ans après cet événement, Henri IV fut obligé, dans une circonstance semblable, d'user des mêmes délais pour

---

(1) Libenter te, sanctissime pater, audiam, sed restat unum, quod populus qui me sequitur non patitur relinquere deos suos. — Grég. de Tours, livre II, chap. XXXI.

préparer les esprits des Huguenots à son abjuration, dont il avait senti la nécessité dès le moment de la mort de Henri III.

Cet instant favorable qu'attendait Clovis arriva enfin ; et dans une bataille qu'il livra à des peuples allemands qui s'étaient ligués contre lui, il fit un vœu qui rendait sa conversion dépendante du succès de ses armes. Il est à croire que, quand Clovis prononça ce vœu, s'il le prononça publiquement et solennellement, comme le raconte Grégoire de Tours, il se trouvait alors à la tête de quelque corps de son armée composé de Gaulois chrétiens ; car ce vœu aurait été dangereux à faire aux yeux des Francs idolâtres, qui en auraient été plutôt aliénés qu'encouragés. Mais, ayant été couronné par la victoire, cette faveur signalée du Dieu des chrétiens devenait pour les Francs eux-mêmes un puissant motif de conversion, que Clovis sut faire valoir. Il assembla les Francs avant de déclarer sa propre conversion, et, par cette démarche pleine d'égards pour les droits et les coutumes de la nation, ayant achevé de gagner tous les cœurs, non-seulement elle approuva son changement et consentit à son baptême, mais la plus grande partie de son armée s'empressa d'imiter son exemple, et, sur cinq mille Français environ dont elle était composée, plus de trois mille se firent baptiser en même temps que lui.

Cette grande affaire, la plus grande en effet, et en elle-même et par rapport à ses suites, qui se soit passée en France, ne fut pas plutôt terminée que Clovis s'appliqua à en retirer les avantages qu'il s'en était promis. Les événements ne trompèrent pas son espérance et ses soins, et bientôt il eut la satisfaction d'assurer sa frontière occidentale par une négociation heureuse avec les Armoriques. Ces peuples avaient une origine commune avec les Francs, mais ils étaient encore soumis aux Romains et entretenaient des garnisons romaines ; la raison de cet attachement était la conformité de religion, qui est le plus fort lien entre les hommes. Les Armoriques étaient chrétiens, et par cette raison ils n'avaient voulu entendre à aucun accord avec Clovis et les Francs idolâtres. Aussitôt que ce prince eut reçu le baptême, il envoya leur en faire part : en même temps il les fit souvenir de l'origine commune des deux peuples ; il leur mit devant les yeux l'utilité respective dont leur serait un commerce mutuel ; leur fit sentir que, pour l'établir solidement et l'entretenir sûrement, il fallait que les deux nations s'unissent étroitement par des mariages réciproques. La négociation réussit : la communication une fois réglée s'étendit bientôt, et ces alliances particulières ne tardèrent pas à faire éclore le projet d'une confédération publique. C'était là qu'en voulait venir Clovis, qui vit bientôt ses vœux remplis. Un traité solennel se fit, dans lequel les Armoriques, se déclarant soustraits à la suprématie des empereurs, reconnurent pour leur roi le roi des Francs. Les garnisons romaines qui occupaient le pays, trop faibles pour s'y défendre, remirent à Clovis les places qu'elles tenaient ; celui-ci leur permit de demeurer dans le pays, où elles gardèrent encore longtemps leurs lois, leurs habillements et leurs coutumes. Les Armoriques et les Francs ainsi réunis parurent alors un corps de nation respectable à la puissance des empereurs, ainsi que le dit Procope (1), de qui nous avons tiré ces circonstances (2).

(1) Procope, De bello Italico adversus Gothos gesto, lib. I, cap. XIII.
(2) Il existe d'assez nombreuses éditions de cette loi célèbre. Lindebrog l'a comprise dans son *Codex legum antiquarum.* (Francfort, 1613), et,

Dès que Clovis eut terminé cette affaire importante, où la politique et la religion le servirent si bien, il en entama une autre, où l'une et l'autre eurent encore part. Son mariage avec Clotilde fut le mobile et le soutien de cette entreprise. Les Bourguignons étaient chrétiens, mais ariens, et ils traitaient fort durement les peuples originaires du pays, chrétiens aussi, mais catholiques. Ce fut l'espérance de rendre la paix aux églises catholiques de ce royaume qui justifia dans l'esprit de la sainte reine Clotilde une entreprise qui n'allait pas à moins qu'à détrôner ou asservir un prince dont elle était la nièce, et dont les Francs avaient été alliés jusqu'alors. En effet, après le traité que Gondebaud vaincu fit avec Clovis, il réprima par cette loi qui porta son nom (la loi Gombette) les vexations que les Ariens exerçaient sur les catholiques. Il y a plus, et l'on voit dans Grégoire de Tours (1) que ce prince se fit instruire dans la religion catholique par Avit, évêque de Vienne, et reconnut en secret l'égarement de la secte dont il faisait partie. « Ces faits et leurs circonstances favorisent, — dit le duc de Nivernois (2), — la conjecture que j'avance, que les motifs de religion entraient pour beaucoup dans la guerre que Clovis fit à Gondebaud. » Celui-ci y fut vaincu, dépouillé presque en un instant de ses États, et n'eut de ressource que la ville d'Avignon, où il s'enferma, et où il fut aussitôt assiégé par Clovis. C'est là que Clovis, au moment de se rendre maître de la personne de son ennemi, consenti

en 1853, M. Peyré en a donné une excellente traduction, qu'il a publiée à Lyon, la ville même où, treize cent cinquante ans auparavant, Gondebaud la promulguait pour la première fois.

(1) Lib. II, chap. xxxiv.
(2) *Ibid. ut sup.*, p. 270.

à faire un traité qui lui rendait tout ce qu'il venait de perdre, et c'est aussitôt après ce traité que le roi de Bourgogne se fit instruire dans la religion catholique, et réprima par une loi les vexations dont les orthodoxes étaient tourmentés dans ses États.

« Toutes ces circonstances ne forment-elles pas une induction vraisemblable pour croire que Clovis, ayant publié hautement qu'il prenait les armes en faveur de la religion, il ne put se dispenser de souscrire à un traité qui lui donnait satisfaction sur ce point (1)? » Il faut pourtant avouer que ce traité qui sauva Gondebaud s'accordait aussi avec les intérêts politiques de Clovis. Celui-ci devait le succès rapide de ses armes à Godégisile, frère de Gondebaud, qui s'était joint à lui au moment décisif d'une bataille. Le traité secret entre Clovis et Godégisile portait que celui-ci, après la ruine de Gondebaud, serait mis en possession du royaume entier de Bourgogne, moyennant la cession de quelques domaines et un tribut, c'est-à-dire une espèce du vasselage envers Clovis, auquel il s'engageait.

« Cet engagement, en le supposant exécuté de bonne foi dans toutes ses parties, n'aurait pas été sans inconvénients pour Clovis. Car, enfin, c'était réunir sur une seule tête la puissance partagée en deux et la rendre par conséquent bien plus redoutable. Il était beaucoup plus sage de s'en tenir à affaiblir les deux partis, et très-avantageux de les laisser toujours subsister avec des semences de division qui ne pouvaient manquer de fournir à un voisin aussi habile que Clovis des occasions fréquentes d'agrandissement. Ainsi, ce prince se conduisit dans

---

(1) Grégoire de Tours, lib. II, chap. XXXIV, p. 271.

cette occasion avec beaucoup de sagesse, et son traité avec Gondebaud est l'ouvrage d'une politique très-adroite (1). »

Depuis sa conquête, Clovis n'avait encore fait aucune fausse démarche; mais bientôt il en fit une dont il ne tarda pas à se repentir. Nous voulons parler du traité par lequel il se ligua avec le roi d'Italie, Théodoric, contre le même Gondebaud, roi de Bourgogne. Celui-ci n'avait pas cru que son traité avec les Francs l'obligeât à laisser en paix Godégisile, son frère, qui l'avait trahi. Dès que Clovis fut éloigné, Gondebaud reprit les armes, poursuivit son frère, l'accabla dans Vienne, qu'il surprit, et où Godégisile fut tué dans une église où il s'était réfugié. Par là, Gondebaud devint seul maître de tout le royaume de Bourgogne, et Clovis perdit ainsi le fruit du traité par lequel il avait compté empêcher cette réunion dangereuse. Il sentit toutes les conséquences de cet événement; et comme il n'avait quitté les armes que pour empêcher la réunion des deux royaumes bourguignons, cette réunion faite l'engagea à les reprendre, et il crut apparemment devoir se presser pour ne pas laisser Gondebaud s'affermir dans sa nouvelle domination, soit par des arrangements intérieurs, soit par des traités et des ligues avec les puissances voisines.

C'est ici où Clovis fit, — de l'avis du duc de Nivernois (2), — une très-grande faute en se liguant avec Théodoric, roi des Ostrogoths. Le père Daniel (3) cependant le loue de cette conduite, qu'il regarde comme le trait d'une capa-

(1) Voyez une lettre de Bussy-Rabutin, à Mme de M***, en date du 25 mars 1680.
(2) *Ibid. ut sup.*, p. 273.
(3) *Hist. de France*, édit. de 1729 (in-4°), t. I.

cité profonde ; mais le père Daniel se trompe assurément.

Théodoric, roi d'Italie, était le prince le plus puissant de l'Europe. Sa domination était bien affermie. Les lois civiles, la discipline militaire et le commerce, établis et maintenus par lui avec sagesse, rendaient son royaume florissant de toutes parts. Aussi ce prince, extrêmement habile, était respecté de tous ses voisins, et Clovis lui-même, en lui écrivant, prenait la qualité respectueuse de *fils*. D'ailleurs, ce prince, de même religion et de même nation que les rois des Visigoths qui tenaient l'Espagne et une partie de l'Aquitaine, était fondamentalement lié avec eux. Une telle puissance n'était certainement pas bonne à approcher de soi, et il était de la dernière imprudence de concourir à son agrandissement. C'est ce que fit Clovis par le traité qu'il conclut avec Théodoric contre Gondebaud. Une seule chose paraîtrait pouvoir lui servir d'excuse : c'est si, — comme le dit le père Daniel, — Gondebaud lui-même avait déjà fait des démarches auprès du roi des Ostrogoths pour l'attirer dans son parti (1). Mais, en ce cas, c'était avec Gondebaud lui-même que Clovis aurait dû traiter. Il fallait remettre l'entreprise sur la Bourgogne à un autre temps, susciter quelques affaires à Théodoric, et, en attendant ce moment, vivre en paix avec Gondebaud. Quoi qu'il en soit, le traité avec Théodoric fut conclu, et il portait que les deux rois partageraient entre eux la Bourgogne, après l'avoir conquise. Un des articles de ce traité portait que celle des deux parties liguées dont les troupes ne se trouveraient pas à la conquête, ne perdrait pas pour cela la part qui

---

(1) Le père Daniel ne cite, à ce propos, aucun historien ; et, en effet, on ne trouve nulle part de traces de cet événement.

devait lui en revenir, moyennant qu'elle payât à son allié une certaine somme d'argent (1). Mézerai et le père Daniel s'étonnent beaucoup de cette condition ; elle n'a cependant rien de singulier, et dans le fond c'est ce qui se pratique dans la plupart des ligues, où l'on convient d'une évaluation, selon laquelle les subsides en argent sont reçus en équivalent des troupes que les parties contractantes s'engagent de fournir.

Le père Daniel, — après avoir raconté comment Théodoric, agissant peut-être de mauvaise foi, laissa combattre et vaincre les seuls Francs, et ne fit avancer ses troupes qu'après la défaite de Gondebaud, — dit que, malgré cela, le traité fut exécuté par Clovis, qui aima mieux garder sa parole, *quoique peut-être il eût été en droit de ne le pas faire.* « Je ne m'arrêterai point, — fait observer le duc de Nivernois (2), — à réfuter cette fausse et pernicieuse réflexion, dont le vice ne saurait échapper à quiconque est instruit du droit des nations, et je remarquerai seulement que cette science n'est guère moins nécessaire que celle des faits à qui veut écrire l'histoire. » Il fut apparemment bientôt dérogé à ce traité par un autre subséquent, en vertu duquel Théodoric et Clovis rendirent à Gondebaud les conquêtes qu'ils avaient faites sur lui. Apparemment Clovis ne tarda pas à se repentir d'avoir attiré les Goths si près de lui : il regretta le voisinage du faible Gondebaud, et rendant à celui-ci, par une sage politique qui avait l'air de la générosité, la portion de son royaume qui lui était échue, il se ligua avec Gondebaud, et engagea Théodoric, par la crainte de cette ligue, à rendre aussi sa portion. De quelque façon que cela se soit passé, il est

(1) Procope, *l. c. sup.*
(2) *Ibid. ut sup.*, p. 276.

constant, par le récit unanime de tous les historiens, que Gondebaud demeura roi de Bourgogne, et que Théodoric et Clovis n'en conservèrent rien. Nous ne savons pas si l'argent que Clovis avait reçu de Théodoric fut rendu ; s'il en fut ainsi, il est vraisemblable que Gondebaud le paya : mais, quand même Clovis l'aurait tiré de son épargne, il aurait encore fait un bon marché, puisqu'il réparait par là la faute essentielle qu'il avait faite en attirant les Ostrogoths dans les Gaules.

Clovis se trouvait alors dans une circonstance particulière qui lui rendait le voisinage de Théodoric extrêmement dangereux. Il était à la veille de rompre avec Alaric, roi des Visigoths, et il ne prétendait pas moins que de renvoyer ce prince en Espagne, en le dépouillant de tout ce qu'il avait dans les Gaules. Dès longtemps, Clovis avait dressé secrètement toutes ses batteries ; la douceur de sa domination à l'égard des Gaulois, la profession qu'il faisait, ainsi qu'eux, de la religion catholique et le zèle qu'il témoignait pour elle, avaient servi puissamment sa politique en cette occasion. Il s'était mis en rapport avec des évêques gaulois soumis à Alaric, qui, fort attaché à l'arianisme, persécutait les églises catholiques : la comparaison de ce traitement avec celui que l'on éprouvait dans le royaume de Clovis, avait disposé tous les cœurs en faveur de celui-ci. Grégoire de Tours le dit en termes formels : « Ils désiraient passionnément d'avoir les Francs pour maîtres (1). » Alaric pressentit l'orage qui se formait, et n'osant s'y exposer avec ses forces seules, il tâcha de le conjurer par la négociation, jusqu'à ce qu'il se fût assuré des amis capables de le défendre.

(1) Habere Francos dominos summo desiderio cupiebant. — Grég. de Tours, lib. II, cap. xxxvi.

Clovis, de son côté, ne voulant pas éclater qu'il ne fût sûr du succès, et voyant que son ennemi, qu'il voulait surprendre, était averti, résolut de feindre et de temporiser ; il reçut les ambassadeurs du roi visigoth, il lui en envoya à son tour ; les choses arrivèrent à un point si apparent de conciliation, que les deux rois se rencontrèrent dans une entrevue solennelle qui eut lieu dans une petite île auprès d'Amboise.

Ainsi, dans ces temps éloignés, comme dans les siècles raffinés de la politique moderne, les guerres sanglantes, les usurpations concertées, les ruptures éclatantes, étaient quelquefois précédées de tous les signes illusoires du calme le plus parfait, de même que, dans la nature, le calme plat cache presque toujours l'orage ou la tempête sous sa surface trompeuse. Il n'y a guère de différence pour les motifs et leurs conséquences entre cette conférence d'Alaric et de Clovis, à Amboise, et celle de Charles-Quint avec François Ier, à Nice. La paix d'Amboise n'arrêta pas les mesures que les deux rois prenaient, l'un pour attaquer, l'autre pour se défendre ; elle les obligea seulement à les prendre avec plus de soin, parce qu'ils s'étaient mutuellement pénétrés. Alaric traita avec Théodoric, et même entama des ouvertures pour une ligue offensive ; dès lors on n'ignorait pas que, pour déconcerter un projet d'attaque, le meilleur moyen est d'attaquer le premier. Clovis, de son côté, se lia avec le roi de Bourgogne, ce même Gondebaud qu'il venait de dépouiller et de rétablir en si peu de temps.

La saine politique défendait à Gondebaud une alliance avec Clovis, qui tendait à chasser des Gaules la seule puissance qui pouvait y balancer celle des Francs ; mais, soit que Gondebaud connût mal ses intérêts, soit qu'il n'osât pas refuser Clovis, dont il venait d'éprouver la supériorité, il signa le traité de ligue, et concourut à son exécution. Les vues d'Alaric ne réussirent pas si bien ; Théodoric, son oncle, à qui il s'était adressé, n'était alors en état de l'aider que de ses conseils : il avait en Italie des affaires avec l'empereur Anastase, et avait besoin de toutes ses troupes pour n'être pas accablé lui-même.

Ainsi les Goths d'Italie, occupés par l'empereur, et les Goths d'Espagne, attaqués par Clovis, ne pouvaient s'entre-secourir ; il était essentiel de mettre la circonstance à profit, et Clovis n'y perdit pas de temps. Il assembla promptement la nation, il détermina tous les suffrages et encouragea tous les cœurs par le nom magique d'une guerre sainte : « Je souffre très-impatiemment, — dit-il, —que ces Ariens tiennent une partie des Gaules (1). » Telles sont les paroles que Grégoire de Tours lui fait prononcer dans l'assemblée de la nation, qui aussitôt courut aux armes avec ardeur (2). La France s'est toujours battue pour une idée généreuse. Alaric fut vaincu à Vouillé, à quelques lieues de Poitiers, et tué dans la bataille. Clovis conquit tout ce que tenaient les Visigoths dans les Gaules, et revint à Tours jouir de sa victoire ; mais il n'en jouit pas longtemps.

Le dangereux Théodoric, dangereux parce qu'il était aussi habile que puissant, trouva moyen d'avoir quelque répit de la part de l'empereur. Gondebaud n'avait pas eu des succès aussi rapides que Clovis ; il s'était chargé de la conquête des deux Narbonnaises, que défendait Gésalric, fils naturel d'Alaric. Les Aquitaines, de la conquête

---

(1) Valde moleste fero quod hi Arriani partem teneant Galliarum. — Grég. de Tours, lib. II, cap. XXXVII.

(2) Cumque placuisset omnibus hic sermo. — Ibid.

desquelles s'était chargé Clovis, étaient entièrement subjuguées; mais les Narbonnaises résistaient encore à Gondebaud, et celui-ci était occupé au siége d'Arles, lorsque Théodoric fit passer dans les Gaules une armée formidable. Clovis accourut au secours de son allié; mais tous deux furent battus par les Ostrogoths, et reperdirent bientôt presque toutes leurs conquêtes. Il se fit alors un traité entre les Goths, les Bourguignons et les Francs, par lequel, au moyen de quelques cessions assez peu considérables, Théodoric demeura maître de ce qu'avaient tenu les Visigoths dans les Gaules. Clovis perdit ainsi presque tout le fruit de sa valeur et de sa politique, et il en dut être d'autant plus affligé que ce ne fut pas sans qu'il y eût eu de sa faute : c'est qu'en politique, les moindres fils sont nécessaires à la durée du tissu, et les moindres fautes sont souvent irréparables. Si Clovis ne s'était fié qu'à lui-même des opérations vives de l'attaque, et qu'il eût seulement chargé Gondebaud d'occuper avec une puissante armée les passages de la Gaule, l'armée de Théodoric ou n'aurait pu passer ou aurait été si considérablement retardée que la conquête aurait pu être achevée, et alors les rois vainqueurs auraient été en position de faire avec l'allié du vaincu un traité bien plus avantageux que celui auquel ils furent contraints après la bataille d'Arles.

Quelques historiens attribuent au chagrin que ce mauvais succès causa à Clovis l'humeur noire et la conduite sanguinaire auxquelles il s'abandonna le reste de sa vie : nous avons déjà fait justice, ailleurs, de cette assertion (1); nous n'y reviendrons pas.

(1) Cs. la sixième série des *Erreurs et mensonges historiques: — Les cruautés de Clovis* (p. 177-190).

Nous terminons le tableau de la vie politique de Clovis par un fait qui mit le comble à son habile prévoyance de l'avenir : — la rédaction de nos lois saliques, commencée par ce prince et promulguées par Thierry, son fils et son successeur. Jusque-là nos lois n'étaient que des coutumes, et ces coutumes non écrites ne s'observaient que par tradition et par préjugé. « Clovis, — écrivait, au siècle dernier, le duc de Nivernois (1),— Clovis, vraiment digne d'être le fondateur d'un grand empire, comprit que la nation, devenue stable et puissante, avait besoin d'un code fixe, et il travailla à former ce précieux dépôt, plus respectable que le recueil de Justinien, tant admiré, puisque le nôtre est simple et uniforme, tandis que les lois romaines ne sont qu'une combinaison immense de contradictions qui portent l'empreinte des caprices multipliés qui les ont produites. Reconnaissons encore avec amour et vénération dans ce premier code salique le germe et le fondement de toute la grandeur de notre monarchie. C'est de ce code, à jamais sacré pour nous, que sortirent les justes motifs du célèbre arrêt qui mit Philippe de Valois sur le trône : c'est ce code qui a chassé les Lancastres du royaume, qui a empêché Philippe II de le détruire, et la Ligue de le démembrer. »

II

Dans ce rapide et cependant complet aperçu du règne et de la politique de Clovis, rien ne fait voir, — comme l'ont prétendu nombre d'auteurs, — que ce fondateur de la monarchie française ait été dépendant et vassal de

(1) *Ibid., ut sup.*, p. 284 et 285.

l'Empire, bien au contraire : en effet, comment les entreprises de Clovis auraient-elles été possibles, supposé la suzeraineté de l'Empire sur le prince franc? C'est ce qu'il faut démontrer, et ce sera la conséquence logique des faits qu'on vient de lire, ainsi que l'a parfaitement bien compris le même guide que nous venons de suivre, le duc de Nivernois, dans son savant *Mémoire sur* l'indépendance *de nos premiers rois par rapport à l'Empire* (1).

Le premier écrivain que l'on sache qui ait avancé l'opinion que nous allons combattre est Gabriel Trivorius (2), jurisconsulte français et historiographe de Louis XIII, à qui il dédia son ouvrage intitulé : *Observatio apologitica ubi agitur de verá Francorum origine, etc.* C'est là que Trivorius fait entendre que les Francs ne commencèrent à être véritablement souverains dans les Gaules qu'après l'acte ou traité qu'il appelle *pragmatique sanction*, passé entre l'empereur Justinien et notre roi Théodebert. Mais, comme il n'apporte aucune preuve de cette opinion, il n'y a pas lieu de la répéter, et elle ne doit être considérée que comme un paradoxe avancé sans examen.

Menso Alting (3), savant hollandais, renouvela cette assertion, à la fin du dix-septième siècle, dans sa *Notitia Germaniae inferioris*. Il y avance formellement que Théodebert doit être regardé comme le premier roi de notre nation, parce qu'il fut, — dit-il, — le premier dont l'autorité fut dégagée des chaînes de l'Empire romain. Alting s'appuie pour cela de quelques autorités spécieuses, mais qui, approfondies, ne sauraient s'appliquer à la question qu'il traite.

(1) Mém. de l'Acad des inscript., t. XXXIII de l'édit. in-12, p. 286-326.
(2) Paris, 1631, in-4°.
(3) Amsterdam, 1697 et 1701, in-fol., 2 vol.

Jusque-là, l'opinion qui ne commence la souveraineté et l'indépendance de nos rois qu'aux petits-fils de Clovis n'avait pas acquis un grand degré d'autorité. Trivorius, peu lu et encore moins estimé, ne pouvait l'accréditer par son nom, et Alting, ne l'ayant insérée qu'accessoirement et sans preuve dans un ouvrage sur une matière toute différente, ne l'avait pu communiquer à ses lecteurs, qui ne cherchent dans son livre que des connaissances géographiques. Mais le sentiment de ces deux écrivains, ressuscité par l'auteur de l'*Histoire critique de la monarchie française*, a pris entre ses mains une nouvelle vie. L'abbé Dubos (1) a fait entrer cette opinion dans le vaste édifice qu'il a voulu élever, et la combinant dans un plan systématique, il est par là beaucoup plus dangereux, parce que l'esprit de système est pour ainsi dire un mal contagieux qu'un écrivain communique aisément à ses lecteurs. A dire vrai, l'abbé Dubos avait besoin de cette opinion, parce que c'est une branche nécessairement liée au corps de son système, — tout l'objet de son ouvrage étant de prouver que nos rois ont succédé dans le droit, et dans le même droit, aux empereurs romains, et qu'ils ont recueilli dans les Gaules la puissance despotique qu'exerçaient les Césars dans toutes les provinces de la république. Pour cela il fallait que, d'une façon quelconque, il y eût eu une transmission de droit des empereurs à nos rois, et cette transmission il a cru ou il a voulu la trouver dans l'acte de la cession faite par Justinien à Théodebert.

En commençant à Clovis l'examen de la puissance des rois des Francs, on peut faire remarquer que l'abbé Du-

(1) Paris, 1733, in-4°, 3 vol.

bos (1) établit une distinction assez singulière en parlant de l'autorité de ce prince. Il dit qu'à la vérité il était réellement roi des Saliens, mais qu'il ne commandait aux Gaulois qu'au nom de l'empereur, dont il exerçait sur eux l'autorité. De là, il faut en bonne logique conclure ou que ce prince n'a dû et n'a pu exécuter que des entreprises agréables à l'empereur, ou que, s'il en a formé d'autres, il les a exécutées avec le seul secours de la tribu des Francs, sur laquelle il régnait, ou, enfin, que, s'il y a employé les forces de la Gaule, ç'a été une prévarication dont l'Empire a dû se plaindre. Il faut convenir que, si les choses se sont passées d'une de ces trois manières, Clovis a été dépendant des Romains : mais nous allons établir, par le tableau fidèle de sa vie, les trois points contradictoires à ceux-là : c'est-à-dire prouver que Clovis ne s'est occupé que de ses intérêts, sans prendre garde s'il servait ou s'il choquait ceux de l'Empire ; qu'il a employé dans toutes ses expéditions les forces de la Gaule ; et que ni l'Empire ne s'est cru en droit de s'en plaindre, ni lui n'a pensé que sa conduite pût avoir besoin à cet égard de justification ou d'excuse. Et ce dernier point n'est pas d'une petite considération, puisque la dépendance ne saurait exister par la seule volonté d'une des parties, mais qu'elle a essentiellement besoin d'un pacte quelconque par lequel l'un se reconnaisse dépendant de l'autre, qui prétend la dépendance (2).

La première expédition de Clovis, celle qui commença à rendre sa puissance formidable dans les Gaules, fut celle qu'il fit contre les Romains, contre Syagrius, leur général, qu'il battit, qu'il força de chercher un asile dans

(1) Tome II, p. 231.
(2) Le duc de Nivernois, *l. c. sup.*, p. 291.

une cour étrangère, tandis que notre roi vainqueur s'établissait sans perdre de temps dans les possessions romaines. Syagrius, retiré chez Alaric, y devait avoir un refuge assuré, s'il était vrai, — comme le dit l'abbé Dubos, — que les rois visigoths tinssent la place des empereurs, et fussent leurs substituts dans les provinces que l'Empire leur avait accordées pour habitation. Cependant, lorsque Clovis redemande au roi visigoth le Romain réfugié à sa cour, Alaric n'ose le refuser, Syagrius est livré à Clovis : Clovis le fait mourir, et, par cette mort, se défait du seul officier romain qu'il pût craindre dans les Gaules, sans que ce général romain soit réclamé ni vengé par l'empereur. Dans ce tableau de la première et de la plus importante expédition de Clovis, voit-on un seul trait qui conduise à penser que ce roi n'était pas un souverain indépendant ?

Après ce premier succès, plusieurs cités qui reconnaissaient encore la souveraineté des empereurs se donnent à Clovis, et passent volontairement sous sa domination. Le saint évêque de Reims, Remi, fut l'entremetteur de cette négociation. Que serait cette négociation de saint Remi, que serait ce traité des cités gauloises avec Clovis, si ce prince eût été dépendant des Romains ? Ce n'aurait été ni une affaire, ni une négociation, ni un événement. Ces cités reconnaissaient l'empereur ; si Clovis le reconnaissait aussi, que gagnaient-elles à se donner à lui ? comment même cette idée pouvait-elle leur être inspirée ?

Il y a sur cet accord des cités intérieures de la Gaule avec Clovis une autre remarque très-importante à faire. Dom Ruinart nous apprend dans sa préface (1) qu'il s'est

(1) Section IV, § CXXII.

servi pour donner son édition de Grégoire de Tours de deux manuscrits, que les connaisseurs regardent comme écrits incontestablement peu après la mort de l'auteur, l'un appartenait à l'église cathédrale de Beauvais, l'autre à l'abbaye de Corbie. Il dit ensuite, — dans ses notes sur le chapitre xxxvii du deuxième livre, où est racontée la bataille de Vouillé, — que, dans ces deux manuscrits presque contemporains, cette bataille est assignée à la quinzième année du règne de Clovis, tandis que l'on sait certainement qu'elle se donna en 507, par conséquent la vingt-sixième année depuis l'avénement de Clovis à la couronne.

L'abbé Dubos trouve bien la raison de cette différence de date, en disant que, dans le diocèse de Beauvais et dans celui d'Amiens, on ne comptait que la quinzième année du règne de Clovis en 507, parce qu'on n'y avait compté la première année qu'en 492 ou 493, lorsque ces cités s'étaient rangées sous sa domination par l'accord dont on vient de parler. Jusqu'à cet accord, — dit l'abbé Dubos, — on avait dû y compter par les années du règne des empereurs. La remarque est très-judicieuse; mais comment l'auteur, si capable d'en faire d'excellentes, n'a-t-il pas senti que celle-là établissait invinciblement l'indépendance de Clovis? Car si, — comme on le sait, — l'usage de compter par les années du règne des empereurs a été abandonné par ces cités des Gaules, lorsqu'elles se sont soumises à un autre prince, si elles y ont substitué celui de compter par les années de la domination de ce prince nouveau, ne s'ensuit-il pas évidemment qu'elles ont alors réellement changé de maître, qu'elles ont cessé de regarder l'empereur comme leur souverain, et qu'elles n'ont plus reconnu pour tel que celui par les années du quel elles se sont mises à compter? Cette remarque est d'un grand poids dans la question que nous traitons, et on ne saurait peut-être avoir de preuve plus complète de l'indépendance de Clovis.

Mais comme, en critique, une seule preuve excellente ne fait quelquefois pas tant d'impression que l'assemblage de plusieurs inductions qui se soutiennent respectivement, continuons à rassembler les matériaux que les événements et les monuments du règne de Clovis fournissent en abondance.

On voit manifestement, par le dénombrement des troupes qu'il mena contre les Allemands, que les Gaulois le servaient de leur personne, et faisaient même la plus nombreuse partie de ses forces, puisque l'on sait que les Saliens ne montaient environ qu'à 5 ou 6,000 hommes. On ne peut pas douter que ces mêmes Gaulois ne le servissent aussi en leurs biens, et on trouve qu'il tirait d'eux différentes sortes d'impositions, comme péages, capitations, redevances, etc. Les Gaulois étaient donc assujettis au service militaire et au service pécuniaire; et pour se persuader que ce n'était point en vertu d'une autorité émanée de la puissance romaine, il n'y a qu'à considérer la nature des entreprises que Clovis poursuivit par ces moyens. Elles tendaient toutes à la dégradation et à l'affaiblissement de l'Empire, qui cependant ne se plaignit jamais qu'on s'armât contre lui de sa puissance et de ses propres armes.

La guerre que fit Clovis à Gondebaud, roi de Bourgogne, qui était patrice et qui avait les plus intimes liaisons avec les Romains, selon l'abbé Dubos (1), ne cho-

---

(1) Tome I, 627.

uait-elle pas directement la majesté et les intérêts de
Empire, et l'empereur aurait-il pu tolérer sans ven-
eance, ou du moins sans plainte, la prévarication dont
n roi vassal se serait rendu coupable en attaquant les
lliés de son suzerain avec la puissance dont il lui devait
ompte et qu'il tenait de lui? Mais, pour mettre ce raison-
ement dans tout son jour, examinons la conduite de
lovis et des princes ses voisins, dans la guerre qu'il
éclara aux Visigoths en 507; et qu'on nous permette de
ous étendre un peu sur cet événement, dont les détails
athentiques et curieux répandent beaucoup de lumière
ır la situation politique des rois barbares, et surtout de
lovis, à l'égard de l'empire.

Alaric, successeur d'Euric, établi dans les Aquitaines
t dans la Narbonnaise par la concession de l'Empire, y
nait la place des empereurs, selon l'abbé Dubos. Il
ait allié de Théodoric, lequel encore, — suivant le même
iteur, — était le représentant, le substitut des empe-
eurs en Italie. C'est cette puissance qui, de tous côtés,
st la représentation de la puissance romaine que Clovis
e détermine à attaquer, et qu'il espère de détruire. Mais
y a plus, et ce projet contre les amis, contre les lieute-
ants de l'Empire, ne pouvait s'exécuter que par les ar-
iées de l'Empire, par le secours de ces Gaulois dont Clovis,
— dit-on, — était moins le roi que le gouverneur.

« Je sens, — dit le duc de Nivernois (1), — qu'une po-
ltique adroite, des intrigues habilement ménagées, pou-
aient leur persuader que c'était pour les intérêts de
Empire qu'on voulait les armer contre les officiers, les
mis de l'Empire même. Il n'y a rien sur quoi on ne

---

(1) *Ibid., ut sup.*, p. 297 et 298.

puisse faire illusion, donner le change aux hommes Mais ce ne fut point là le procédé de Clovis, qui pourtant était trop habile pour en choisir un autre, s'il s'était senti dans le cas qui aurait exigé celui-là, je veux dire le cas de dépendance à l'égard des empereurs. Mais il ne se sert que du motif de la religion : « Je souffre impatiemment, — dit-il, — que ces Ariens tiennent une partie des Gaules. » Il faut remarquer qu'il ne dit point : « L'Empire trouve mauvais, l'Empire ne veut plus ; » il dit : « Je souffre impatiemment que ces Ariens soient maîtres d'une partie des Gaules. » C'est lui seul, c'est sa seule pensée, c'est son seul déplaisir qu'il propose aux Romains pour motif de la guerre qu'il veut leur faire entreprendre. Ils s'arment aussitôt, les intérêts de la religion catholique les déterminent ; et prenons garde que ces intérêts étaient bien les mêmes que ceux de Clovis, qui était catholique, mais différents de ceux d'Anastase, qui n'était pas orthodoxe (1). »

Théodoric, qui était parent d'Alaric, et que l'intérêt national joignait encore avec lui, fit ce qu'il put pour empêcher la rupture entre Alaric et Clovis. Il écrivit à celui-ci des lettres pressantes, adroitement faites et remplies de sagesse et de dignité. Il fait envisager à ce prince tous les inconvénients de la guerre où il est près de s'engager ; il ne lui dissimule pas que lui-même prendra parti contre l'agresseur ; mais, parmi les motifs de crainte et d'inquiétude qu'il lui présente, et qu'il grossit habilement à ses yeux, il ne fait entrer pour rien la considération de l'empereur Anastase : et peut-on croire qu'il y

---

(1) Il s'agit ici d'Anastase Ier, dit le Silentiaire ; il persécuta beaucoup les orthodoxes, et il était de la secte des Acéphales.

eût manqué, si le prince à qui il s'adressait eût été en aucune manière dépendant de cet empereur? On voit, par la conduite de Théodoric en cette occasion, combien il avait à cœur de se rendre le pacificateur des Gaules, et qu'il n'oublie rien pour assurer le succès de la médiation qu'il offrait aux deux rois prêts à s'armer. Il écrivit au roi de Bourgogne une lettre que l'on a dans le recueil de Cassiodore, ainsi que celle qu'il adressa aux trois rois des Hérules, des Varnes et des Thuringiens, lettre extrêmement forte, bien faite et digne des siècles les plus beaux de la politique, dans laquelle il peint Clovis comme un souverain qui, sans respecter le droit des nations, sans avoir égard aux prières et à la médiation de ses voisins, fait connaître qu'il ne prétend pas moins que d'ébranler et de renverser tous les trônes dont il est environné (1).

L'abbé Dubos, en parlant de ces intrigues du roi des Ostrogoths contre Clovis, remarque que celui-ci tenait en Europe, au commencement du sixième siècle, la place que Charles-Quint y tint mille ans après. « Il pouvait observer aussi que Clovis, transmettant à ses successeurs tous ses droits à la plus illustre monarchie du monde, y a laissé attachée la jalousie des nations voisines : singulière destinée de nos rois, qui ne doivent peut-être la haine qui les a poursuivis tant de fois qu'à la prééminence de leur couronne (2)! »

Théodoric, dangereux ennemi, n'oublia rien pour former contre Clovis la plus terrible ligue. Il touche dans

---

(1) Qui leges gentium, qui tantorum arbitrium judicat esse temnendum ... qui sine lege vult agere, cunctorum disponit regna quassare. — *Ibid.*
(2) Le duc de Nivernois, *ibid.*, *ut sup.*, p. 300.

ses lettres tous les moyens les plus subtils que la politique puisse suggérer ; « on y trouve cet équilibre, cette ba-
« lance chimérique ressuscitée et vantée par les
« mêmes motifs depuis un siècle, moyen le plus spécieux
« que l'artifice ait jamais inventé pour faire servir la
« crédulité de tous à l'intérêt d'un seul, et pour inspirer
« aux peuples indifférents la haine, l'ambition et l'au-
« dace, en paraissant ne leur présenter que des motifs
« de crainte et de modération (1). »

La conduite du prince Guillaume à l'égard de Louis XIV, depuis la guerre de 1672, est un tableau fidèle de celle que tint Théodoric dans le temps dont il s'agit ici. Ce roi des Ostrogoths était — pour ainsi dire, — le prince d'Orange du sixième siècle. Mais, dans tous ces mouvements que se donna Théodoric, parmi tous les ressorts qu'il fit jouer pour susciter des ennemis à Clovis, on ne voit nulle part qu'il se soit adressé à l'empereur d'Orient. Cependant la démarche eût été non-seulement raisonnable mais indispensable, exigée par la seule décence et même par le devoir, si les monarques établis dans le partage occidental de l'empire romain eussent été dans sa dépendance ; car, en ce cas, l'empereur, quelle qu'eût pu être sa disposition intérieure et particulière, aurait été regardé publiquement comme l'arbitre commun de tous ces princes ; et Théodoric, négociant auprès du roi des Francs, n'aurait pu empêcher, par la seule bienséance, d'en donner part au monarque romain et de requérir sa médiation et l'interposition de son autorité pour

(1) Le duc de Nivernois, *ibid.*, p. 301.—Écrites en 1746, il y a plus d'un siècle, ces lignes ne sont que trop vraies, à l'heure qu'il est, où nous voyons les fruits de l'équilibre européen de 1815 à 1870, et en 1878, sans compter ce qu'un trop prochain avenir nous réserve peut-être en fait de cruelles ironies.

contenir un prince qui dépendait de lui. Cependant Théodoric ne s'adresse point à Anastase, il ne le nomme pas, il ne le fait entrer pour rien dans les motifs qu'il présente aux rois qu'il veut engager dans la querelle de son gendre, et voici les raisons qui lui firent tenir cette conduite, car il était trop habile pour la tenir au hasard. Premièrement, sachant que l'Empire et l'Empereur n'avaient aucun droit sur le roi des Francs; sachant que celui-ci ne serait pas arrêté par l'intervention d'Anastase; prévoyant même que cet empereur, qui était bien informé de l'état des choses, et qui ne voudrait pas commettre sa médiation, serait mécontent qu'on le mît dans la nécessité de la refuser ou de l'accorder, ce qui manifesterait également sa faiblesse, Théodoric fit sagement de ne point s'adresser à lui et de ne faire aucune mention de lui en Occident. Mais il y a plus, et par cette démarche, outre qu'il se serait avili lui-même, il aurait aussi perdu tout crédit, toute considération, toute confiance auprès des princes à qui il avait affaire. En effet, l'empereur d'Orient, loin d'être le père, le protecteur commun des puissances nouvellement établies en Occident, en était regardé, avec raison, comme l'ennemi commun, cédant lorsqu'il était le plus faible, et paraissant alors à la vérité céder de bonne grâce et de bonne foi, mais toujours prêt à revenir contre ses traités, toujours éveillé pour en saisir les occasions, et par là très-dangereux à appeler comme partie ou comme juge dans des contestations où il lui était trop avantageux de prendre part. Les successeurs de Théodoric surent bien faire sentir cette vérité, trente ans après le temps dont nous parlons, aux successeurs de Clovis, lorsqu'ils demandèrent à ceux-ci du secours contre l'empereur Justinien.

Telle était donc l'opinion que Théodoric avait de l'empereur romain ; il le regardait comme un ennemi toujours prêt à faire revivre des prétentions que la faiblesse seule l'empêchait de publier : il savait que tous les rois barbares le voyaient des mêmes yeux, et n'ignorait pas que Clovis, le plus puissant de tous, ne ferait aucun état des sollicitations d'Anastase, qui alors n'était pas à portée de les soutenir par ses armes en Europe. Tels furent sans doute les motifs qui empêchèrent le prudent Théodoric de faire la démarche honteuse, odieuse et infructueuse tout à la fois, de faire intervenir l'empereur dans les affaires des puissances de l'Occident.

Ces réflexions donnent une idée saine de la situation des princes de l'Europe du sixième siècle à l'égard de l'Empereur ; elles éclaircissent la position de Clovis, et font clairement connaître qu'il était entièrement indépendant.

Passons maintenant à la réfutation des moyens particuliers qu'emploie l'abbé Dubos pour soutenir l'opinion contraire. Il veut établir comme une vérité générale que tous les rois barbares qui avaient des établissements sur le territoire qui avait appartenu à l'Empire, regardaient l'empereur comme le souverain et le suprême seigneur de leurs possessions. Il en apporte pour preuve que, lorsque Euric eut usurpé le trône des Visigoths par le meurtre de Théodoric II, son frère, ce prince envoya aussitôt des ambassadeurs à l'empereur Léon. Mais le récit d'Idace, dont il se sert pour établir cette opinion, n'indique assurément pas que cette ambassade d'Euric fût un acte d'hommage envers l'empereur. Voici les paroles du chroniqueur : « Euric envoya des ambassadeurs à Résimund, roi des Suèves ; celui-ci les ayant renvoyés sans délai, le même roi envoya aussi des ambassadeurs aux Romains, aux Vandales et aux Goths (1). » Ce récit d'Idace, marquant expressément que le roi visigoth envoya chez celui des Suèves, avant d'envoyer chez l'empereur, ne permet pas de supposer qu'aucune de ces ambassades fût un aveu de dépendance de la part d'Euric, puisqu'en ce cas, ce serait du roi des Suèves que ce prince se serait reconnu dépendant ; car la raison et le droit public de toutes les nations où le vasselage a été connu, veulent et ont voulu de tous les temps qu'un prince vassal commençât par rendre hommage à son suzerain. Aussi la conduite d'Euric bien examinée ne paraîtra point un acte d'hommage envers l'empereur, mais une notification qu'il lui donnait ainsi qu'aux autres princes de son avénement à la couronne. On ne comprend pas comment l'abbé Dubos a pu vouloir, par l'exemple du roi des Visigoths, prouver la soumission de tous les rois barbares à l'Empire, tandis qu'en plusieurs endroits de son livre, il est obligé d'avouer que le royaume des Visigoths était pleinement indépendant : ce que l'on voit, en effet, clairement dans la Chronique d'Isidore, dans l'histoire de Jornandès et dans plusieurs lettres de Sidoine Apollinaire.

Mais le grand argument, le plus souvent répété et celui qui étaie le plus puissamment l'édifice chimérique de la dépendance de nos ancêtres, c'est celui des charges romaines dont l'abbé Dubos se plaît souvent à les revêtir gratuitement, et surtout c'est à l'occasion du consu-

---

(1) Legatos ad regem dirigit Suevorum, quibus sine mora à Resimundo remissis, ejusdem regis legati ad imperatorem, alii ad Vandalos, alii diriguntur ad Gothos. — Idace : *Chron., ad ann*, 467.

lat de Clovis qu'il s'en sert avec le plus de force. Ce fut, selon lui, un coup de partie pour Clovis ; ce fut l'événement qui contribua le plus à l'établissement de la monarchie française; et puis, venant dans le détail : « Combien de cités (1), — dit-il, — qui n'avaient donné des quartiers aux Francs qu'à condition qu'ils ne se mêleraient en rien du gouvernement civil, devinrent soumises à l'autorité de Clovis, dès qu'il eut pris possession de la dignité consulaire ! » Pour prouver la vérité de ce consulat contre quelques-uns de nos historiens qui l'ont niée, il rapporte le passage de Grégoire de Tours (2), de l'auteur des Gestes, d'Hincmar et de Flodoard, qui l'attestent. Il y pouvait joindre encore la Chronique de saint Bénigne, qui, ainsi que les trois derniers, a copié l'évêque de Tours.

Nous ne révoquerons point en doute la vérité de cet événement, quoique Frédégaire n'en dise rien et quoique Baronius (3) le nie formellement. Ce n'est pas, à la vérité, sur le portail de Saint-Germain des Prés que nous adoptons le consulat de Clovis : l'abbé Dubos se fonde beaucoup sur ce monument ; mais son antiquité ne paraît pas devoir remonter plus haut que le onzième siècle (4). Nous

---

(1) Livre IV, chap. XVIII.
(2) Lib. II, cap. XXXVIII. — Igitur Chlodovechus ab Anastasio imperatore codicillos de consulatu accepit, et in basilica beati Martini tunica indutus est et chlamyde, imponens vertici diadema.
(3) Baronius : Annales ecclesiastici, ad ann., 508. Édit. de Guérin, Bar-le-Duc, in-fol. (1867), p. 87.
(4) Le portail de l'abbaye de Saint-Germain des Prés et les statues qui l'ornaient ont été le prétexte d'une foule de mémoires, dissertations, etc., concluant à ce que ces statues représentaient Clovis, sainte Clotilde, Clodomir, Childebert, Clotaire et Chilpéric. Les archéologues de notre époque doutent fortement de ces attributions, et veulent plutôt voir dans ces rois David, Salomon et autres monarques bibliques. De là il s'en-

croyons que Clovis a porté les ornements consulaires, parce que Grégoire de Tours nous le dit et que, dans les endroits non équivoques de ces historiens, nous pensons qu'il faut se faire une règle sacrée de ne pas infirmer son témoignage, qui est le seul guide national dans la recherche de nos antiquités. Nous convenons donc que Clovis a reçu d'Anastase les marques de la dignité consulaire, et nous ne nous servirons point, — pour disputer le fait, — du silence de tous les fastes consulaires sur cette année 510. En effet, on ne trouve le nom de Clovis dans aucun des fastes qui nous sont parvenus : mais ce silence nous fournira une preuve aussi forte que les preuves négatives puissent être que le consulat de Clovis n'était pas un véritable consulat, que Clovis par là ne devint point officier de la république, mais se conforma à l'usage où étaient avant lui tous les rois barbares d'accepter les ornements consulaires et impériaux qui pouvaient leur être de quelque utilité dans le fait, mais dont ils n'avaient, dans le droit, aucun besoin.

Il nous faut tout d'abord expliquer ce que nous entendons par cette distinction du fait et du droit, dans les avantages que Clovis pouvait trouver à recevoir le consulat. Il n'est pas douteux que, les royaumes établis en Europe sur les débris de l'Empire romain contenant un grand nombre d'habitants qui avaient été citoyens romains, et, comme tels, accoutumés à respecter la magistrature et les marques de la magistrature romaine, ce ne fût un spectacle très-agréable pour eux, et très-propre à concilier leur affection et leur obéissance volontaire à

suivrait que Clovis n'était pas représenté au portail de Saint-Germain des Prés. — Cs. M. de Guilhermy : *Itinéraire archéologique de Paris* (1855), p. 132.

leurs nouveaux maîtres, de les voir, abjurant pour ainsi dire l'habillement barbare, se revêtir des ornements les plus respectables parmi les Romains. Les hommes, toujours opiniâtrement asservis aux préjugés de la coutume, sont en même temps très-faciles à tromper sur cela même par de légères apparences, et ce moyen de séduction a été employé bien avant Clovis, comme il l'a été bien longtemps après. C'est ainsi qu'Alexandre, sur le trône des Perses, y prit l'habillement affecté à leurs rois; et c'est ainsi que Charles-Quint, soigneux de plaire à des peuples dont il connaissait l'humeur patriotique, s'habillait en Flandre comme les Flamands, et parlait leur langage. « Si son fils avait tenu la même conduite, — dit Grotius, — il n'aurait pas perdu les Pays-Bas. »

Les peuples concluent volontiers, de cette conformité extérieure dans des bagatelles, que les princes qui veulent bien s'y assujettir, respecteront en proportion leurs lois et leurs priviléges essentiels. Telle fut l'opinion que Clovis voulut donner de lui aux Romains de ses États, lorsqu'il prit l'habillement romain : opinion de laquelle devait résulter un plus grand, un plus fidèle attachement, une plus volontaire, et par conséquent plus prompte et plus sûre obéissance. Voilà l'utilité réelle que Clovis retira de son habit romain et de ses ornements consulaires, et c'est ce que l'on peut appeler un avantage dans le fait. Mais on veut que Clovis, devenu consul, ait acquis par là un droit de juridiction, de commandement, qu'il n'avait pas auparavant; voilà ce que l'on peut appeler un avantage dans le droit, et c'est de cela que nous ne convenons nullement. Ce système n'est pas difficile à réfuter, parce que toutes les circonstances historiques le combattent.

Que l'on se rappelle en quelle année Clovis fut revêtu de ce consulat, dont on veut faire une époque si importante de notre monarchie. C'est en 510, un an seulement avant sa mort, vingt-neuf ans après son avénement à la couronne, et vingt ans entiers depuis l'importante expédition dans laquelle ce prince, par la défaite et la mort du dernier officier des Romains (1), avait éteint dans les Gaules les restes de la puissance romaine. On voit tout son règne se passer dans les entreprises les plus graves ; presque toutes ses années sont marquées, ou par des victoires signalées, ou par des négociations importantes qui étendaient également sa domination. On sait qu'il n'a pu se passer un seul moment, ni des subsides, ni des armes de ses nouveaux sujets, puisqu'il était entré dans les Gaules romaines avec un corps de cinq à six mille Saliens au plus. Recueillir des subsides, lever des troupes et les mener à la guerre, ne sont-ce donc pas des actes de souveraineté ? Et y en a-t-il d'autres que ceux-là ? Or, Clovis n'était point consul quand il a fait toutes ces choses, et que pouvait-il faire de plus après son consulat ? Aussi ne voit-on pas qu'il ait rien changé à son administration ; et même, depuis son consulat jusqu'à sa mort, qui arriva dix-mois après, il ne s'est occupé que d'entreprises pour lesquelles sa nouvelle dignité ne lui était bonne à rien, puisqu'il passa tout ce temps à réunir par toute sorte de moyens les différentes couronnes des Francs sur sa tête. Le seul événement de son règne, depuis l'époque de ce fameux consulat, dans lequel les intérêts des Romains puissent être mêlés, c'est le concile tenu à Orléans par ses ordres, en 511, l'année même de sa mort. Nous en avons encore

---

(1) Syagrius.

des canons, et nous voyons, par une lettre des évêques qui y assistèrent, que ces prélats, tous Romains, regardaient Clovis comme un souverain tout à fait indépendant, sous les auspices immédiats duquel ils s'assemblaient (1).

Mais, dit-on, Clovis a laissé les Romains des Gaules soumis à l'autorité civile des lois romaines, et il a laissé subsister parmi eux la forme même de l'administration. Cela est vrai en grande partie, mais cela ne l'est pas à tous égards; et, par exemple, Clovis ne laissa point subsister la distinction qui, depuis Constantin, avait eu lieu dans tout l'Empire et dans les Gaules, comme ailleurs, entre le pouvoir civil et le pouvoir militaire. Clovis les réunit, et par un mélange de la coutume des Francs aux coutumes romaines, il rassembla la puissance des lois et celle des armes dans la personne des gouverneurs, à qui, sous le nom de *comtes* et de *ducs*, il confia le soin de ces différentes provinces (2). Ce changement mérite considération, et un consul qui s'arrogeait le droit de faire une telle innovation, ressemblait bien à un souverain. Mais, à la vérité, il a laissé les impositions subsister sur le pied où elles étaient établies par les Romains, il a laissé les Gaulois vivre entre eux selon le code théodosien. A l'égard du premier point, il n'avait garde de faire autrement; les rois francs connaissaient peu l'art de la finance, et ce même art avait été si bien porté à sa

---

(1) Domino suo catholicae ecclesiae filio Clodoveo, regi gloriosissimo, omnes sacerdotes quos ad concilium venire jussisti.
Ita etiam ut, si ea quae statuimus etiam vestro recta esse judicio comprobentur, tanti consensu regis et domini majori auctor firmet sententiam sacerdotum. — Sirmond : *Concil. gen.*, tome I.
(2) Nous en avons une preuve dans une charte de provisions, donnée par Clotaire, intitulée : *Charta de Ducatu*. — Marculfe, *lib.* I, *Formul.* VIII, et Baluze, *Capitul.* p. 761.

perfection par les Romains, que tout ce que Clovis pouvait faire de plus avantageux pour son épargne, était de laisser en vigueur la forme établie à cet égard par la république. « A l'égard du deuxième point, est-ce donc une
« marque de dépendance que d'avoir de l'humanité, de
« la justice, et de ne pas bouleverser dans un pays
« qu'on vient d'acquérir tous les usages et toutes les
« lois? Son exemple en cela a été souvent suivi par les
« rois ses successeurs, qui, quand ils sont venus à posséder
« certaines provinces, ont bien voulu leur conserver
« leurs coutumes, leurs lois et jusqu'à la forme entière
« de leur administration intérieure... En laissant à ses
« nouveaux sujets leurs police, Clovis ne fit que ce qu'a
« fait en plusieurs occasions Louis XIV, à qui je crois que
« l'on ne contestera pas d'avoir été un monarque indépendant (1). »

La qualité des ornements envoyés à Clovis par Anastase, marque évidemment que ce n'était pas un consulat à l'ordinaire, puisque cet empereur lui envoya la robe de pourpre (2), qui était le vêtement sacré et caractéristique des empereurs, et qui ne s'envoyait point aux rois étrangers et tributaires.

Mais le point important et décisif, est que Clovis n'a rien fait depuis son consulat qui puisse indiquer que cette dignité lui eût acquis un droit nouveau, et qu'avant ce consulat il avait exercé dans les Gaules tous les droits possibles de souveraineté. L'abbé Dubos était trop éclairé pour ne pas sentir le poids de cette objection : aussi ne se l'est-il pas faite à lui-même; mais on entrevoit les

---

(1) Le duc de Nivernois, *ibid.*, *ut sup.*, p. 313 et 314.
(2) Tunicam blatteam.

matériaux qu'il avait assemblés habilement dès son premier volume pour y répondre, en cas qu'on s'avisât de la lui faire. Sans cela, dans quelle vue aurait-il imaginé, comme il a fait, la supposition d'une charge romaine, dont il est, dit-il, probable que Clovis fut pourvu dès son avénement à la couronne? Voici le seul passage qu'il apporte en preuve de cette probabilité prétendue; il est tiré d'une lettre de saint Remy à Clovis : « Nous appre-
« nons de toutes parts que vous commencez avec succès
« à vous charger des soins qu'exige la conduite des en-
« treprises militaires, et nous ne sommes pas étonnés de
« vous voir être ce que vos pères ont été (1). »

Ces soins, cette conduite de la guerre sur le succès de laquelle saint Remy félicite Clovis, — l'abbé Dubos en fait, sans hésiter, un emploi militaire dans les troupes romaines ; et voilà la preuve que Clovis, dès son avénement à la couronne, était maître de la milice ou patrice ; car il n'assure pas positivement quelle charge c'était. Mais enfin, c'en était une, et ce sera là le titre auquel Clovis aura quelque autorité dans les Gaules. Il n'y a dans cette manière de raisonner qu'un grand abus de l'esprit de système. Pourquoi, par l'administration, la conduite de la guerre, faut-il entendre une charge militaire de l'Empire? La phrase de saint Remi est très-claire, et elle indique un fait très-connu. Qui nous autorise à lui donner un sens très-détourné, pour lui faire contenir un autre fait, lequel n'est lui-même rapporté nulle part ailleurs? Le fait très-connu qu'indique le

(1) Rumor magnus ad nos pervenit vos administrationem secundam rei bellicæ suscepisse. Non est novum ut coeperis esse sicut parentes tui semper fuerunt. — *Apud* Ruinart, édit. de Grég. de Tours, col. 1326. Cf. du Chesne : *Hist. fr. script.*, tome I, p. 849.

compliment de l'évêque de Reims, c'est la première campagne de Clovis contre Syagrius. Elle fut heureuse; elle commença à faire regarder Clovis comme un conquérant, un guerrier redoutable, un voisin dangereux et important à ménager. C'est pour cela que saint Remi, le félicitant sur le succès de son entreprise, ajoute : « Il n'est pas étonnant que vous commenciez à être ce que vos pères ont toujours été, » c'est-à-dire un héros, l'ennemi et le vainqueur des Romains. Clovis, devenu maître du territoire de Soissons par la défaite de Syagrius, était un objet bien important pour saint Remy. Ce prince était beaucoup plus considérable pour le pasteur du diocèse de Reims, comme maître de Soissons et comme chef de la nation guerrière qui venait de battre Syagrius, que comme officier dans les troupes romaines. Ainsi, pour fonder le compliment de l'évêque au roi, il n'y a aucun besoin d'aller chercher une charge imaginaire pour en revêtir ce roi, afin qu'il soit plus digne d'être complimenté. Dans tout le courant de la lettre de saint Remy, il n'est nullement question des choses qui se rapportent à Clovis en tant qu'officier dans les troupes romaines, mais bien en tant que roi, et roi très-indépendant et maître d'user de son autorité comme bon lui semblait. Car toute cette lettre ne renferme que des conseils sur la manière de gouverner un État. On conseille à Clovis de prendre l'avis de gens expérimentés, dont le choix puisse lui faire honneur (1); d'être équitable en tout, d'avoir des égards pour son peuple, de ne point taxer les pauvres hors d'état de payer, de ne point assujettir les étrangers voyageurs aux

---

(1) Consiliarios tibi adhibere debes qui famam tuam possint ornare.

charges de l'État (1). En régnant ainsi, lui dit-on à la fin, vous serez jugé digne de régner (2).

Tout ces conseils très-judicieux, n'ont pu être donnés qu'à un prince qui régnait de sa pleine autorité et qui ne devait compte de son administration à personne; et peut-on croire que, si Clovis eût été en aucune manière subordonné à l'Empire romain, saint-Remy, qui était Romain lui-même, aurait manqué de représenter au jeune roi des Francs qu'un de ses principaux devoirs était de s'acquitter de ce qu'il devait à la République?

Il faut donc conclure de la tournure de la lettre du saint évêque qu'assurément il ne regardait pas Clovis comme subordonné à l'Empire, et de ce que saint Remy regardait Clovis comme indépendant, nous concluons que ce prince l'était en effet.

Nous avons encore dans les écrits contemporains un monument authentique de cette indépendance reconnue alors : nous voulons parler d'une lettre du saint évêque de Vienne, Alcimus Avitus. On pourrait même induire de cette lettre que la puissance de Clovis était regardée comme parallèle à celle de l'empereur grec; elle prouve au moins invinciblement qu'elle était absolument indépendante. « Que la Grèce s'applaudisse, — dit l'évêque « de Vienne, — d'être gouvernée par un monarque qui « connaît notre sainte loi. Mais qu'elle ne croie pas être « la seule à qui la Providence ait accordé cette faveur « insigne; qu'elle sache que le reste de l'univers n'est « plus dans les ténèbres; qu'elle apprenne que l'Occident « voit briller aujourd'hui dans un roi qu'il respectait

---

(1) Cives tuos erige... justitia ex ore vestro procedat. Nihil sperandum de pauperibus et peregrinis.

(2) Si vis regnare, nobilis judicari.

« déjà à d'autres titres la splendeur lumineuse de la re-
« ligion chrétienne (1). »

Ces paroles ne démontrent-elles pas que celui à qui on les adresse n'est pas regardé par celui qui les prononce comme un tétrarque qui ne jouit que d'une autorité précaire? L'évêque de Vienne n'était pas sujet de Clovis : il était Romain, vivant sous la domination de Bourgogne : ainsi son témoignage dépose de l'opinion qu'avaient de ce prince les Romains mêmes qui résidaient dans d'autres États. Il paraît par toute la lettre d'Avitus que, loin d'être dépendant ou vassal de qui que ce fût, Clovis était regardé lui-même dans l'Occident comme une espèce de suzerain qui jouissait du *supremum dominium* sur les princes ses voisins. L'affaire du prisonnier Laurentius et la manière dont elle est racontée dans cette lettre en fournissent une preuve frappante.

Un certain Laurentius, Romain, étant prisonnier de Gondebaud, roi de Bourgogne, avait obtenu la liberté en envoyant son fils pour otage et captif à sa place. L'empereur Anastase désirait qu'on permît à ce fils de rejoindre son père, et pour obtenir cette grâce de Gondebaud, il s'adressa à Clovis, et le pria d'interposer son crédit auprès du roi bourguignon pour obtenir l'élargissement du jeune Romain. Si l'on veut absolument que les rois bourguignons fussent alors dépendants de l'Empire, il faut dire que l'empereur, n'étant pas en état de forcer Gondebaud à lui donner satisfaction, bien qu'il fût en droit de l'exiger, ne voulut pas cependant s'avilir et se

---

(1) Gaudeat ergo quidem Graecia habere se principem legis nostrae : sed non jam quae tanti muneris dono sola mereatur illustrari, quod non desit et reliquo orbi claritas sua; si quidem et occiduis partibus, in rege non novo, novi jubaris lumen effulgurat.

compromettre en parlant à un prince vassal le langage de la prière, et qu'il imagina le moyen terme d'employer la médiation, l'intercession du roi des Francs. Mais cette conduite de l'empereur démontre évidemment qu'il ne regardait pas comme son subordonné, comme son vassal, celui dont il recherchait l'intercession, puisque se servir de son vassal pour demander une grâce, aurait été la même chose que de la demander lui-même, ce qu'il avait intérêt d'éviter. La manière dont Avitus exprime cette demande faite par Clovis à Gondebaud est digne de remarque. C'est du mot *commander* qu'il se sert (*jubere*), et il y ajoute deux autres mots encore plus forts, s'il est possible, *principali oraculo jubere*. Cette façon de parler, *commander avec un oracle royal*, peut-elle s'adresser à un prince qui reconnaîtrait une autorité quelconque sur la terre, et ne semble-t-elle pas plutôt convenir à un monarque de qui d'autres princes sont dépendants ? Aussi Avitus, dans les deux phrases suivantes, nous laisse un monument incontestable de la suprématie ou au moins de la prééminence de Clovis à l'égard de Gondebaud. Voici mot à mot la qualification qu'il donne au roi des Bourguignons, dont il était sujet : « Mon seigneur, qui est à la vérité roi de « sa nation, mais qui est en même temps votre vassal ; « car il n'y a rien en quoi il ne vous doive service (1). »

Voilà une prééminence et une suzeraineté bien établies ; et l'on ne saurait dire que c'est parce que, les deux rois étant officiers de la république et Clovis étant d'un grade supérieur, puisqu'il a été consul, c'est en vertu de cette subordination romaine que Gondebaud était subordonné

(1) Dominum meum, suae quidem gentis regem, sed militem vestrum; nihil est enim in quo servire non potest.

à Clovis. Celui-ci était bien loin d'être consul lorsque cette lettre lui fut écrite, puisqu'elle est incontestablement de la fin de l'année dans laquelle Clovis se fit chrétien, c'est-à-dire quatorze ans avant son consulat. Il s'agit donc ici d'une prééminence personnelle, et due soit au mérite, soit à la puissance.

La prééminence de nos rois vis-à-vis des rois de Bourgogne étant établie, et ne pouvant être rapportée à une subordination de charges romaines, elle prouve invinciblement que Clovis n'était rien moins que dépendant lui-même.

En parcourant avec attention nos monuments et nos annales, on y trouve à chaque pas des preuves certaines de l'indépendance de Clovis. La rédaction de la loi salique est faite par lui, et écrite ensuite par les ordres de Thierry, son fils. Voici ce que dit expressément le préambule de cette loi : « C'est en effet cette nation qui, « peu nombreuse, a su, par des efforts courageux, éteindre « dans les Gaules la puissance et la tyrannie ro- « maines. »

Ce témoignage est aussi positif qu'authentique, et tous ceux que nous avons rapportés, nous paraissent ne laisser aucun nuage sur la question qui vient d'être traitée.

Donc, ni Clovis ni ses fils et leurs descendants n'ont jamais été dépendants ou vassaux de l'Empire romain ; l'assertion contraire, purement systématique, n'est explicitement dans aucun passage des écrivains contemporains, et l'opposé est démontré par l'enchaînement des faits et par tous les monuments authentiques qui nous restent.

En résumé, la politique de Clovis et son indépendance sont deux faits incontestables : sans le premier, il n'eût pas fait les grandes choses qui ont illustré son nom; sans le second, il eût rencontré à chaque pas des obstacles sans nombre, et n'eût pu même songer à hasarder la moindre partie des entreprises qu'il a réalisées. Donc, Clovis fut à la fois un habile politique et un prince tout à fait indépendant, les deux choses s'enchaînant étroitement; car, sans la liberté pleine et entière d'action, la puissance absolue, à quoi peuvent aboutir les plus beaux plans du monde ?

FIN.

TABLE DES MATIERES.

Les mystères de Venise. 1
L'impératrice Marie-Thérèse et madame de Pompadour. . . 57
La paix et la trêve de Dieu. 65
A propos des Vandales et du Vandalisme. 105
Nous n'irons pas à Canossa. 112
La vérité sur Télémaque. 136
Les guerres de religion 152
La religion de La Fontaine 182
Latude 198
Cervantès, libre penseur. 218
La politique et l'indépendance de Clovis. 242

Saint-Denis. — Imp. Ch. LAMBERT, 17, rue de Paris.

ERREURS ET MENSONGES HISTORIQUES

PAR
CHARLES BARTHÉLEMY

Erreurs et Mensonges historiques. 8 vol. in-12. . . . 16
Chaque volume se vend séparément. 2

1re SÉRIE. — SEIZIÈME ÉDITION.

La Papesse Jeanne. — L'Inquisition. — Galilée, martyr de l'Inquisition. — Les Rois fainéants. — L'Usurpation de Hugues Capet. — La Saint-Barthélemy. — L'Homme au masque de fer. — Le Père Loriquet. — L'Évêque Virgile et les Antipodes. 1 vol. in-12. 2

2e SÉRIE. — ONZIÈME ÉDITION.

Calas. — Courbe la tête, fier Sicambre! — Paris vaut bien une messe. — Les Lettres et le Tombeau d'Héloïse et d'Abélard. — La Révocation de l'édit de Nantes. — Bélisaire. — Les Enfants de Nemours. — Philippe-Auguste à Bouvines. — Salomon de Caus. 1 vol. in-12 2

3e SÉRIE. — SEPTIÈME ÉDITION.

Calvin jugé par les siens. — Tuez-les tous! — Les Crimes des Borgia. — Marie la Sanglante. — Ce que Versailles a coûté à Louis XIV. — Louis XVIII et les fourgons de l'étranger — La Poule au pot. — Saint-Simon, historien de Louis XIV. — Agnès Sorel et Charles VII. — Les Béquilles de Sixte-Quint. — La Prison du Tasse. — L'Arquebuse de Charles IX, etc. 1 vol. in-12. 2

4e SÉRIE. — SEPTIÈME ÉDITION.

Les Quatorze Armées de Carnot. — Le Roman du peintre Lesueur. — La Déposition de Louis le Débonnaire. — Mozart, libre-penseur. — Le Grand-Inquisiteur Torquemada. — A propos de Charles VI et d'Isabeau de Bavière. — Mme de Maintenon et la Révocation de l'édit de Nantes. — La Vérité sur le P. Joseph. — Le Vaisseau le *Vengeur*. 1 vol. in-12. 2

5e SÉRIE. — TROISIÈME ÉDITION.

Erreurs et mensonges historiques relatifs à la papauté. — Le Repas des gardes du corps. — Mon siège est fait. — Qu'est-ce que Tartufe? — La Vérité sur Jean Bart. — Le Dernier Repas des Girondins. — Les Vertus de Brunehaut. — Les Crimes de sainte Clotilde. 1 volume in-12. 2

6e SÉRIE. — PREMIÈRE ÉDITION.

De la supériorité et de la prospérité des nations protestantes. — La Religion de Buffon. — Savonarole fut-il un hérétique et un révolutionnaire? — Les Cruautés de Clovis. — L'instruction primaire avant 1789. — Le Caractère de Richelieu. — La Vérité sur le jansénisme. — Le Caractère de Louis XIII. 1 vol. in-12. 2

7e SÉRIE. — PREMIÈRE ÉDITION.

L'Ancienne Royauté fut-elle l'absolutisme? — Comment Louis XV fut-il élevé? — Le Bon Roi Dagobert. — Les deux Charles VII. — Louvois est-il mort empoisonné? — Monsieur de La Palisse. — La vérité sur l'émigration. — Monsieur d'Malbroug. — Marie de Médicis est-elle morte de misère? — De la culpabilité de Fouquet. 1 vol. in-12. 2

8e SÉRIE. — PREMIÈRE ÉDITION.

Les Droits de l'homme au moyen âge. — A propos d'asperges. — La Banqueroute de Law. — Jeanne d'Albret est-elle morte empoisonnée? — Le Procès de Marie Stuart. — Un dernier mot sur Fortunat. — Eustache de Saint-Pierre. — Charlemagne savait-il écrire? — Les Derniers Jours de Charles IX. — La Conspiration de Cinq-Mars. — La Vérité sur le *Télémaque*. 1 vol. in-12. 2

Paris. — Imp. Gauthier-Villars, quai des Grands-Augustins, 55.

www.ingramcontent.com/pod-product-compliance
Lightning Source LLC
Chambersburg PA
CBHW071417150426
43191CB00008B/939